博物馆发展论丛

博物馆发展论坛组委会 / 编

（2014年）

北京联合出版公司
Beijing United Publishing Co.,Ltd.

编委会

主　　任：于　平
副 主 任：范　军　闫宏斌
编 委 会：王　彤　蒋奇栖　李柏蕤　才旺多吉
特约编辑：房　博　赵雪嫄

目　录

博物馆文化创意产业的探索　　1

博物馆文创的智慧
　　——基于21世纪信息技术与工业4.0的思考／张紫馨 …… 3
以军博新馆建设为契机，推动文化产业新发展
　　——再探军博文化产业／游云　王平　郭蕊 ………… 14
湖北省博物馆文创产品前瞻性思考／钱红 ……………… 23
博物馆文化产业机遇
　　——红色文化资源利用与挑战／刘洋 ………………… 31
临时展览与文化产品销售／李爱玲 ……………………… 38
博物馆文化商品开发与营销探析／王丽梅 ……………… 45
铁路行业博物馆文化产品设计研发机制初探
　　——从台北故宫"朕知道了"胶带说起／马若泓 …… 54
文化创意产业语境下的博物馆商店再解读／安红坤 …… 65

浅谈博物馆社会教育活动与文创产品的
  良性互动 / 徐珊珊 ······ 73

创新意识与博物馆可持续发展　　83

关于博物馆持续发展问题的思考 / 叶建华 ······ 85
创新意识与博物馆可持续发展
  ——杭州萧山博物馆创新运营模式发挥社会教育功能的
   实践与探索 / 徐大钧 ······ 95
浅谈行业博物馆可持续发展的创新思维 / 徐学敏 ······ 102
以创新意识建设公立中小型博物馆人才队伍
  ——以北京古代建筑博物馆为例 / 黄潇 ······ 110
用创新理念推动人物纪念馆的陈列设计 / 李勤 ······ 118
试论体制改革创新与博物馆（纪念馆）可持续发展的关系
  ——以红岩革命历史博物馆为例 / 廖仁武 ······ 124
"融合式发展"引领博物馆开辟创新发展新天地
  ——以河南博物院为例 / 丁福利 ······ 135

博物馆藏品创新　　147

浅谈藏品档案的管理
  ——结合第一次全国可移动文物普查对整理藏品档案的
   思考 / 周泽丹 ······ 149
方寸之地，彰显文化内涵
  ——抗战纪念馆邮局概述 / 武冰 ······ 157
浅析博物馆藏品的包装运输
  ——以中国人民抗日战争纪念馆为例 / 苏杭 ······ 169

藏品立馆 展览养馆 学术强馆
　　——一个非国有博物馆在强化"造血型"功能方面的
　　　一些探索 / 李宝宗 ………………………………… 177

博物馆建设管理综合研究　　　　　　　　　　　　183

打造博物馆的文化标签
　　——以北京古代建筑博物馆为例 / 闫涛 …………… 185
小型博物馆的综合利用在地域文化品牌中的塑造
　　——以万松老人塔为例 / 姚华容 …………………… 192
博物馆是传播中国传统文化的使者
　　——以北京石刻艺术博物馆文化走出去项目
　　　为例 / 石奕 ………………………………………… 203
浅议当前提升博物馆教育功能的新途径 / 王敏 ……… 213
论治水工程建设与水文化旅游创意设计 / 涂师平 …… 221
北京地区行业博物馆研究 / 赵梅 ……………………… 231
博物馆建设新方向
　　——减少碳排放，做一家低碳环保的绿色
　　　博物馆 / 吴迪 ……………………………………… 240
博物馆的网络化发展 / 张婧 …………………………… 249

博物馆文化创意产业的探索

博物馆文创的智慧
——基于 21 世纪信息技术与工业 4.0 的思考

张紫馨[*]

一、21 世纪的信息技术与工业 4.0

20 世纪四五十年代开始了以电子计算机、原子能、航天空间技术、生物工程技术、微电子技术、新型材料技术为标志的第三次工业革命,主要包括信息技术、生物技术、新材料技术、新能源技术、空间技术和海洋技术等。进入 21 世纪后,信息技术不断革新,人类迎来了以新一代的通信网络、物联网、云计算、大数据等为标志的第四次工业革命的诞生。其中,新一代的通信网络是各种网络终端用户之间的业务互通及共享的融合网络,实现了语音、数据、多媒体业务的开放网络通信技术;物联网将网络的信息交换延伸到物与物之间,最终可以实现环境监控、定位、扫描、支付等功能;云计算指通过网络以按需、易扩展的方式获得所需服务,且服务内容既可以是 IT 和软件、互联网相关,亦可以是其他服务,如搜索引擎、网络邮箱、服务器、存储空间、云管理等;大数据是基于云计算的数据处理与应用模式,具有"廉价、迅速、优化"的核心价值,简单地说,就是对海量进行"提纯"有效信息的过程,提供更具个性、

---

[*] 张紫馨,女,首都博物馆助理馆员。

效率和专业的服务。

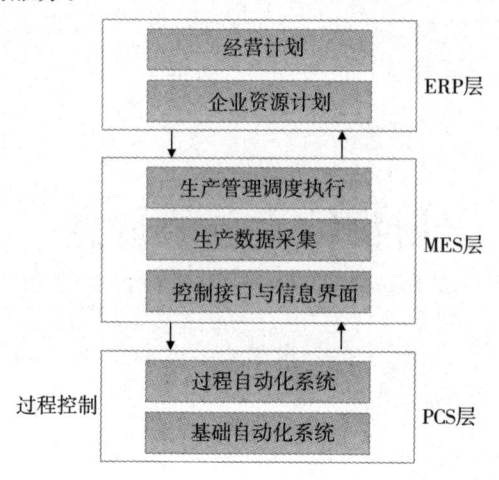

```
┌─────────────────────┐
│    经营计划          │
│  企业资源计划        │  ERP层
└─────────────────────┘
          ↕
┌─────────────────────┐
│  生产管理调度执行    │
│  生产数据采集        │  MES层
│  控制接口与信息界面  │
└─────────────────────┘
          ↕
┌─────────────────────┐
│  过程自动化系统      │
│  基础自动化系统      │  PCS层
└─────────────────────┘
 过程控制
```

工业 3.0 制造体系

"工业 4.0"是对第四次工业革命的另一种称呼，这是德国联邦教研部与联邦经济技术部在 2013 年汉诺威工业博览会上提出的概念。它强调信息技术及软件是未来开发和生产的核心技术，借助软件完成工业、工业产品和服务的全面交叉渗透，通过互联网和其他网络上实现产品制造及服务的网络化，在降低生产成本的同时令生产智能化和智能产品输出称为可能。工业 4.0 技术让德国贝安格工厂百万产品缺陷率从 2007 年的 24% 以下下降到 2011 年的 15%，打破全行业缺陷率最低的纪录；有戴姆勒公司提供的汽车后端系统让汽车称为通信媒介和数据提供者成为可能；而美国 Google 的商业策略也在不断转变，希望通过整合网络技术、软件技术、机器人技术和人工智能等，进一步将业务从网络世界拓展到人们生活的各个领域。

在未来，工业 4.0 将重新定义了人类与产品、技术和工艺之间的关系，建立以用户服务为中心的智慧制造体系，是"人——环境——物"高度融合的动态协同工作网，包含客户网、创意网、设计网、生产网、物流网和服务网，这种网络化协同工作跨越了时空的限制，采集诸如社会、技术、生产物料、从业人员、客户等内、外环境数据，对数据分析、预测并加以利用，调节不利因素，为产

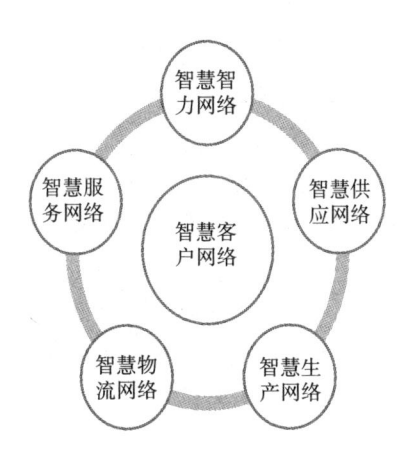

工业4.0的智慧制造体系（以客户为中心）

品制造创造弹性空间，为客户提供小批量生产和个性化制造的需要，如协同作业、智能化生产监控、个性化定制、O2O、智慧物流、众筹、APP等新型智能工业生产、管理和服务形式的诞生。

二、智慧博物馆体系

数字博物馆的诞生与第三次工业革命中信息技术的发展息息相关，第四次工业革命中不断革新的信息技术成为智慧博物馆发展的前提和必要条件。智慧博物馆范畴包含并高于数字博物馆，是新一代的通信网络、物联网、大数据、云计算、高端软件在博物馆系统中的融合与运用。国家文物局副局长宋新潮在《智慧博物馆的体系建设》一文中指出，智慧博物馆是"一人为本"的"物——人——数据"动态双向多元信息传递模式，给出基于角色（Role）、对象（Object）、活动（Activity）、数据（Data）四个维度的智慧博物馆特征模型（简称ROAD模型），其中角色为博物馆活动的参与者；对象是博物馆的主要资源，如藏品、展厅、库房、设施等；活动则指博物馆的核心职能，即收藏、研究、教育；数据就是角色、对象和活动中的相关数据。

从ROAD模型中我们知道，由角色、对象、活动、数据四个维度共同构成的"物——人——数据"的多元协同关系，可以实现对从观众、藏品、各类业务活动到管理的全面统计、监测、分析、评估和调控，不仅充分开展预防性保护工作，而且让观众由过去单一的知识获取者，变为博物馆的参与者、建设者，明确了智慧博物馆的建设任务与未来发展方向，更全面地提升博物馆藏品保存、环境监测、展览业务、服务能力和管理等核心业务的能力。

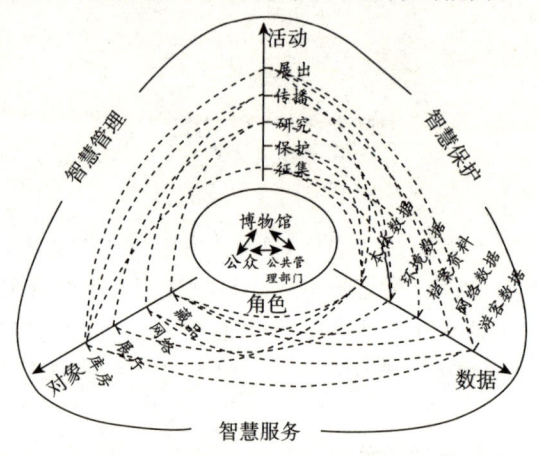

智慧博物馆特征模型（ROAD模型）

三、智慧博物馆中的文创4.0思维

1. 博物馆文创的主要内容

20世纪90年代，具有高度融合性的文化创意产业兴起，涉及网络、设计、媒体、金融、出版、艺术、广告等领域，强调创意、文化、服务。博物馆文创是文化创意产业的一环，在近十几年，中国有多家博物馆正着手大力发展博物馆文创事业，2013年5月18日，中国博物馆协会文创产品委员会的成立标志着中国博物馆文创发展进入了新的时期，推动着博物馆文创标准化和规模化的发展。从博物馆社会职能来看博物馆文创，博物馆是公共管理的非营利组织，主要功能为收藏、展示、研究和教育，博物馆文创的发展应当围绕这一核心进行，推进博物馆文化创意产业发展是加强博物馆文化创新能力和城市文化建设功能的途径，成为博物馆文化传播和教育推广的重要窗口,且产业化发展所带来的经济利益亦可称为更新博物馆自身建设的新能源。

博物馆文创作为文化创意产业的一环,主要包括文化元素(设计元素)、设计、生产、服务四个方面的内容,分别对应着藏品或非物质的文化遗产,设计者、产品创作过程与设计行为,产品生产加工合作对象、合同、运输等事宜,以及销售过程产生的服务人员和被服务对象。博物馆文创大多源自博物馆原有的商品销售区,最初所销售的产品多是馆藏器物的复仿制品,随着社会、经济和科技的迅速发展,文化创意产业的兴起,越来越多的观众向博物馆提出了文化休闲和寓教于乐的要求,博物馆不仅肩负起传承历史文化的责任,更肩负着文化创新的责任,博物馆文创产品的设计手法也从最早的模仿、复制向拼接、置换、分割、动态化等手法发展,博物馆文创产品种类一改往日单一的复仿制品铺满柜台的场面,不同种类具有更多功能的实用性产品逐渐增多,为社会公众提供更丰富、更高层次的精神文化产品,如故宫博物院的朝珠耳机、首都博物馆的凤首挂表、海关博物馆的灯塔夜灯、广东省博物馆的粤海明珠茶等。另外,因全球化趋势和信息技术的发展,观众博物馆结构也呈现多样化特征,既有来自国内外不同区域、不同文化背景和不同阶层的观众,也有通过网络了解博物馆的虚拟观众,因此博物馆文创的服务对象和服务方式也日趋多样化。

2. 博物馆文创 4.0 体系

博物馆文创位于博物馆大环境内,是博物馆提供的服务内容,因其提供的服务内容具有明显的产业特征,因此智慧博物馆文创体系可综合智慧博物馆体系和工业 4.0 体系进行建构,在此智慧博物馆文创又可叫作"博物馆文创 4.0"。博物馆文创 4.0 具有"人—物—环境—数据"高度融合的动态协同工作网的特征,其中人包括智慧的人(包括人的智慧装备、人机接口和虚拟现实三个层面)和客户;物指基础设施、物料、设计元素、产品等;环境涵盖社会环境、博物馆环境、销售场所环境等;数据则与 ROAD 模型中所指数据内容相近。

博物馆文创 4.0 同样以客户服务为中心,开端和终端均指向客

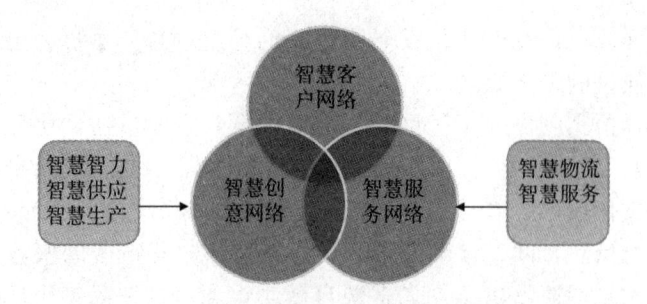

以客户为中心的博物馆文创 4.0 的智慧制造体系网

户，构成工业 4.0 的六大价值网络，智慧客户网、智慧智力网、智慧供应网、智慧生产网、智慧物流网和智慧服务网也适用博物馆文创 4.0，是满足"人—物—环境—数据"高度融合的动态协同工作网的基础。

智慧客户网是博物馆文创 4.0 体系中的引擎，是整个体系良好运转的基础，具有吸引客户、发现客户、激励客户、服务客户等功能，客户能够通过网络对产品进行观察、交易、点评、建议和反馈，甚至参与产品创作过程。由于博物馆文创设计大多将产品设计委托第三方企业完成，且不具备生产加工能力，销售渠道多数为实体店，少部分依托淘宝客户端进行销售，因此智慧智力网、智慧供应网与智慧生产网在博物馆文创 4.0 中可合并为智慧创意网，智慧物流网可合并到智慧服务网中。智慧创意网能够辅助博物馆文创完成客户提出的各类挑战，最大限度地满足客户需求，它包括社会智力资源、设计企业、生产企业，其中社会智力资源可以是个人也可以是团体，个人资源包括一般群众、专业人事、内部员工等。智慧服务网从产品交付就开始发挥作用，直到产品生命周期结束，目前博物馆文创使用的服务业务有移动或固定网络和服务人员，而云服务平台、智能终端、智慧产品仍有待开发。

三大智慧网可实现的服务应用

网络类别	设计的主要信息新技术	实现的核心价值
智慧客户网络	二维码、O2O、团购、预售、众筹、社交网络、大数据、云计算、App	汇聚客户资源
智慧创意网络	众包、社区网络、大数据、云计算、电子商务、ERP、工业机器人、智慧产品、多媒体交互	汇聚全球智力资源及供应资源，实现从单个个性化到小批量多样化产品的高效生产
智慧服务网络	物联网、GPS、大数据、云计算、智能终端、智能仓库、呼叫中心、App	优化并降低物流成本，满足客户需要的服务，实现制造服务化的增值

3. 博物馆文创 4.0 应用

博物馆文创 4.0 的制造体系由三大智慧网构成，即智慧客户网、智慧创意网和智慧服务网，这三大网所涉及的主要信息技术有二维码、O2O、团购、社交网络、App、移动互联、云计算、电子商务、供应商管理系统、ERP、物联网、智慧产品、虚拟现实、智能终端等。

那么，博物馆文创 4.0 的实际应用架构可以分为智慧管理层、智慧产品层和智慧服务层。

（1）智慧管理层

博物馆文创的智慧管理需要围绕主要业务建立数字工厂模型，解决博物馆文创文化元素（设计元素）、设计、生产、服务四个主要内容从传统管理模式向智能化管理模式的转化，提供优化的内、外部的智能化网络协作与支持，提高管理、生产和服务的效率。

内部管理是人力资源管理、财务管理、库房管理。人力资源管理包含在博物馆大环境内，智能化人力资源系统管理可以有效协助进行工作分析和人员绩效管理，建立人力资源计划、员工招聘与配置体系。财务管理与博物馆财务管理的主要区别在于运营资金的管理、配置管理等，智能化财务管理能够协助完成成本运营分析、投资分析、风险预估分析、利润分析、税务统计等，提高财产使用效益比例。库房管理主要是产品库存，智能化库房管理并非单纯利用软件对产品入库、库存量、销售量和积压产品进行登记、统计和控制，而是应通过对产品整个生命周期建立数字化建模，以此适应多元化的产品需求，这一数字化建模过程被称为系统生命周期管理，系统的建立方法和管理方法将在产品层进行论述。

外部管理是面向博物馆文创各层次业务接口展开，主要为实现博物馆文创发展水平的提升。目前外部管理各层次业务接口可简要分为产品开发合作企业、媒体与客户，其中合作企业的智能化管理可利用系统生命周期管理来实现。

社会化媒体的形式

社会化媒体的类型	事例
社交网络	QQ、Facebook、Linked、飞信
微博客	Twitter、微博
博客	新浪、Blogger、Xanga
媒体共享	Youtube、土豆、乐视
社会化书签	bShare、JiaThis、分享家、分享道
社会化点评网站	Yelp、畅言、豆瓣、百度口碑
百科	百度百科、百度文库、百度学术

（2）智慧产品层

产品是博物馆文创的命脉，产品的文化属性、特征属性、民众接受度反映了文化传播的效率，前文简要叙述了博物馆文创的现状。信息时代的各个特性在博物馆的发展中均有体现，博物馆文创的发展亦要适应信息时代的特性，因此博物馆文创未来智慧产品开发也会进入舞台，在这里智慧产品主要为生产智能化和智能化产品两方面。

生产智能化的前提是对产品整个生命周期建立数字化建模，即系统生命周期管理。在工业开发中，系统生命周期的特征表现在系统开发、生产、操作和最终淘汰的各个阶段，博物馆文创的系统生命周期管理的特征表现可以围绕文化元素（设计元素）、设计、生产、服务和淘汰各个阶段制定。文化元素是博物馆文创开发的物质基础，此阶段主要依托文化元素的数字化建模，如藏品数字化、文化遗产资料电子档案、数字博物馆、网络资料库等；设计与生产虽然大部分博物馆均依托合作企业完成，其过程包括了明确需求和计划、构思起草、设计、制作与细节化四个主要阶段，但每一个阶段的完成都需要与客户的接受程度、生产成本、产业价值链进行综合分析，逐步对设计和生产进行调整，完成产品的出品；服务与淘汰覆盖了系统生命周期管理的全部过程，其中淘汰又分为元素淘汰、设计淘汰、样品淘汰、产品淘汰四类。

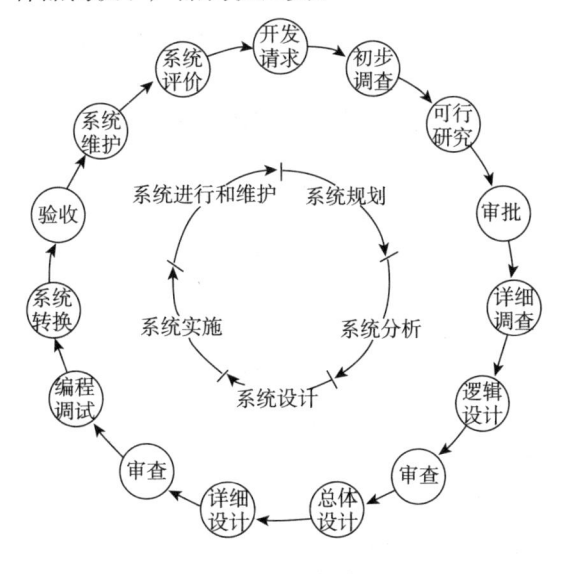

系统生命周期管理

博物馆已经应用到的智能化产品虚拟博物馆、三维全景、智能交互、数字导览等技术，博物馆文创的智能化产品也步入了 App 开发热潮，如 MoMA 专为儿童设计 App 的 Moma Art Lab，能够同时浏览东京国立博物馆、京都国立博物馆、奈良国立博物馆、九州国立博物馆的 e-Museum，和故宫推出的《皇帝的一天》、《韩熙载夜宴图》、《紫禁城祥瑞》和《胤禛美人图》四款 App 应用。在未来，如智能感应灯、智能音响、智能加湿器等基于物联网、云计算、高性

11

能平板显示器、大数据、传感器、控制器的小型智能家居产品，有可能成为博物馆文创产品开发的另一个发展方向。

（3）智慧服务层

从国际博协给出的博物馆定义中就已经指出："博物馆是一个为社会及其发展服务的向公众开放的非营利性常设机构。"博物馆的服务已经由物转向人，强调服务的社会效益。博物馆文创在博物馆中扮演服务者的角色，带给观众的是展示价值、文化价值、情感价值和体验价值的同时，又是沟通博物馆公共管理机构与设计制造业、文化创意产业的媒介。

首先，设计业本身属于服务业；其次，信息技术的高速发展令传统制造业向制造业服务化转变，且服务化的程度越大，所产生的价值也就越大，能够更加明显地起到促进社会进步的作用。信息营销与云制造的概念应用到博物馆文创里，可以让观众体验一种全新的智慧服务。

信息营销的主要传播途径是现代通信手段，其中网络信息营销因具有跨时空、多媒体、交互式、拟人化、成长性、整合性、超前性、高效性、经济型和技术性等特点，其传播作用已经远远超越其他通信手段，而移动网络在网络营销中所占的比例更是逐步加大。博物馆文创使用信息营销手段实现智慧服务的方式有B2C或C2C的电子商务平台、传统网络与移动网络结合的信息推送、App、社交网络、二维码识别等，积极合理利用此类信息营销手段，提高了博物馆文创的传播性、多向性、互动性，引发观众对文创产品的关注和对历史文化知识的深层体验。

云制造的概念最早是由中国工程院院士李伯虎于2009年提出，云制造的定义是一种基于网络的、面向服务的智慧化制造新模式，它的核心思想是把云计算和服务化的理念运用到制造领域，包括论证为服务、设计为服务、生产加工为服务、实验为服务、经营管理为服务、集成为服务等。云制造对应到博物馆文创中，可以有效解决与博物馆文创相关的资源配置问题，为博物馆文创从业者提供产品设计、工艺、制造、采购和营销业务等服务，面向观众搭建O2O模式的电子商务平台，为观众提供产品定制、预约讲解定制、文化

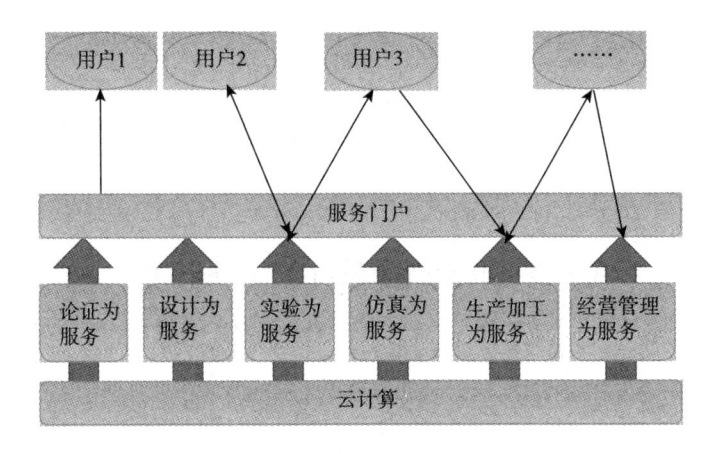

云制造的基本思想与服务模式示意图

活动定制等服务。

结语

21世纪的信息技术与工业4.0为博物馆文创发展带来了新启示，开启了博物馆文创智慧化的道路。利用互联网、物联网、大数据、云计算等技术实现的博物馆文创4.0构成的人与物、环境、数据融合的动态协同工作网，视服务为首要任务的理念，衍生出新的产品类型与服务形式，让博物馆文创更具创造性、更加人性化和贴近百姓生活，通过文创传播的文化、艺术、理论、实践等信息也会越来越快速、有效，从社会、经济、创新、服务、设计等方面为博物馆的可持续发展提供能源。

参考文献

[1] 徐静、谭章禄著：《智慧城市：框架与实践》，电子工业出版社，2014年9月。
[2] 乌尔里希·森德勒著，邓敏、李现民译：《工业4.0，即将来袭的第四次工业革命》，机械工业出版社，2015年1月。
[3] 王喜文著：《工业4.0：最后一次工业革命》，电子工业出版社，2015年1月。
[4] 宋新潮：《智慧博物馆的体系建设》，《中国文物报》，2014年10月17日第5版。

13

以军博新馆建设为契机，推动文化产业新发展
——再探军博文化产业

游云* 王平** 郭蕊***

在我国大力发展文化产业的宏观背景下，博物馆作为文化产业的重要支柱和主要组成部分，处在一个新的战略发展转型时期，为适应其发展，博物馆文创产业正摒弃原有的传统理念与发展模式，探索新的发展思路。2015年3月20日颁布实施的《博物馆条例》特别强调："支持博物馆事业发展，鼓励博物馆向社会免费开放，强化服务教育、科研、文化建设和大众生活的社会功能，开发相关文化创意产品，丰富人民群众精神文化生活。"鼓励博物馆挖掘藏品内

---

* 游云，中国人民革命军事博物馆副研究馆员。先后就读于吉林大学、北京外国语大学、北京大学，分获史学学位、文学学位和艺术学研究生学历。1990年入伍到军事博物馆工作至今，现任展陈管理教育部展厅管理二室主任，负责军博科普工作和军事科技馆筹建办公室日常工作。多年从事博物馆文创开发、军事科普等研究工作。作为课题负责人，承担多项馆学术课题研究任务。编撰出版多部书籍，发表专业论文数十篇，荣立三等功，被授予"北京市科普工作先进个人"荣誉称号。

** 王平，中国人民革命军事博物馆高级会计师，1979年入伍，1986年中国人民解放军军事经济学院研究生毕业。1997年任军需财务科科长兼党支部书记，2008年任军博物馆管理处副处长，并负责军需财务科工作，现任军事博物馆文化产品开发办公室主任及审计办公室主任。

*** 郭蕊，2009年毕业于西南交通大学电子商务专业，同年参加工作，毕业后在军事博物馆负责文化产品开发工作至今。目前在对外经贸大学行政管理专业（文化事业管理方向）读在职研究生。

涵，与文化创意、旅游等产业相结合，开发衍生产品，增强博物馆的活力。

2010年7月，经党中央、中央军委批准，军博展览大楼加固改造工程正式立项，预计2017年改扩建工程完成，同年8月1日正式开馆。如何以军博新馆建设为契机，推动文化产业新发展；如何通过文化产业的发展推动军博的发展，满足观众日益增强的文化需求，需要我们认真思考，重新规划，这正是本文所要探讨的主要内容。

一、国内外文创产业发展概况

（一）国外博物馆文创产业发展情况

2015年国际博物馆商店协会成立60周年。这一在美国丹佛地区成立的文物衍生品机构，旨在提供博物馆藏品再现与教育服务的机会，增强民众对馆藏的兴趣，使民众能够更加亲近并喜爱博物馆。

美国纽约大都会博物馆是博物馆商店的先行者。最初，商店只提供展览图录、明信片和纪念币等简单的商品，如今，博物馆商店已经成为大都会博物馆最受欢迎的"展厅"。芝加哥艺术博物馆、布鲁克林博物馆等都设有规模庞大的博物馆商店，博物馆商店的收入解决了博物馆部分资金不足的难题。

在欧洲，博物馆商店是各大博物馆的重要组成部分，卢浮宫博物馆更是设有地下博物馆商店街，形成了完整的产业链，年收入可以负担数百位员工的薪资。2007年，英国伦敦大英博物馆推出"秦始皇·中国兵马俑特展"，借展费用高达30万英镑，而通过销售特别为展览设计、制作的明信片、文具和文物模型等兵马俑系列纪念品，不仅轻松赚回了借展费用，还略有盈余。

国外博物馆经过数十年的发展，博物馆商店已经成为现代博物馆运营策略中的重要一环，是博物馆生活化、社会化和实践化的重要推手。

（二）国内博物馆文创产业发展情况

在我国，博物馆文创产业尚处在起步探索阶段，总体水平不高，产品设计缺乏特色，种类单调，同质化和低水平复制、仿制现象严重；经营策略欠缺，整体来看销售额惨淡。少数几个大型博物馆通过积极探索，取得了一定的成绩，然而在尝试的过程中也遇到了诸如市场化和公益性定位的矛盾、购买者类型单一、后续购买力不足等问题。

二、军博文创产品开发现状

军博文创产品开发办公室于2008年2月组建，同年5月正式营业。七年来，军博文创产品开发办累计开发产品十大类160余种，实现了军博文创产品从无到有的突破，多次在国内各类评比中荣获奖项。七年的努力，不仅使军博文创产品的品牌得到推广，取得了一定的经济效益，而且还为军博各部门提供迎来送往的礼品，既方便工作又减少了开支。

（一）军博现有文创产品开发形式

第一，自主开发。由军博工作人员进行设计，借助专业单位进行生产制作，在军博销售。

第二，联合开发，由军博工作人员和合作单位人员一同参与设计开发，由合作单位进行生产制作，共同进行销售。军博根据销售数量收取监制费。

（二）军博文创产品开发存在的问题

第一，机构不健全，人才欠缺，目前只有一名军人干部和一名文职人员，每个人都身兼数职，业务工作无法细化。

第二，设计思路不够开阔，与军博红色大馆的地位作用不完全适应。

第三，文创产品销售网点没有经过科学的规划设定，改扩建工程导致产品销售及推广无场地依托。

第四，没有建立销售管理系统，无法获得在售产品的信息数据，无法为新产品的开发提供更客观、精准的参考依据，同时导致文创产品的监管存在较大疏漏，造成库存积压。

第五，产品宣传不到位，品牌影响力较低。

三、军博文创产品发展新思路

目前，军博新馆正在紧张改扩建，预计2016年底竣工，2017年8月1日正式对公众开放。改扩建后，展陈面积由原来的4万平方米扩大至15万平方米，陈列体系将重新整合，主要由解放军军史、中国历代军事、军事科技、军事艺术、对外军事交流、临时展览等部分组成。新馆最大的变化就是新增军事科技馆和军事艺术馆。军事科技馆用于普及军事科学技术，建筑面积约为1万平方米。军事艺术馆现有馆藏1500余件和从"军博重大题材美术创作工程"中涌现的作品都将陈列于此，建筑面积约为5000平方米。

新馆开放后，必将迎来大规模的观众量，预计由原来的300万人次/年激增到1000万人次/年，新的观众群体既有普通观众（即普通的旅游参观客），也有军事爱好者（即对军事武器装备、战争史等感兴趣的参观者）；既有专业观众（即军事院校学员、军事史、军事装备专家），也有青少年学生。那么，我们的文创产品如何适应新馆陈列，如何满足新的大规模的观众群体对文创产品的需求，需要我们认真思索、探讨。

（一）军博文创产品的设计思路

设计是一个灵感创作过程。军博文创产品开发部门要树立创建军博文化品牌的观念，在深刻理解和把握军博馆藏资源和特色的基础上，围绕陈列展览和馆藏资源开发军博特色产品，从全国、全球的视角创意出具有行业影响力的设计，打造不同层次的文创产品，推动军博文化品牌的传播。

1. 以军博展览陈列为思路，深入挖掘文物内涵，从以下三方面入手设计文创产品：

第一，体现军博作为红色大馆的教育职能，围绕历代军事史陈列进行文创产品的设计，使产品具有深刻内涵，对观众有革命传统教育的意义，设计要突出一个"红"字。

第二，作为中国唯一的国家级大型综合性军事博物馆，军博有着得天独厚的武器装备资源，在设计文创产品时，深入挖掘武器装备及军事科技陈列的内涵，设计要突出一个"绿"字。

第三，镇馆之宝代表着博物馆的博大精深，所以文创产品的开发要以军博丰富的馆藏文物为基础，以镇馆之宝为重点展开细致而有创意的设计开发，设计要突出一个"宝"字。

围绕我馆镇馆之宝——朱德手枪
开发的普洱茶饼和镀金模型

2. 以消费者消费能力区分，设计文创产品，分为高中低档，满足不同消费能力的观众需求。

一是围绕普通观众，根据观众兴趣点开发中低档纪念品，如挂件、小工艺品、日用品、陈列内容光盘、文物藏品的书籍等。对大多数消费者而言，合适的价格与精巧的设计才是他们选择商品的关键。

二是围绕馆际活动、军事外交军礼开发中高档礼品，如艺术品复制件、武器模型、画册等。

（二）军博文创产品的营销模式

1. 以本馆展览大楼为依托，设计博物馆商店，让博物馆商店成为展览的延伸。

参照发达国家博物馆实践经验，博物馆商店应该与博物馆的参观场所、休息场所紧密地连接起来，使观众能够融入其中，乐在其中，延续参观体验。同时文创产品商店的面积，应该占全馆总开放区面积的8%以上。

军博文创产品销售点可以设在展览大楼入口、军博广场、中央兵器大厅、二楼回廊等醒目位置，从地理空间上，创造一个舒适的购物环境。商店面积在1.2万平方米为宜。

同时，还要重视商品陈列及销售方式。首先，产品销售可采取开架自选式，部分产品可供拆封观摩和试用，在空间相对开阔的营销点附近，开辟儿童乐园区，拉近与观众的距离，留住观众的脚步。其次，对营销人员进行基本技能培训，包括销售技巧、职业礼仪和语言能力的培训，销售人员也需扮演解说员的角色。

2. "互联网十"时代，博物馆文创产品打开网络新平台

目前，军博文创产品已经在军博官网实现了部分产品的展示，观众登陆军博官网，在"服务"一项里可以看到文创产品的展示。下一步，我们会提供更丰富、多角度、更清晰的产品图片及三维动态影像供观众欣赏，建立网上商城，实现军博文创产品的网络销售。

网络平台的打开一方面可以扩大销路，满足观众足不出户也可以"将博物馆商品带回家"的愿望，另一方面也可以成为与观众交流互动的平台。现在的销售工作中，经常有观众向销售人员咨询有无某种商品，我们发现我们的产品类型还远远不能满足观众的需求，网络平台的打开可以帮助我们的设计人员集思广益，设计更多贴近观众需求的文创产品。

3. 走出博物馆，建立军博文化产业联盟

博物馆无法移动，但文创产品是可以走出博物馆的，承载着博物馆文化内涵的文创产品走得越远，博物馆的文化也就传播得越远。我们可以参考"江苏省博物馆商店联盟"的营销模式，整合军事类博物馆及商店资源，设计统一的商店形象，包括统一的商标、统一的环境布置、统一的形象设计、统一的品牌、统一的色彩装饰等，在统一的运营管理体系下，统筹军事类文创产品精品系列的研发、营销及市场推广，充分利用多馆的藏品及展览资源，联合有关驻地方部队、军事类博物馆，共同探讨、研究开发文创产品的销售，开创新的地理空间，建立军博文化产业联盟。

（三）军博文创产品发展建议

结合目前我馆文创产业发展现状及新馆开放后的新形式，我们对军博文创产业的发展提出几点建议：

1. 积极争取政策性支持

军博隶属军队，强调政治性、思想性，但同时作为博物馆，又不能忽略其文化性和科学性。开发文创产品，发展文化产业的目标在于扩大军博的教育和传播功能，是推动军博在现代社会中获得更好发展的一个方法，在不逾越政治性和思想性的前提下，军博要积极争取部队、政府的政策性支持。目前，总政已批准军博经营的有偿服务项目共23项，文创产品开发属军内有偿服务项目之一。

2. 着眼长效发展，建立科学的运管体制机制

（1）科学运管体制的关键是要建立起一个独立精干的工作机构。建议以现有的文创产品开发小组为基础，搭建起一个精干的团队。

1）在隶属关系上，改变目前文创产品开发机构行政关系隶属办公室，业务上为馆长、政委直管机构的局面。建议独立为一个基层单位，由一位副馆长直接负责。

2）在友邻关系上，这一机构与其他中层单位的关系应是平行的，但却是浸入式的，可渗透的。

3）在机构人员上，机构负责人应当是懂得军博业务、了解军博藏品情况、有经营头脑、有法律常识的复合型人才。团队成员应当分别懂得军博业务、藏品，有市场和法律意识，有产品设计头脑。

4）为配合新展览大楼的启用，建议现在开始筹建这一机构，形成团队，让团队成员先跟着参与陈列展览和文物整理，与各业务单位的人员积极沟通协作，加强对藏品的认识和理解，加深对展览和陈列的把握和解读，从中获得文创产品的创作灵感，为配合新展览大楼启用后的新的展陈体系，开发设计出具有创意的文创产品打下业务基础。

5）考虑到部队编制体系的限制，团队人员多数采取社会聘用合同制，以基本工资体系为保障，采取相关专业的岗位激励制度来调动他们的积极性。

（2）科学运管机制最首要的就是要建立起科学的用人机制、激励机制、财务和审计机制。

1）团队内部应建立起有效的考核机制，引入能者上庸者下、优胜劣汰的竞争机制，充分调动员工的积极性和创造性。

2）员工可根据工作需要，实行定岗、定员、定责竞争上岗，劳动报酬与职责、工作业绩，特别是专项创意产品的销售业绩挂钩，促使每位员工敬岗爱业，特别是为单位与个人双赢而勤奋工作。

3）作为一个营利性的机构，其财务制度的完善和审计监管机制的完备，是确保这一机构健康成长的关键。

3. 形成科学严谨的自我产品开发流程、产品监制准入制度和产品入场管理制度

在有形产品方面，军博的文创产品开发工作可分为三种类型：自我产品开发、产品监制和产品准入。结合我馆近几年文创产品运作的教训，及故宫、国博等的经验，就如何保障军博的有效控制力应注意以下几个方面：

（1）自我产品开发，需设计一个完整的开发营销流程，包括一件（类）文创产品的提出、论证、实施、营销、利润结算和分配激励等全过程，文化创意报告、市场风险评估、开发成本、营销方案、利润预算决算等均要有程序性文字内容。这当中，鼓励团队内每个人作为独立项目人，按开发营利予以专项奖励。

（2）产品监制，应当借鉴国博和故宫的成功经验，建立准入制度和责任金制度：凡是计划与军博合作的单位，其在本行业的地位和社会影响力必须与军博相匹配，这是准入的前提，需要相关单位或公司提交有关证明材料备案；同时，可按不同项目建立相当金额的责任金账户（故宫为 200 万元起步），建议军博的责任金账户不低于 200 万元，确保公司行为真正受控于军博。在此基础上，应建立严格规范的法律文本，加强市场跟踪与监督，最大限度地维护军博的利益，使文创产品有法可依，杜绝一切漏洞和个人好恶的左右。

（3）产品入场，应当加强对质量的监督和报备制度，建立准入制度和责任金制度,对入场产品分别予以贴示军博标识等规范性处理。

4. 加强"军博"品牌意识,树立"以观众为本"的理念

博物馆发展需随社会发展更新观念。军博要与时俱进,关键在于决策层能借鉴国内外博物馆经营的先进理念,结合本馆的特色,加强军博品牌意识,发展自己。

重视公关工作,更新博物馆营销理念,树立军博品牌意识,就要做到以下几个方面:一是博物馆全体人员要认识开发知名度对发展文博产业的意义,有效开发和宣传博物馆形象的包装和设计。博物馆展览大楼的前立面形象和未来新大楼的俯视效果图、馆标等均是军博特有的品牌,是应当重点开发的LOGO应用体系。军博工作人员对外交流时使用的办公和生活日用品等都应刻意带有军博LOGO的产品,从各个角度和方面扩大军博LOGO的社会知名度和影响力。二是注重军博文化创意产品专利设计的申请,加强法律意识,保护军博文化创意专利产品的使用权利。三是加强博物馆和社会各界的有效沟通和交流,积极争取社会、企业集团对军博文化产业发展的支持和投资合作。借助社会力量,注重培养有责任感的军事类生产型公司群体作为拓展和丰富产品的后盾,努力形成军博品牌的延伸指数。采取面向社会的产品供应数据库准入制度,有计划地召开不同类型的公司群体年会,把军博的军事类、纪念品类生产型公司打造成有责任感、能够引领行业风向的业内标准,既丰富自身,同时也为社会提供具有品牌价值的风向性指数,使军博成为国内相关文创产品的商业推广和展示平台,最大限度地挖掘军博的文化创意品牌的价值。

结语

博物馆文创产业与博物馆建设是不可分割的,对于军事博物馆来说尤其如此,军博的文创产业在推广宣传军事文化,扩大其社会影响力方面发挥着重要作用。我们要充分利用改扩建时机,在对国内外各大博物馆多方调研和观众调查的基础上,深入挖掘军博资源,研究策划军博文创产品开发的新方向,努力开创军博文化产业新局面。

湖北省博物馆文创产品前瞻性思考

钱红 *

2015年3月20日起施行的《博物馆条例》，共6章47条，其中第三十四条规定："博物馆应当根据自身特点、条件，运用现代信息技术，开展形式多样、生动活泼的社会教育和服务活动，参与社区文化建设和对外文化交流与合作。""国家鼓励博物馆挖掘藏品内涵，与文化创意、旅游等产业相结合，开发衍生产品，增强博物馆发展能力。"这是第一个全国性博物馆工作的法律文件，即第一次从国家法的层面确立了博物馆的法律地位、性质、任务和规范。《博物馆条例》明确指出国家鼓励博物馆充分利用自身资源，结合社会力量，研发文化产品，以增强博物馆的发展能力，更好地服务于社会。

一、博物馆文创产品的前瞻性意义

《博物馆条例》从国家法的层面"鼓励博物馆挖掘藏品内涵，与文化创意、旅游等产业相结合，开发衍生产品，增强博物馆发展能力"，可见文创产品是增强博物馆发展能力的重要因素，其前瞻性的意义不言而喻。

---

* 钱红，女，湖北省博物馆副研究员，社教部主任，毕业于武汉大学历史系。参加工作至今一直从事社会教育工作，深刻认识到大力发展文化产业是博物馆拓展教育职能的一种有效手段。

博物馆文创产品必须具备前瞻性。前瞻是指展望和预测。博物馆文创产品的前瞻性是指在研究自身馆藏文化内涵、地域文化特征及研究观众需求的基础上，做出正确的分析判断，最终探索研发出社会公众所未考虑到的现在时需求和将来时需求，预见性地提供博物馆文化服务，以赢得社会公众的信赖，获得良好的社会效益。

1. 构建人类文明的记忆

具有前瞻意识的博物馆文创产品可以为社会公众构建人类文明的珍贵、美好记忆。

2. 满足公众多元化需求

具有前瞻意识的博物馆文创产品能满足社会公众所未考虑到的现在时需求和将来时需求。

具有前瞻意识的博物馆文创产品可以满足公众对博物馆文化的多元化需求，除了品类丰富，应该具备物质类文创产品和非物质类文创产品外，还应该贴近生活，其前瞻性并非简单地等同于高端、昂贵。

3. 彰显博物馆文化魅力

博物馆是一个民族、一个国家或一个地区历史文化及现代文明的载体，其拥有的集直观性、生动性、欣赏性等特点为一体的文物资源具有呈现历史、启迪当代、展望未来的作用，这是其他艺术馆、美术馆等无法替代的。

二、湖北省博物馆文创产品的前瞻性体现

自 1955 年博物馆商店协会总部在美国成立，经过 60 年的发展，博物馆商店从最初的贩售柜台日趋演变成今天的博物馆事业的衍生品、文化产业领域的主导者。

据国家文物局在 2009 年组织的全国博物馆文化产品开发情况的调研结果显示，当前我国博物馆文化产业还处于起步和探索阶段，能将文化创意与博物馆文化产品成功融合的博物馆主要集中在北京、上海、深圳和台湾地区。

湖北省博物馆自 2008 年组建了文化产品开发办公室即市场部，实行部门主任负责制，在全馆范围内精选 3 名具有一定文化产品开发和市场销售经验并对文化产品具备一定鉴赏能力的同仁专职从事文化产品的研发工作。近年来，湖北省博物馆市场部在积极了解市场行情、行业动态、认真学习借鉴兄弟省市的工作经验的基础上，摸索形成了一套自己的文化产品开发及营销模式，拥有一定前瞻意识的文化产品。

（一）"非物质类"音乐文化展演项目

截止到目前，湖北省博物馆结合地域文化、馆藏文物特点等开发的文化产品近 700 种，按种类划分，既有物质类如文物仿制品、图书、艺术品、生活用具、服饰首饰、文具、小纪念品等，品类日趋丰富，也有非物质类的音乐文化展演项目——"曾侯乙编钟演奏"。其中"曾侯乙编钟演奏"服务项目是配合湖北省博物馆的精品陈列"曾侯乙墓出土文物精品展"研发的，生动地再现了 2400 多年前曾侯乙这位国君钟鸣鼎食的礼乐场景，自启动以来深受海内外观众喜欢，这一特殊的文化产品具备前瞻性服务理念。

湖北省博物馆"非物质"类文化产品——编钟演奏

1978 年出土于湖北随县曾侯乙墓的音乐文物，距今有 2400 多年的历史，种类丰富，共有 9 种 125 件，按照演奏方法可分为打击乐、弹拨乐、吹奏乐三类，是中国考古史上的空前发现，也是音乐史上的巨大收获。其中曾侯乙编钟尤为举世闻名，其规模宏伟，数量巨大，制作精美，保存完好，音域宽广达五个半八度，中心音域十二个半音齐备，可以旋宫转调，演奏古今中外五声至七声音节的各种乐曲。曾侯乙编钟最神奇的特点是一钟双音，即敲击一口钟的正鼓部和侧鼓部可以发出两个不同的乐音，这两个乐音之间的音程是三度。当讲解员翔实地介绍完曾侯乙墓出土的以编钟为代表的古乐器之后，观众无不为之惊叹骄傲。为了满足大家想进一步认识2400多年前的音乐文化，并使之永恒地储藏在记忆里的需求，湖北省博物馆精心研发出曾侯乙编钟复制件演奏这一"非物质"类文创产品，演奏的定位是展览教育服务工作的延伸：置身于设计别具匠心的演奏厅，看着展示的乐器复制件，听着报幕员精辟的介绍，享受着古装演员娴熟生动的演奏，观众清晰地认识到每件乐器的音乐性能，同时仿佛穿越历史长河，畅游在2400多年前的曾国，感受一个诸侯王国君钟鸣鼎食的礼乐场景，同时直观地享受了当时的音乐成就。湖北省博物馆编钟复制件的演奏服务项目具备前瞻性意识，自启动以来一直带给社会公众视听盛宴的享受，很好地弘扬着中华民族光辉灿烂的古代文化。湖北省博物馆编钟乐团因此应邀到港、澳、台地区巡演，出访了日本、新加坡、美国、德国、英国、法国、荷兰、卢森堡等国家和地区，与日本NHK国家电视台长期合作制作音乐节目，参加建国35周年大典及'97香港回归的庆典演出，并与亚洲青年交响乐团、美国波士顿交响乐团、苏格兰交响乐团、纽约交响乐团以及台湾的国乐团等世界著名乐团合作演出，获得海内外高度赞誉，成为湖北省对外文化交流的亮丽名片。同时，湖北省博物馆还开发出编钟演奏的CD、DVD及音像视频资料等系列文化产品，满足公众的多元化需求，让他们把独特的"音乐文化记忆"带回家，编钟演奏服务项目的良好社会效益印证了其极好的前瞻性。

（二）地域特色的文化产品

湖北是荆楚文化的发祥地，湖北省博物馆馆藏的楚文物资源极其丰富。社会公众需要楚文化的记忆符号——具有前瞻意识的楚文化产品。湖北省博物馆在多次进行观众问卷调查的基础上，认真提炼楚文化元素，研发的代表楚文化地域特点的湖北省博物馆文化产品较丰富，如高仿真的典藏类楚文化产品如漆盘、虎座鸟架鼓、套盒等系列漆器，可以帮助观众认识楚漆器的瑰丽，感知楚人的艺术，因而深受欢迎；具备楚文化元素的服饰用品如多色丝巾、创意领带及睡衣等，既是楚文化珍贵的记忆，也是公众喜欢的实用品，还能引导公众通过这些文化产品畅游楚人的世界。

（三）贴近生活的文化产品

博物馆文创产品具备前瞻性并非特指文创产品的高端、昂贵，其实也包含文创产品需要贴近生活。湖北省博物馆的文化产品研发工作树立了这种前瞻性服务意识，目前的产品既有将观赏性与艺术性融为一体的高精度的仿制文物原件，满足公众的收藏需求，如价格较高的编钟、尊盘、越王勾践剑、元青花四爱图梅瓶等典藏品，也有贴近百姓生活、有益于推广博物馆文化的产品，如日常用具：手机链、钥匙扣、冰箱贴等；还有如文房四宝、尺子、笔袋、笔等文具；以及服饰首饰类如首饰盒、领带、丝巾等实用品，可谓种类齐备，琳琅满目，加之价格设置成不同的档次，获得良好的社会认知度，这也是湖北省博物馆文创产品具备前瞻性的具体体现。

三、湖北省博物馆文创产品的前瞻性思考

湖北省博物馆是中央与地方共建的国家重点博物馆，社会影响力日趋提升，其文创产品也取得一定的成绩。但是与国际成熟的博物馆文创产业相比仍有一定的距离，如"非物质"类文化服务不成体系，地域文化产品有待丰富，贴近生活的满足社会公众所未考虑到的现在时需求、将来时需求的产品类别有待研发等。

结合湖北省博物馆文创产品的现状，借鉴国际成熟的博物馆文创产业发展理念，特对湖北省博物馆文创产品研发具备前瞻性服务

理念作以下几点思考：

（一）充分融合社会智慧

湖北省博物馆于2014年组建理事会，旨在融合社会智慧，形成合力，促进自身发展，满足社会及其发展的需求。在欧美发达国家，博物馆通过理事会制度融合社会智慧，形成合力，促进博物馆发展。理事会是博物馆的最高决策机构，全权负责博物馆的宏观管理、资产监督和预算审批等。

湖北省博物馆理事会的成员涵盖社会各领域人士，如金融、法律、教育、艺术等，文化产业应该充分发挥理事会的作用，融合社会智慧促进湖北省博物馆文化产业的发展，包括产业模式、研发产品的前瞻性理念、文创产品的开发及营销等，加大展示古人生活的习俗风尚的非物质类文创产品的研发力度。

（二）研发曾侯乙"音乐剧"文化服务

现有的编钟演奏服务项目应该拓展延伸，结合曾侯乙墓出土的所有文物，研发出音乐剧或话剧等形式，为社会公众再现2400多年前曾国国君的生活，满足社会公众了解战国时期的政治、经济、军事、文化等全方位辉煌成就的需求。国内有可借鉴的成功案例：

金沙遗址博物馆专门打造金沙剧场，以演出音乐剧《金沙》的形式引导观众了解3000年前的古蜀王国的历史。金沙遗址博物馆是为保护、研究、展示金沙遗址及出土文物而设立的主题公园式博物馆，馆藏金沙遗址发掘出土的珍贵的金器、玉器、青铜器及国内文物界罕见的古代象牙、象牙制品等。其中"太阳神鸟金饰"享誉海内外，2005年8月16日被国家文物局正式用作中国文化遗产标志。成都市文化局、成都市广播电视局、《成都日报》报业集团等单位共同斥巨资合力打造了音乐剧《金沙》——这样一张古典和现代交织的城市名片。博物馆版《金沙》是世界首部在考古遗址原址上演的音乐剧。悉心打造的金沙剧场呈皇冠造型，全部以玻璃钢建造，与金沙遗址博物馆的风格相得益彰，置身其间，看着金沙遗址的文物复活，幻化成舞台上美轮美奂的场景，如梦如幻的3D动画和高清视听技术，配合缠绵悱恻的歌声，观众仿佛穿越时空隧道，感受着神秘原始的古老文化。《金沙》已成为成都第一旅游剧目，是观众了解成都历史、了解金沙的绝美途径。

湖北省博物馆应该在编钟复制件演奏服务项目的基础上，树立前瞻性服务理念，研发出音乐剧或话剧等文化服务，使2400多年前曾侯乙时代的政治、经济、军事、文化立体地展现在公众面前，更好地为社会服务。

（三）形成楚文化特点的习俗风尚，展示服务体系

研究楚文化地域特征，结合馆藏文物特点，研发出展现楚人习俗风尚的服务体系，为公众更好地展示楚文化的辉煌。如利用馆藏精品漆器"凤鸟双联杯"是楚人婚礼上行"合卺"之礼的用具——古人婚礼喝交杯酒的器具，国宝文物最早的连环画"车马出行图"，其直观生动地表现着楚人车马出行、迎宾的场景，以及屈原《楚辞》里关于楚人生活习俗的记载等，融合理事会的社会智慧，研发出具备楚文化特点的婚礼、饮食文化服务项目、习俗风尚展演等文化类产品，满足现代人想要感受两千多年前楚地、楚国人的生活起居、习俗风尚等需求，为楚文化构建美好的记忆，充分彰显湖北省博物馆文化的魅力。

结语

湖北省博物馆只有充分利用自身文化资源，结合楚文化地域特征，融合社会智慧，积极发挥理事会作用，树立文化产业发展的前瞻性理念，借鉴国内外成熟的文创产业经验，加强国际文化交流，摸索出适合自身发展的文化产业模式。近期通过完善现有"非物质"类文化服务及文化产品开发项目，开发出展示2400多年前曾国辉煌成就的音乐剧，研发出楚文化特点的习俗风尚，展示服务体系，才能提高自身发展能力，才能满足社会公众对博物馆文化产品的现在时需求和将来时需求，预见性地为公众提供博物馆文化服务，才能配合其他职能促进湖北省博物馆的科学发展，更好地服务于社会及

其发展。

参考文献

[1] 中国博物馆学会：《关于博物馆文化产品开发倡议书》，《中国文物报》2012年2月10日。

[2] 孙淼：《让收藏古籍的乐符都活起来——浅析博物馆"非遗"文化产业开发的改革路径》，《博物馆发展论丛（2013年）》，北京燕山出版社，2014年10月。

[3] 裴闯、文赤桦：《脱销的"胶带"掀开台北故宫文创商机》，《经济参考报》，2013年10月11日。

[4] 卜松竹：《博物馆文创产品开发需"飞入寻常百姓家"》，《广州日报》2015年3月11日。

[5] 马亚杰：《河南博物院文化产品创意设计研究》，《美与时代》（上），2013年第6期，第31～34页。

[6] 段勇：《博物馆理事会制度大有可为》，光明网——《光明日报》，2014年4月12日。

博物馆文化产业机遇
——红色文化资源利用与挑战

刘洋[*]

2004年12月,中共中央办公厅、国务院办公厅编制印发《2004—2010年全国红色旅游发展规划纲要》,拉开了全国红色旅游大发展的序幕。"2004—2011年,全国重点建设了123个红色旅游经典景区,创建了230家2A级以上的红色旅游景区,推广拓展了85条红色旅游精品线路,形成了较为完善的红色旅游产品体系;至今,全国红色旅游累计接待游客超过13亿人次,累计综合收入超过7000亿元,红色旅游直接就业人数达到90余万人,间接就业人数达到370余万人,红色旅游产业化水平和规模日益提升。"

红色旅游是指以1921年中国共产党建立以后的革命纪念地、纪念物及其所承载的革命精神为吸引物,组织接待旅游者进行参观游览,实现学习革命精神、接受革命传统教育和振奋精神、放松身心、增加阅历的旅游活动。红色旅游作为一种主题旅游形式,是开展爱国主义和革命传统教育、弘扬民族精神的重要载体。中国革命斗争遗留的各种纪念物,不但具有政治意义,也具有丰富的历史内涵和人文价值。红色旅游的过程,不仅是观光赏景的过程,更是人们学习历史、增长知识、陶冶情操、提高修养的过程。

红色旅游现已成为我国旅游业重要组成部分和生力军,特别是

---

[*] 刘洋,北京李大钊故居管理处业务部。

自2009年建国60周年、2011年建党90周年红色主题年以来，红色旅游产品运营非常成功，带动了革命老区基础设施建设，改善了农村产业结构，有效地带动了老区人民脱贫致富。其在政治、经济、文化、团结民心、加强民族凝聚力等方面的作用功效显著，为经济发展和社会全面进步提供强大的精神动力和智力支持。红色旅游不仅取得了良好的政治效益、社会效益和经济效益，而且成为推进旅游业发展的一个新增长点。

一、发掘并利用红色文化资源，促进红色旅游的发展

1. 整合现有红色文化资源，开发红色文化旅游产品

中国是心怀浓烈红色情结的国家，中国人喜爱红色，爱用红色，几乎已到了"疯狂"的地步。不知曾几何时，红色已被西方人认为是中国的"国色"。早在2005年底胡锦涛总书记出访英国时，英国女王就曾特意身着一身红装迎接，以此表示对中国文化的理解。随着2008年北京奥运会的成功举办，中国再次让全世界的人们领略到了红色带来的视觉冲击，令"中国红"风靡全世界。红色现已不仅仅作为中华民族一种颜色偏好，已然形成了红色文化流淌于民族血液之中。

发展旅游是传播优秀文化的需要。中国的传统文化博大精深，灿烂辉煌，红色文化更是我国优秀文化宝库中的一朵奇葩。中国的红色文化体现了中国不同历史时期的先进文化，影响了社会发展的进程，反映了时代精神，为具有中国特色的社会主义建设提供了精神食粮。因此利用爱国主义教育资源开展旅游活动，在旅游活动中对游客进行爱国主义教育，是发展红色文化型旅游应始终坚持的原则。红色文化的宣扬和传承，对于传播中华民族悠久灿烂的文化、全面展示红色景点的内涵和风貌具有积极的促进作用。

旅游行业是点子行业，旅游业的竞争归根结底是文化的竞争，进行文化促销。作为红色旅游产品，营销自然要以爱国主义教育促销为主，运用得好就能迅速开拓市场，满足游客需求。伴随着旅游业的发展，国内旅游产品逐渐增多，旅游线路也日趋丰富，其间红

色旅游产品发挥了积极作用,红色旅游产品有利于加强对党员干部和广大人民群众的思想道德教育,形成正确的人生观、价值观、世界观,为广大青少年和人民群众创造良好的社会文化氛围,有利于形成公平正义、诚信友爱、团结互助、安定有序的良好社会风气,极大地满足了人们日益增长的精神文化需求,甚至可以说是国内旅游业的拳头产品,但要保持拳头产品的优势,就必须不断地升级换代,继续开发新的旅游产品。

依托红色资源开发旅游产品是旅游业规模不断扩大和效益不断提高的捷径,在红色旅游产品的设计中,要加大收集、保护历史资料的力度,可以通过实地考察、采访亲历者或后人整理回忆录、文物征集、查阅文献等多种形式对红色文化资源进行抢救性保护。在保护的内容和措施上,不仅要重视有形的红色文化遗产和文物,还要对红色非物质文化遗产和对红色文物的衍生品进行整理,这样有利于做好红色文化资源向红色旅游产品转化的准备工作。

首先,新旅游产品开发过程中要注重通过创新展现红色文化魅力。形式上要将继承与创新结合起来,利用红色旅游产品氛围发挥出红色文化浓郁的吸引力和凝聚力,让人们在潜移默化中受到教育的同时,令红色文化乘上时代的快车,例如采纳先进的声光电技术,衬托出爱国主义教育基地的内涵和独有的朴实,增强红色文化吸引力、感染力和冲击力,打造寓教于游的参观形式。内容也要紧跟新形势,搭准时代脉搏,适应新需求。红色文化在内容上的创新,最根本的一条就是要力求打造精品。只要本着坚持贴近实际(史实)、贴近群众、贴近生活的原则,注重发挥藏品的视觉冲击力、艺术的渲染力、社教的凝聚力,就能让观众回味在历史的可亲、可触中,身临其境地感受那动人心魄的场景和领会那段激情燃烧的红色文化。

其次,在新旅游产品开发中还要注意发挥自身特色,找准细分市场。由于任何一个旅游目的地或旅游企业都不可能满足整个旅游市场和全部旅游消费者的需要,所以红色旅游产品要根据自身红色特点找准市场,才能取得事半功倍的效果。要充分挖掘自己独有的东西,以致在旅游产品上形成一定的"垄断性",避免景区建设存在内容单调、特色不够鲜明,甚至雷同的窘相,达到吸引游客,占领市场的目的。以北京李大钊故居为例，与其他宣传李大钊的纪念场馆不同点就是从生活角度入手，宣传其革命实践活动功绩和高尚的人格魅力，体现与其他纪念馆宣传角度主打政治功绩牌的不同，形成了特有的红色文化，也起到了对其他场馆宣传角度的补充，将大钊先生精神风范展现得更加丰满。红色旅游产品要想扩大影响力，可以抓住如"五一"、"五四"、"七一"、"八一"、"十一"和相关历史人物生卒纪念日等重大节庆的时间窗口开展宣传教育活动，这样能够令红色文化的内容进一步迎合人们的情感需求。以来我故居参观的观众为例，大多单位组织者就是将活动与入团、入党、重温入党誓词等活动结合起来，这也是目前各红色旅游景点开发利用红色文化的一项经常性举措，是对社会各界人士尤其是广大青少年进行爱国主义和革命传统教育，弘扬和培育民族精神，增强民族凝聚力的一项重要活动。

2. 利用红色文化完善红色旅游产品的配套服务

在完善红色旅游景区的交通条件、游览条件、服务条件的前提下，还要建立起一支专业的旅游讲解队伍。因为大多红色旅游景点由文博单位主持工作，旅游接待经验相对不足，现有的讲解员由于不懂旅游心理学，讲解缺乏吸引力，所以红色旅游景区的导游员、讲解员要认真学习历史知识，准确把握历史事件的真实内容和英雄人物的感人事迹、道德情操，从内心树立对人物的崇敬和感怀之情，由衷维护国家利益和民族尊严，自觉提高宣传讲解的生动性，切实把握讲解内容的真实性、权威性，让导游员以工作为豪，成为红色旅游的"形象大使"。

很多红色旅游景点的硬件还略显滞后，部分红色旅游景区展陈也还存在方式陈旧、内涵不足、缺乏足够吸引力和感染力的劣势。对此，需要加强对软件建设弥补现有硬件的不足，在讲解词的编写过程中，既要考虑对现有展线起到补充说明的作用，还要考虑绘声绘色满足观众的需求，这样才能让游客游览后，既可掌握了相关知识，又增加了旅游的乐趣。

3. 利用红色文化资源打造特色旅游纪念品

旅游包括吃、住、行、游、购、娱。购物作为"无限"消费，在旅游产品的构成要素中可挖掘的经济效益潜力最大,因此提高红色文化旅游产品的附加值,必须在旅游购物上大做文章,开发具备红色文化的纪念品。新颁布的《博物馆条例》也明确提出国家鼓励博物馆挖掘藏品内涵,与文化创意、旅游等产业相结合,开发衍生产品,增强博物馆发展能力。

随着旅游业发展的深入,各旅游景点纪念品层出不穷,但也出现了每当新产品问世后,各地仿制品也随之出现的现象。红色文化纪念品要想克服人们审美疲劳,标新立异,就要深入挖掘各类红色旅游资源所蕴含的时代精神,并与地方特色结合,用符合时代特征、地方特色和旅游业发展规律的技术手段、展示手段来发展红色旅游纪念品,让游客购买时有"过了这村没这店"的感觉,在日后观赏时能回想起参观时的美好回忆。

二、利用红色文化促进红色旅游面临的挑战

1. 发展红色旅游应尊重红色文化严肃性,不能哗众取宠

在"推动社会主义文化大发展大繁荣"指导思想背景下,近几年红色宣传主题不断更新,在红色文化急剧升温的背景下,个别旅游景点想方设法让自己和红色旅游沾亲带故,但他们不尊重历史事实,夸大历史价值和作用,甚至宣传"低俗文化",从讲解词里听到的不是革命道路中的艰难困苦,不是革命先烈的英雄事迹,反而是一些道听途说的野史或"趣闻"。

个别私人承包的不良经营活动也给某些红色旅游景点带来负面效应。这几年网络上流传了一些游客身着侵华日军军装,手拄日本战刀的古装照。这些以国耻来哗众取宠的做法遭到了网友唾骂,真不知提供这些造型道具的商家做何居心?

记得在网络上看到过一条新闻,讲述了一个曾经经受部队教育多年的老先生在一家红色主题饭馆用餐时,发现卫生间被命名为"解放区"。让他因刚刚看到身着旧款军装的服务员而倍感亲切的心情顿时产生了巨大的落差,这种有失历史严肃性的做法令他久久难以释怀,非常愤慨。

旅游业作为经济发展支柱产业之一，红色旅游追求经济效益，以市场兴趣为出发点都无可厚非，但红色旅游景点大多为爱国主义教育基地，所以一定要把社会效益放在首位考虑，突出红色旅游鲜明的政治特色，始终坚持弘扬爱国主义精神和革命传统教育的正确方向，坚持以红色为内涵，以旅游为载体的发展规律，经济效益服从社会效益的原则，确保历史的真实性，尊重历史严肃性。可以根据游客的兴趣精心设计旅游产品，但要发挥出红色旅游景点更利于开展爱国主义教育的优势，确保开发的红色旅游产品实现寓教于游。据统计，在参加红色旅游的游客中，33%的受访游客表示到红色旅游景区旅游的目的是接受爱国主义教育。在此前提下，通过精神文化输出，从而实现获得经济财富的增长，这点绝不能本末倒置，不能为了追求"卖点"而夸大史实，为了博得眼球，胡编乱造"野史外传"，甚至不惜"编排"革命先烈，损毁人物形象。如此这样经营的红色旅游产品只能取得暂时的经济效益，终将因为自砸红色旅游品牌饭碗和丧失爱国主义教育功能为代价。

2. "红色旅游"不能被非红色景点绑架

"红色旅游"，顾名思义，是带有宣传红色文化为主题的旅游产品，不能与一般意义上的游山玩水同日而语，更不能随意压缩在红色景点的参观时间。红色景点有特定革命内涵，是不可替代、不能省略的，也不应走马观花地看，否则还算什么"红色旅游"。有些旅行社为了迎合市场，增加噱头，开发了一些所谓的红色旅游产品，但这些旅游产品无非是采取囊括一些廉价甚至免费的红色景点项目在内，但其间却夹杂了很多"非红色"的旅游景点的做法。我故居就多次遇到这种来去匆匆、让游客到故居内走马观花的旅行团。导致原本1小时的参观用时被导游从下车时开始计算，最终讲解时间被压缩在20分钟之内的现象。有时讲解员正在认真履行工作职责，游客正听得兴致勃勃时，却看到导游在队伍后做"加快行进"的手势。随意挤占游客实际参观红色项目的时间，甚至忽悠游客参加自费项目的做法，就分明是通过绑架"红色旅游"捞钱。

红色文化资源蕴含着丰富的革命精神，厚重的历史文化，以红色文化为载体，以民族精神教育和道德教育为核心的思想教育，通过红色文化的熏陶，在不同时期、不同群体和阶层中会有不同的收获和感悟。通过红色旅游的开展，让人们精神上得到洗礼，是因为革命先辈们不屈不挠的革命精神、视死如归的革命气节震撼人心。在红色文化感召下，红色主旋律教育人的做法，激发人们追求理想和信仰的动力，对形成良好的社会风气和道德风尚发挥重大作用，让民族精神得以传承。

为进一步提升红色旅游的质量和效益，确保红色旅游持续健康发展，党中央、国务院曾出台了指导红色旅游发展的纲领性文件——《2011—2015年全国红色旅游发展规划纲要》。到今年年底，全国红色旅游年出行人数将突破8亿人次，综合收入突破2000亿元，累计新增直接就业50万人，间接就业200万人。据此，在红色文化促进下，红色旅游之花将在中国大地艳丽绽放，革命遗迹必将"烽火"再起！

参考文献

[1] 萧宇嘉，严明航，康建华：《2012—2016年中国旅游业市场投资分析及前景预测报告》，《中投顾问》2012年5月。

[2] 杨琳：《发展红色旅游，弘扬红色文化》，《旅游纵览（行业版）》2011年第3期。

[3] 崔鹏：《五年发展成效显著　红色旅游红遍中国》，《人民日报》2009年11月30日。

[4] 左远红：《中国需将红色旅游发展与历史文化遗产保护相结合》，东北旅游网转载中国新闻网，2011年6月18日。

临时展览与文化产品销售

李爱玲*

　　临时展览现在在博物馆里占有重要的一席之地，为了扩大知识面，满足观众对文化知识的需求以及吸引观众到博物馆参观为目的，许多博物馆都在举办临时展览。临时展览不受博物馆性质的约束，具有内容新、更换勤、灵活多样、涉及面广等特点。南来北往、古今中外的展览都能引进。它的作用大致可分为4个方面：

　　1. 补充基本陈列。
　　2. 丰富陈列内容。
　　3. 多引进国内外各种展览，增进馆际交流和国际文化交流。
　　4. 让观众能反复走进博物馆。

一、文化产品销售与环境

　　湖北省博物馆市场部在众多的临时展览中，直接参与销售的展览有20多个。不是每个展览销售都很理想，但是2010年举办的

---

　　* 李爱玲，女，出生于1963年9月7日，大专学历，1983年到湖北省博物馆从事讲解工作和曾侯乙编钟演奏工作。1991年毕业于湖北社会科学院公共关系专业，1998年晋升为博物馆馆员，2001年湖北省博物馆成立了文化产业科，本人调入并工作至今。2010年开始励志研究博物馆文化产业，陆续在《博物馆发展论丛》发表文章。

"意大利乌菲齐博物馆珍藏展"不同，它销售额达到了90多万元，是整个临展销售之首，"意大利乌菲齐博物馆珍藏展"的文化产品及销售模式都是新颖的，首先他们在展览的结束区留下了一个100多平方米左右的卖场，然后采用超市模式，这种形式在博物馆还是头一次，开架销售，观众可以触摸、翻阅、试用、选择商品，乌菲齐的文化产品开发可以说琳琅满目，品种甚多。"意大利乌菲齐博物馆珍藏展"以展览绘画为蓝本，衍生了大量的文化产品，比如把一些著名的绘画做成单页、明信片、T恤、拎包、伞、纸袋、笔、本子、卡贴、钱包、木板画、徽章等，让这些琳琅满目的商品最大化地去宣传这个展览，在这种新型的销售模式中大大刺激了观众的购买力，许多观众反复到博物馆来参观。每次都很认真，每次都赞不绝口，每次都会买纪念品。为什么乌菲齐展览会有如此大的反响？第一，这是湖北省博物馆首次引进国外的展览，展览方抓住了观众的消费心理以及对国外文化的好奇制作了许多文化产品。第二，做了大量的宣传工作和许多便于携带的纪念品来吸引观众的眼球。第三，凡是买单页的观众都会给他们盖纪念戳，以此来满足观众的收藏心理。第四，不售门票。由此可见，观众对文化的需求、对世界的了解是那么的渴望。第五，销售环境也起了决定性的作用，试问如果这个卖场不在展览的尾部，或者在别的什么地方，其效果就大不相同了，所以说文化产品的销售和销售环境是有很大关联的，因此建议把卖场设置在和展览临近的地方，这样观众才能容易找到自己需要的纪念品。

二、观众的需求才是关键

临时展览既活跃了博物馆工作，也激发了观众参观博物馆的欲望。通过临展，笔者发现临展不仅能吸引观众，补充基本陈列，更能推动文化产品的发展。临展的多样性、灵活性、短暂性、主题鲜明性给文化产品开发指引了一个新的方向。文化产品最忌一成不变，大胆更新，充分想象，给文化产品注入时尚元素，让文化产品更加个性，更能吸引观众，文化产品既要符合观众胃口又不能落俗，创新立意才是文创的宗旨，好的文化产品如同好的陈列展览一样给观众留下深刻的印象，像台北故宫博物院的文创产品"朕知道了"的纸胶带和翠玉白菜等系列文创产品就能让观众爱不释手，销售火爆。北京故宫博物院也不甘落后，在单院长的直接领导下也开创了一系列文化产品，产品的种类达到5000多种，如花开见佛、朝珠耳机、萌萌哒的皇上等，都深受广大消费者的喜爱，这些都足以证明加深观众对博物馆的印象，对文化产品销售是至关重要的。所以说文化产品开发，观众的需求才是关键。观众通过文化产品对博物馆的展品有更深的理解，真正做到把博物馆记忆带回家。临时展览的文化产品销售不是孤立的，它是对临展的一个重要补充，是观众对展览记忆的一种延续，好的展览让人意犹未尽，同样好的纪念品让人回味无穷。许多人喜欢收藏各种纪念品，这些纪念品不再是单纯的物件，而是主人各个时期的心情和他们的经历。所以文创产品要去揣摩观众的心理，同时也要做好市场调研，真正开发出观众喜爱的文化产品。纵观销售好的展览，都和展览方开发的文化产品有关。在"圣地西藏——最接近天空的宝藏"的临时展览中，这个展览的文化产品销售有唐卡、蜜蜡制品、佛像、佛珠手串、念珠和藏传佛教有关的书籍、光盘、转世活佛挂件、转经轮、车饰、佛卡、平安符、红玉髓玛瑙的十二生肖等，都是和佛教有关的东西，观众很虔诚地去请他们喜爱的宝物，所以销售量提高了，通过这些产品让观众更直接地去了解西藏的文化和习俗。许多藏传佛教信徒流连忘返在这个展览中，同时对我们的文化产品也很追捧，整个展览的销售额也达到了20多万元。

三、产品销售与观众互动

临时展览销售给我们带来了很多的灵感，像与观众互动这个环节就很重要。其实观众到博物馆参观的同时也想把自己的想法和建议留给博物馆，所以很多临时展览结束后都在卖场这个地方设有留言墙或者是留言板。像"飞跃欧洲的雄鹰——拿破仑文物特展"对文化产品研发很重视，他们从方方面面入手，着手市场调查，听取同行的意见，在很短的时间里制作了一批深受观众喜欢的文化产品，例如展览图录、冰箱贴、香熏、杯子、抱枕、行李牌、油画等，为了配合产品销售，他们招募自愿者做导购人员，统一穿拿破仑文化T恤，招募自愿者的小伙子扮演拿破仑时代的士兵和观众互动。

这样不仅让观众感到新奇，而且也成为博物馆一道靓丽的风景线。大量的观众排队去和他们合影，争先恐后地在留言墙上留言，这些做法无疑就是要让观众对展览产生浓厚兴趣的同时，也能把和拿破仑有关的文化产品带走，真正做到把博物馆记忆带回家。又如"道生万物——楚地道教文物展"中有道教文物拓片出售，销售人员就让观众自己拓片，如果有的东西需要盖戳也让观众自己动手，结果观众很是享受这个过程，这个时候买卖都不是很重要，重要的是在这个过程中让大家悄然爱上我们的博物馆。又如互动这个环节做得比较好的还有台湾"星云大师一笔字书法展"，他们设专区让观众阅读星云大师的专著，设专区让观众练习书法，然后到卖场购买自己喜欢的书籍和墨宝带回家。星云大师是一个德高望重且极具影响力的僧侣，他一生著有很多的书籍，如《福报》、《舍得》、《百年佛缘》、《佛光祈愿文》等都很畅销。他书写的"福"、"三阳和谐"书法刻成版，观众可以自行拓片取之，每天都有大量的观众排队获取，卖场区人来人往，人气很旺。因此互动带给观众许多人性化的东西，观众通过互动和博物馆建立良好的关系，观众满意了，那么文化产品才能得到大力的推广，销售成绩才会迅速上升，临时展览带给博物馆的不仅仅是人气，同时也大大地提高了博物馆的知名度。

四、创意产品是销量的保证

21世纪博物馆文化产业正处在蓬勃发展中，2004年，为了搭建博物馆行业交流平台，服务博物馆行业创新发展，经过国家文物局批准，由中国博物馆协会、中国自然科学博物馆协会和北京市文物局联合主办，每两年举办一届的国内唯一的国家级博物馆行业的高端展会既"博物馆及相关产品与技术博览会"正式创建。有了这个平台，博物馆的文化产品就有了展示的空间和互相学习的机会。文化产品就能相互引进互相学习，就能激励各个博物馆行动起来把文创搞活。文化产品这个载体还肩负着传承、弘扬民族文化、历史文化和世界文化的重任。临时展览给我们的启示就是文化产品要不断地更新和发展，才能满足日益对博物馆青睐的观众。临时展览的文化产品销售让我们学会了思考，懂得了改变。湖北省博物馆市场部，以前仿制的编钟、鹿角立鹤、鸳鸯漆盒、编钟CD等卖了N多年种类不变、式样不变、价格不变，造成了观众的审美疲劳，对那些来过很多次的观众来说就是不负责任的表现，他们对博物馆产品的发展有意见和看法，他们急需看到博物馆和市场接轨，能在博物馆买到具有收藏价值、使用价值和观赏价值的文化产品。为了不让观众失望，作为博物馆人，面对这样的审美疲劳和不变的文化产品我们该怎么做？笔者认为，首先我们必须改变现状，在文化产品上下功夫，在现有的机制上寻找突破口，用最小的利益去获得最大的改变。临时展览不存在这个问题，每个展览都不一样，从内容上、形式上、产品上都有各自的特点，所以很容易得到观众的认可。但是在博物馆没有什么临时展览的时候，我们要借鉴临时展览的多样性和灵活性，让文化产品销售也活跃起来。怎么让我们的文化产品保鲜呢？笔者认为创新是关键，巧妙构思是必须的。如今像北京故宫博物院、台北故宫博物院、南京博物院、上海博物馆在文化产品设计上脑洞大开，设计出了一大批深受广大观众喜爱的文化产品。他们把一种文化元素融入到多种文化产品中，产品种类层出不穷，式样繁多，据资料显示，2013年上海博物馆销售额在5000万元左右，中国国家博物馆销售额在2000万左右，首都博物馆销售额在1000万元左右，近年故宫博物院最高年销售额达1.5亿元。由此可见，好的文化产品准能提高销售量。湖北省博物馆销售模式也是开架销售，产品也更新了不少，如U盘、袖扣、雨伞、棒球帽、拼图、镜子等，整个卖场很有亲和力，观众可以随心所欲地选择自己喜欢的商品，营业额也提高了许多，但是和以上兄弟单位比我们还有距离，这些变化远远不能满足广大的文化市场和消费者，在这种情况下，我们必须改革，必须创新，必须要有自己的品牌，必须从观众那里去发现我们的薄弱环节，必须让我们的文化产品鲜活起来，更贴近观众的心理需求,这样才能持续发展。只要拥有了自己独特的文化产品,才能在今后的文化产品销售中名列前茅,所以说创意产品才是销量的保证。

五、临展带动产品销售

临时展览和文化产品销售是相辅相成、相互依托的。临时展览像春风一样吹进了博物馆,各种展览精彩纷呈,各种纪念品粉墨登场,各种策划大展身手,各种销售手段层出不穷。在这些临时展览的销售中有的异常火爆,有的却不尽如人意,为什么呢?笔者认为,这和展览的质量、品位、内容、构思有很大的关系,展览成功了,观众自然会带些文化产品回家,如果文化产品再做得精致和创意些,那么他们的销售额就不会低。临时展览的文化产品销售和博物馆自己的文化产品销售不是对立的,博物馆的文化产品和临时展览的文化产品可以相互渗透,要把对方的文化元素恰如其分地融入到自己的文化产品中,并开发相应的文化产品。这几年在许多的临展销售中,湖北省博物馆参与销售的只有书籍,并没有自己的文创产品在里面,这不能不说是遗憾。如今临时展览更新快,信息量大,这对文创人员来说绝对是挑战,如果墨守成规,守着传统的思想和陈旧的销售理念不变,其结果就是被市场所淘汰。反之,如果懂得市场,灵活,与时俱进,改革创新,坚持市场运作,最终打造出具有国际影响力的文化品牌,这样的文化产品必定会受观众的喜爱,市场才是检验文化产品的唯一标准。

文化产品除了传播思想、文化外,最重要的一点就是文化产品能行走世界各地,讲述博物馆的故事,文物陈列只能静静地、悄无声息地述说过去的历史,两者互相补充、相互存在是最完美的结合。当今的文创产品,要从不会说话的文物身上提炼其精髓,让它们重生,告别以前那种单纯的复制和简单的纪念意义,新的文化产品必须带着某种符号和元素成为人民生活方式的消费品。比如一个普通的杯子,上面什么也没有,这只杯子就只能卖几块钱,如果你在杯子上面题上名人的诗句或者弄上名人的书画,那么这只杯子身价就会大增,可以卖几十块甚至几百块。总之,就是通过文化、科技、艺术相结合的手段，让文化产品丰富、独特、艺术、趣味、时尚、内涵起来，这种赋予了生命和文化的产品投入市场，必定会有销量。相信在不久的将来，博物馆会有自己的文创产品渗透到临时展览的销售中。举办临时展览，博物馆不仅要配合，更要主动地参与研讨产品的开发和销售，充分利用一切可以利用的有利资源，让文化产品真正地肩负起传播博物馆文化、历史的重任，所以共同合作是有意义的。

  在信息发达、文化多元的今天，博物馆需要临时展览这种新鲜的血液来补给和壮大，文化产品开发同样需要刺激和灵感。临时展览从某种意义上来说是文化产品发展的土壤和源泉，在大力举办临时展览的同时，笔者相信将来会有大批极富创意的文化产品滋生，随着临时展览不断的增加，文化产品销售也会蒸蒸日上。临时展览特有的灵活多样，涉及面广，内容不断更新，必将带动文化产品销售，文化产品走进千家万户指日可待，未来的文化产品市场一定繁荣昌盛。

博物馆文化商品开发与营销探析

王丽梅[*]

博物馆属于社会公益事业的一部分，具有不以盈利为目的的性质，它的这一性质决定了博物馆文化商品是一种特殊的文化商品，是与其他文化商品有着本质区别的一种商品。博物馆文化商品对于推广其文化，满足人们日益增长的文化需求有着重要作用，因此，博物馆文化商品的开发要符合群众的文化需求，兼顾社会效益和经济效益。而博物馆文化商品的营销则可以运用其他商品营销的一般手段，并兼顾博物馆的特殊性，把握博物馆文化商品的特点，顺应时代要求，通过对市场和本馆特点的考察和分析，采用正确有效的方式和手段促进其文化商品营销的顺利进行。

一、研究背景

最近一些年来，随着我国博物馆的数量增多，质量提高，博物馆现已成为人们文化生活的一个重要部分。因此，博物馆应当承担起满足群众日益增长的文化需求的责任，做好展览服务，并开发出具有特色的博物馆文化商品。

就目前博物馆对文化商品的开发来说，还存在不少问题。首先，

---

[*] 王丽梅，2005年毕业于中国人民大学艺术学院艺术设计专业，毕业至今工作于徐悲鸿纪念馆业务部。

其文化商品开发仅限于纪念品方面,没有创意;其次,目前我国的大部分博物馆还缺乏开发文化商品的能力。博物馆文化商品的开发无法满足群众需求的矛盾,对博物馆的文化商品开发与营销提出了要求。在这样的情况下,本文对如何进行开发与营销进行了一些探析。

二、可转化为文化商品的博物馆资源

1. 博物馆资源与文化商品

文化商品是一种特殊的商品,与一般商品有所不同,这种不同体现在文化商品的文化内涵,而这种文化内涵就出自于文化资源。所谓文化资源,则是中国几千年发展遗留下来的优秀文化遗产,文化资源是可以利用的,可以开发的,是文化商品的基础。因此,开发文化商品必须正确认识和理解文化资源,这样才能更好地利用文化资源,将文化资源转化成文化商品。从目前来看,文化资源与文化商品的联系得益于人们对文化的需求而更为紧密。

(1) 博物馆资源是一种重要的文化资源

博物馆资源主要包括藏品以及建筑,其核心为藏品。很多博物馆都是以历史遗址为基础而建立的,这类博物馆典型的是故宫博物院,故宫作为历朝的皇宫,是非常重要的一种文物,具有深厚的文化内涵,人们通过参观,就可以感受到传承百年甚至千年的文化底蕴,可以获得相应的文化以及历史方面的知识。

博物馆的核心资源——藏品,相比于建筑,则更能与参观者产生文化共鸣,传递文化,藏品与建筑一起,就构成了博物馆的主要资源,这两种资源必然会打上文化的烙印,具有文化方面的属性,因此,也就成为了文化资源中占有重要地位的一个部分。

(2) 博物馆资源与文化商品

通过将博物馆资源转化或开发为文化商品,就可以更大地满足群众的文化需求。博物馆有丰富的文化资源,但这些文化资源需要被转化为文化商品之后才能满足人们的文化需求,因此,博物馆可以通过开展展览以及讲座来进行宣传,通过发行纪念品以及书籍和光盘等文化商品来满足人们的需求。

博物馆资源必然是独特的，正是这种独特性使得博物馆的文化商品也具有其独特性，保证了这种商品的与众不同，极具特色。博物馆中的一些特殊的标志往往会反映在其文化商品之中，会使这些商品带有这个博物馆的特殊印记。

2. 可转化为文化商品的博物馆资源

博物馆资源作为文化资源的一个重要部分，是其文化商品的内容与内涵的基础，但并不是所有的博物馆资源都可以转化成文化商品，因此，对博物馆资源进行分析，发现可以被转化为文化商品的资源就非常重要。

（1）文化资源转化为文化商品的可能性

文化资源来源于人类发展过程中的方方面面，是人类智慧的结晶，博物馆将文化资源进行开发，转化为文化商品，才能使人们直接接触这些资源。下面就从两个方面来简单介绍一下文化资源向文化商品转化的可能性。

其一，纪念品最重要的作用就是"纪念"，博物馆通过将标志性的建筑以及藏品做成纪念品，将文化资源变为商品进行销售，人们在参观这些博物馆时，经常会购买一些纪念品来纪念其参观旅程，这就为文化资源转变为商品提供了可能。

其二，博物馆通过将本馆可用于日常生活的藏品进行开发，以这些藏品为原型或模板，做成具有实用功能的日常用品，有些参观者不愿意购买那些只能收藏或观看的纪念品，却可能会购买这些可以使用的商品，这些商品在具有纪念意义的同时也具有实用性，通常为一些实用主义者与收藏爱好者所喜爱。

（2）人力资源是博物馆文化资源转化为文化商品的最重要因素

文化资源具有转化成文化商品的可能性，但这种可能性的实现必须依靠人力资源。

首先，博物馆中大量的学者和专家一般都有着深厚的学术积淀，科研能力也比较强，能够深度挖掘出文化资源中所隐含的意义，能够揭示出文化资源中含有的商品因素。

另外，博物馆中的设计人员通常比一般设计人员要更有创新能力，能很好地把博物馆资源中的文化内涵传递出去，为文化资源转变为文化商品找到一个合适的方式。

三、博物馆文化资源转化为文化商品的途径

1. 发掘、选择并整理博物馆文化资源

博物馆文化资源转向文化商品的基础就是全面考察博物馆所具有的资源，找出适合于开发的文化资源。

博物馆资源包括四种类型：固定资源、可移动资源、人力资源以及非物质文化资源，非常丰富。由于只有部分文化资源可以用来开发成文化商品，因此，就需要在对博物馆所拥有的文化资源进行全面了解的基础上，在所有的文化资源中进行选择，从销售角度对文化资源进行考察，选择具有商业潜力以及市场前景的那些资源，将消费者心理与文化资源的内涵结合起来，开发出适合不同阶层的人的文化商品。

2. 博物馆文化资源转化为文化商品的模式

（1）藏品的复仿制

为了"再现"某项文化资源，通常会采用藏品的复仿制方式。藏品的复制就是依据藏品本身的特点，使用原材料，采用原工艺，制造出与原藏品一样的文化商品，但由于复制品与原藏品的高度一致，因此，国家严格限制了对文化资源的复制，再加上一般复制品价格偏高，所以这类文化商品在市场上较为少见，与之相比，更为常见的是仿制品。所谓仿制，就是指依据藏品的特点，使用新材料，采用原工艺，或者是使用原材料而采用新工艺，或者材料与工艺都是新的，最终制造出与原藏品特点一致但在规格上有所缩放的商品，这类文化商品相比于复制品，价格较低，且可以批量生产，因此，在市场上比较多见。

（2）图书音像的出版发行

书籍与音像制品的出版是将文化资源转化为平面形态的商品。相比于实物形态的藏品或建筑，图书与音像制品不仅可以将藏品与

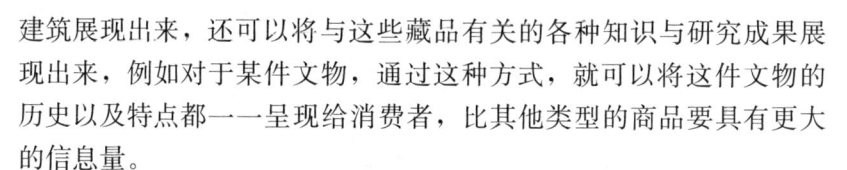

建筑展现出来，还可以将与这些藏品有关的各种知识与研究成果展现出来，例如对于某件文物，通过这种方式，就可以将这件文物的历史以及特点都一一呈现给消费者，比其他类型的商品要具有更大的信息量。

（3）利用文化艺术元素进行创新

将文化资源分解成各种元素，在这些元素中选择一些具有代表性的部分，对其进行创新和加工，就可以形成别具一格的特色商品。一般来说，选择图案元素进行创新是最常见的情况。

3. 博物馆文化资源转化为文化商品的四个关键点

文化商品必须被消费者所接受，顺利地销售出去，才能实现其作为商品的价值，因此，博物馆在将其文化资源转化为文化商品时，必须要注意以下几个方面。

（1）创意

文化资源转化成文化商品，是一种具有创造性的高智力水平的活动，将现有的文化资源开发成文化商品首先要经过"创意"这一环，有创意，文化产品才有特色，才会让消费者感兴趣，使消费者有购买的欲望。在开发文化资源时，创意体现在三个方面，首先，体现在文化资源与文化元素的选择上；其次，体现在商品外观的设计上；最后，体现在文化资源的"再创作"上。

（2）关注时尚

博物馆的文化资源大多具有历史性，但这并不是说从这些文化资源中开发出来的文化商品也必须是停留在其历史的阶段上，相反，开发文化资源，必须要紧跟时代的脚步，关注时尚，使商品符合现代人的审美眼光与文化消费的需求。关注时尚，最主要的就是要关注现代人对审美的标准，对消费的需求，通过各种方式对不同的消费群体进行调查，分析消费者不同层次的审美观点与消费需求，以此来决定博物馆文化资源的开发方向与创意方向。

（3）合理定价

价格是影响商品销量的一个重要因素，因此，文化商品应当在成本价格的基础上，综合考虑利润与消费者的购买心理，合理定价。一般来说，消费者的购买能力各有不同，因此，博物馆还应当合理考虑价格的分布区间，使各阶层的消费者都能买到符合自己需求与自己购买能力的文化商品。

（4）重视工艺与质量

工艺问题对博物馆文化商品来说是非常关键的一个问题，一般来说，重视工艺不仅是对传统工艺的重视，同时也是对工艺水平质量上的重视。质量问题是每个行业都不能逃避的重要问题，博物馆作为一种公益文化机构，更应当承担起保证商品质量的责任。

四、博物馆文化商品的营销与推广

1. 品牌营销

（1）博物馆品牌是文化商品品牌营销的基础

博物馆目前已经成为组成人们文化生活的一个重要部分，博物馆对人们的影响越来越大，已经被人们认可为是具有文化教育功能以及休闲功能的重要空间，被人们贴上了"文化"、"经典"、"传统"、"休闲"等的标签，成为了博物馆独有的品牌形象，这种良好的品牌形象对人们认同博物馆，进而购买博物馆的文化商品具有重要作用，因此，博物馆文化商品营销的基础就是其良好的品牌形象。

（2）文化商品品牌营销的方法

1）保持文化商品的标志、包装与博物馆品牌形象的一致。

2）在条件具备的基础上申请注册商标。

3）品牌推广。

2. 博物馆文化商品体验营销

与品牌营销相适应，文化商品体验营销是指博物馆通过给消费者提供符合自己品牌形象的体验，使消费者能通过体验来了解商品，产生对文化商品的兴趣，激发其购买欲望，其中营销方式最重要的地方就是要为消费者创造深刻、舒适而有意义的一个体验。

（1）建设与博物馆环境相呼应的消费环境

消费环境是影响消费者进行体验的一个重要因素，因此，博物馆应当为消费者营造一个良好的购物环境。文化商品店作为博物馆

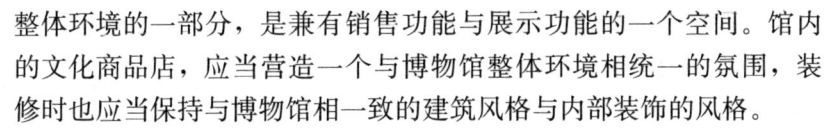

整体环境的一部分，是兼有销售功能与展示功能的一个空间。馆内的文化商品店，应当营造一个与博物馆整体环境相统一的氛围，装修时也应当保持与博物馆相一致的建筑风格与内部装饰的风格。

（2）通过提高服务质量提升消费者体验

一般情况下，消费者是通过与销售人员的交流，通过销售人员的服务来进行体验，从而做出购买与否的决定。因此，销售人员的服务，包括其穿着、态度以及讲解方式都会影响消费者的消费体验。为了通过服务来激发人们的消费欲望，促进文化商品的销售量，必须强调销售人员服务质量的提高。人们在博物馆进行参观或购买文化商品，不仅能达到学习知识的目的，还可以实现休闲放松的目的。博物馆的销售人员与一般的销售人员有所不同，不仅是销售者，还担任着文化传播者的使命。因此，文化商品的销售人员必须对将要销售的商品进行深入的了解，这样才能给消费者提供深刻全面的信息，同时，销售人员还应当具备通过各种方式了解消费者消费需求及水平的能力，为消费者提供舒适的消费服务。

3. 博物馆文化商品网络营销

信息化时代的网络发展是不可估量的，网络现在已经在各个领域都发挥着重要的作用，博物馆文化商品的营销也可以采用网络的手段。

（1）网络营销产生和发展的背景

计算机的发展在进入 21 世纪以后可以说是日新月异，互联网也已经进入了千家万户，越来越普及，博物馆也进入了信息化发展的时代，现在已经有越来越多的博物馆加入了数字化管理与推广的队伍，再加上网络购物的兴起，博物馆文化商品的网络营销有了越来越大的发展空间。

（2）文化商品网络营销的优势

与一般的网络购物相比，博物馆的网络营销有其巨大的优势。首先，得益于博物馆的自有网站，将其自有网站联系到博物馆协会的网站，这样一个相互联系的网站体系，给网络营销打下了基础；其次，通过网络营销，消费者可以同客服人员进行更加方便快捷的交流；最后，网络营销可以将博物馆文化商品国际化，扩大消费者群体。

（3）网络营销主要措施

如何进行网络营销，也是博物馆面临的一个问题。就目前来看，网络营销主要有两个方式——网络销售、网络宣传。先开设网店，建立一个销售通道，再通过各种手段进行宣传，最终吸引消费者来进行购买是其基本的途径。

1) 开设网络商店

2) 网络宣传

结语

随着生活水平的不断提高，人们对文化消费的需求也越来越高，博物馆文化商品对于满足人们的这一需求有着重要作用。但是，由于我国现阶段的博物馆文化资源的开发还在起步阶段，从开发到营销的各个方面都还存在着不少问题。如何根据现有经验，针对博物馆的大量文化资源，恰当地开发出适合消费者与本馆特色的文化商品，使这些文化商品顺利地销售出去，尽最大努力满足人们在文化消费方面的需求，是现在博物馆发展的一个重要课题。博物馆应当努力探索，对馆内资源进行全面考察，进行文化商品的开发，并采用适当的营销手段，最终实现这些文化商品的价值，满足人们的需求，发挥博物馆在我国现代化事业中的重要作用，不断推进我国文化建设的发展。

参考文献

[1] 王月芳：《博物馆文化商品开发与营销研究》，中国艺术研究院2012年硕士论文。

[2] 葛偲毅：《国外博物馆文化产品开发与营销对我国的启示》，复旦大学2012年硕士论文。

[3] 张毅、吴思思等：《博物馆商品开发中的品牌塑造》，《中国商贸》2012年第10期。

[4] 黎波：《博物馆文化产品开发与营销的几点思考》，《文物春秋》2009年第2期。

[5] 曹炜芳:《博物馆文化商品营销中的几个关系》,《中国文物报》。
[6] 董云翔、邓颖颖等:《文化资源向文化商品转化浅析》,《商情:教育经济研究》2008年第1期。
[7] 张丹枫:《如何将文化资源转化为文化商品》,《考试周刊》2009年第17期。

铁路行业博物馆文化产品设计研发机制初探
——从台北故宫"朕知道了"胶带说起

马若泓[*]

中国博物馆的第一件文化产品产生于何时何地，似乎还没有一个统一的说法，但可以肯定的是，其产生受到了21世纪以来国外博物馆文化产业发展的成功经验和我国博物馆界逐渐形成的文化事业扩展意识的影响。2010年2月3日，在北京召开的"全国博物馆文化产品开发工作座谈会"上，文化部副部长欧阳坚指出："文化产品开发是博物馆参与文化产业发展的具体行动，是推动博物馆事业发展新的经济支撑，是博物馆持续发展的内在要求。"[①] 首次明确了博物馆文化产品的地位。2012年，国家文物局正式印发的《博物馆事业中长期发展规划纲要（2011—2020年）》中指出："博物馆要通过各种方式加强文化产品开发……增强博物馆文化产品在文化产业和消费体系中的竞争力。"[②] 由此，内地的博物馆文化产品设计研发事业迅猛发展起来。

台湾自2008年开放祖国大陆游客赴台后，内地成为其旅游业之

---

[*] 马若泓，女，2008年毕业于首都师范大学历史学院，并进入中国铁道博物馆正阳门馆工作，参与博物馆筹建工作，现为文博馆员，中级职称。研究方向：展览展示设计、科学普及和文化创意产业。

① 刘修兵、张弛：《全国博物馆文化产品开发工作座谈会在京召开》，《中国文化报》2010年2月4日第1版。

② http://www.chnmuseum.cn/Default.aspx?TabId=138&InfoID=74950&frtid=111

最大外来旅客客源市场。其中台北故宫博物院（后简称台北故宫）凭借其精心设计的展览、众多精美的文化产品而吸引了大批游客，几乎成为旅行者们必到之处。2013年夏天，台北故宫推出了一款文化创意产品——"'朕知道了'胶带"，其将日常文具胶带印满了康熙朱批"朕知道了"字样出售，立时风靡海峡两岸。该产品售价台币200元，上市一个月即卖出了21000多件，创下了博物馆文化产品的销售奇迹。其实，"朕知道了"胶带只是台北故宫众多文化产品之一，在台北故宫精品网络商城上①正在售卖的文化产品共有7大类2400多件，其中"设计文具"一类就有600件产品。这些产品仅2013年一年就为台北故宫带来了8亿元新台币的收益。如此可观的产值和显著的社会效应使台北故宫拥有台湾地区博物馆发展文创产业指标的地位。

"朕知道了"胶带②

然而，台北故宫也曾面临设计研发资源不足，难以满足文化产品需求的难题，正如曾任职于台北故宫的杜正胜院长③所说："博物馆人员面临一个近乎两难的课题，用最浅白的话说，他们不但要是学者，是教师，还要是商人。"④ 面对这样的情况，台北故宫自2003年起逐步建立起一套由授权文物图像及品牌、文企合作开发文物衍生商品、加强商品营销宣传、结合文物设计创意餐饮与空间、培育

---

① 台北故宫文化产品网络官方商城 http://www.npmshops.com/main/modules/MySpace/index.php?sn=npmshops&pg=ZC687
② 本文关于台北故宫的图片均来自于台北故宫文化产品网络商城。
③ 2000年5月20日～2004年5月20日担任台北故宫博物院院长。
④ 赵月：《艺术授权在博物馆之应用》，《中南大学》，2012年。

文创设计人才、建置文创资源专属网站等策略组成的设计研发机制，成功地从文化产品研发者转型为管理者。

在博物馆文化产业迅猛发展的趋势下，铁路行业博物馆也势必要加大文化产品设计研发力度。面对设计能力不足、行销知识缺乏、产品研发思路难开等难题，如何建立一套既能保持博物馆的公益性特点，又能适应市场经济规律的设计研发和行销机制，台北故宫的成功经验值得我们研究和借鉴。

一、铁路行业博物馆文化产品的分类

2010年印发的《关于加强博物馆文化产品开发倡议书》倡议："力争到2015年，每个博物馆根据自身藏品和展览研发的文化产品达到5种以上……逐步形成品种齐全、种类多样、特色鲜明、优势突出、富有竞争力的博物馆文化产品体系。"[1]

关于文化产品的分类，各地区、博物馆略有不同，笔者认为，比较有代表性且符合铁路行业博物馆发展状况的是台湾成功大学的陈国政的分类方法。[2] 他认为，现有的博物馆文化产品可划分为五类：第一，是出版品类。主要是博物馆的一些学术资料，包括馆内藏品的相关书籍专刊、研究报告和博物馆游览手册等，这些资料旨在宣传博物馆的理念以及研究成果。同时随着时代的发展，这些出版物也不再局限于平面，如多媒体光盘，例如铁路行业各博物馆所出版的铁路发展史研究成果、科普书籍、观众导览手册等。第二，是典藏复仿制品类。一般是针对馆藏精品文物的复仿制品，价格相对比较高，具有一定的收藏价值，例如机车车辆模型、钢轨切片等。第三，是文化衍生产品类。主要是由博物馆馆藏文物元素与博物馆文化主题及内涵衍生而来，具有一定的纪念意义，例如机车明信片、书签、公仔等。第四，是地方精品类。主要是指与博物馆内藏品并没有直接联系，但却具有当地文化特色或国家特色的旅游纪念品，

---

[1] http://www.wenwuchina.com/news/view/cat/17/id/128143
[2] 熊子莹：《博物馆文化衍生产品设计分析研究》，《中央美术学院》，2010年。

如铁道博物馆中售卖的"天安门水晶球"等。第五，是体验类。这一类别主要指能提供观众亲身体验项目的商品，如机车拼图等。以此分类为标准衡量，铁路行业博物馆文化产品的品类已基本齐全。

二、铁路行业博物馆文化产品的发展现状及原因

目前，铁路行业博物馆的文化产品设计研发还处于初创阶段，面临着"数量不多、质量不高、增速不快"的困境，且在发展中暴露出了以下问题：

一是文化产品数量少，难成系列。以中国铁道博物馆为例，除各系列机车车辆模型和詹天佑系列文化产品外，其他系列产品数量相对较少。而就模型系列来说，只进行横向开发，没有深度挖掘某一台机车车辆特点进行多品类开发。反观台北故宫，仅其藏品清"翠玉白菜"一个文物，就开发了文物纺织品、手机吊坠、生活用品、旅行用品等几大类198种[①]产品。

①翡翠白菜典藏　②翡翠白菜纪念盘　③翡翠白菜旅行牌
④翡翠白菜筷子　⑤翡翠白菜咖啡勺　⑥翡翠白菜化妆镜
⑦翡翠白菜便签　⑧翡翠白菜瓶塞　⑨翡翠白菜钥匙扣

"翠玉白菜"周边产品

---

① 黄美贤：《商品设计——清翠玉白菜衍生商品之探讨》，《文化的传统与创新》，台北市立社会教育馆，2010年，第4~11页。

二是能"看"的产品多,能"用"的产品少。目前铁路行业博物馆比较成熟且具有代表性的文化产品是机车车辆模型,但由于模型制作和运输成本均偏高且只能作为摆件"远观",受众面较小,销路难以打开,反而是与观众生活紧密结合所开发出的文化产品更能激发购买欲望。如在台北故宫博物院中,最受观众欢迎的"'朕知道了'胶带"、"翠玉白菜夜光钥匙圈"等都是既有趣又实用的文化产品。在其网站上所售卖的产品中,"设计文具"、"生活风格"、"饰品配件"等"用"类文化产品数量要远远高于"文物复仿制品"和"图书音像"等"看"类产品,其价格普遍低于"看"类产品也是观众踊跃购买的另一个原因。

三是产品缺少故事性和文化内涵。把文物的背景故事注入文化产品中可以让观众在购物的同时再一次学习,同时将文物记忆带回家,或是馈赠他人,传播给更多的人。例如英国一家博物馆的一个售价仅为1英镑的拼图,完成后的图案是3只中国陶瓷花瓶,而在拼图的背面,有这样一段话:"这3只花瓶于去年被一个因为鞋带没有系紧的游客撞掉而全部打碎,但是我们现在已经将它们全部修复起来了。"同时,拼图背面还印载了花瓶拼接的实际过程以及当时的现场修复照片。① 相比较我们铁路行业的博物馆做的拼图,往往只是一辆机车,并没有其他吸引观众的文化内涵和故事。

四是设计中创意不足。2013年,中国铁道博物馆与设计公司联合开发了"高铁人物公仔"系列作品,其创意新颖的设计、生动的形象、浓郁的铁路特色获得了广大观众的喜爱。2014年,苏州博物馆推出了以镇馆之宝"秘色瓷莲花碗"为雏形设计制作的"秘色瓷莲花碗曲奇饼干",受到了不少参观者的追捧,2个月销量已接近500盒。而最早将"舌尖上的国宝"植入博物馆文化事业的首推台北故宫,其依照镇馆之宝"翠玉白菜"和"肉形石"所做出的料理外形上真可以假乱真。从以上例子可以看出,随着创意时代的来临,观众们不仅关注产品的价格和质量,更加重视美感、魅力、创意、精致的感性质量的导入,创意产品可以为博物馆带来新的商机,加

---

① 黎波:《博物馆文化产品开发与营销的几点思考》,《文物春秋》2009年第2期。

大创意文化产品开发的力度和水平是博物馆文化产品设计研发的大势所趋。铁路行业本身拥有的丰富珍贵的具有铁路特色的藏品,若加之以衍生应用,赋予创意设计并提供更丰富之产品服务与体验,不但可增加经济价值,更可为民众提供更加优质的服务。

服务员　　列车长　　驾驶员　　乘服员　　机械员

高铁公仔

秘色瓷莲花碗曲奇饼干

"翠玉白菜"、"肉形石"料理

针对铁路行业博物馆文化产品的发展现状，究其原因有以下几点：

一是没有摸清观众的真实需求。观众是文化产品的实际消费者，应以其需求和期待为博物馆设计开发产品的根本出发点。虽然大部分铁路行业博物馆都会通过各种方式对展览、服务等方面开展观众调查，但调查中却从未涉及文化产品方面。一直以来，我们不了解观众对文化产品的喜好和期待，单方面的主观开发模式导致了很多商品放入柜台很久都无人问津，这是对设计和制作成本的极大浪费。

二是设计研发思路不够开阔。统观大多数受观众喜爱的文化产品，都以馆藏特色文物为基础，且多在形式上独辟蹊径，大胆创新，引发了观众的审美共鸣，故受到追捧。但铁路行业的文化产品雷同，同质化严重，产品本身在横向上创新不够，纵向上又挖掘不深，欠缺文化内涵植入，难以获得观众的共鸣。

三、铁路行业博物馆文化产品设计研发机制策略

通过以上分析，笔者认为，铁路行业各博物馆要建立一套以馆藏文物为基础，观众调查为依据，借鉴产品设计成功案例，通过自主研发、文企合作、社会征集、艺术授权等策略实施的文化产品设计研发机制。

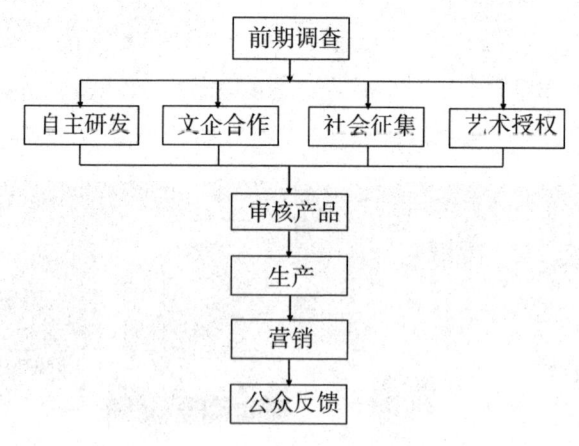

产品设计研发前期调查图

1. 做好前期调查

前期调查是产品设计研发的依据，可针对消费人群或将要进行研发或销售的产品进行有针对性的调查。对消费人群的调查可在博物馆商店进行，主要调查人群年龄分布、产品需求、购买目的、经济承受能力等。对产品研发或销售的前期调查可扩大为对所有参观者进行，主要调查大家对产品的兴趣、引发大家兴趣的特质、购买中考虑最多的因素、价格承受能力等。（见表1、2）通过调查，了解观众的集中需求，以此为依据完善博物馆文化产品各项特质，使之更加符合大众要求。

表 1

```
              关于铁路文化产品的调查

1. 您的性别 _____。
A.男  B.女
2. 您的年龄 _____。
A.小于 18 岁  B.18–35岁  C.35–50岁  D.50–65岁  E.大于 65 岁
3. 您购买博物馆文化产品的目的是 _____。
A.自己用  B.作为礼物送领导或朋友  C.给孩子或父母买
D.旅游纪念  E.喜爱收集博物馆产品  F.好的产品引起兴趣
G.其他_____
4. 您最喜欢购买_____文化产品。
A.书籍影音  B.模型类  C.文物仿制品  D.文具类 E.文化创意品
F.玩具类  G.其他_____
5. 您最看重文化产品的_____特质。
A.观赏性  B.实用性  C.有创意元素  D.包装精美  E.质量可靠
F.其他_____
您可以承受的单件商品价格是_____。
A.50元以内  B.51–200元  C.201–500元  D.501–1000元
F.1000 元以上
6. 请写出您认为或曾经购买过的最好的一件博物馆文化产品。
_____
```

表2

```
            关于铁路创意文具的调查

1. 您的性别 _____。
A.男    B.女
2. 您的年龄 _____。
A.小于18岁  B.18-35岁  C.35-50岁  D.50-65岁  E.大于65岁
3. 您平时使用频率最高的文具是 _____。
A.笔和本  B.书签  C.文具收纳  D.电脑周边  E.明信片  F.其他
4. 您是否对创意文具感兴趣 _____。
A.是         B.否
5. 您是否经常购买创意文具 _____。
A.是         B.否
6. 您最看重创意文具的_____特质。
A.文化含义  B.实用性  C.可爱有趣  D.包装精美  E.质量可靠
F.其他_____
7. 您喜欢_____风格的创意文具。
A.简约实用  B.时尚潮流  C.淡雅朴素  D.可爱日韩风  E.中国风
F.其他
8. 您可以承受的单件商品价格是 _____。
A.15元以内  B.16-30元  C.31-50元  D.50元以上
9. 请写出您认为或曾经购买过的最好的一件创意文具。
_____
```

2. 制定研发策略

博物馆可以根据设计资源、行销能力、资金投入等实际情况采取自主研发、文企合作、社会征集、艺术授权等策略进行产品设计研发。

（1）文企合作

文企合作中的"文"即文物，包括文物的文化元素、数字图像或文物知识、背景故事等。"企"即企业。合作的形式多种多样，如大英博物馆采用直接从固定厂家进货的方式，由厂家自行负担设计费和制作费，既避免了销售的风险，也充分考虑了市场营销中的成本因素；又如台北故宫采用厂商设计提案方式，每年3次公开征求台湾优良厂商，厂商可通过与博物院的文物知识交流与支持设计提案开发特色产品。

（2）社会征集

当设计资源有限时，向社会寻求帮助也不失为一个好的方法，很多博物馆也开展过相关的比赛。如台北故宫举办的"'Magic 经典——国宝 100 总动员'文创衍生商品设计竞赛"，北京故宫举办的"'紫禁城杯'设计大赛"等，都吸引了很多从事博物馆文化产品设计、研发的文博单位人员、艺术领域工作者、专业设计人员、大专院校师生参加。特别值得一提的是，"'朕知道了'胶带"的创意就来源于台北故宫"国宝衍生品设计竞赛"。2010 年首届大赛时，刘轩慈、王伟纶两位设计师设计的"古纹胶带"荣获"佳作奖"。之后，台北故宫买下其版权并将其发展成为"古纹胶带"概念，将文字具化为康熙朱批"朕知道了"字样并量产销售，大获成功。

（3）艺术授权

所谓博物馆艺术授权，即博物馆与被授权者签订合同，将艺术作品的著作权等无形资产，在特定地理区域和时间内，应用于某特定商品上的过程，同时博物馆从每单位授权商品的销售中抽取权利金。[1] 博物馆可以通过授权数字文物图像或使用博物馆注册商标与厂家进行品牌合作，为博物馆增进产值营收。

3. 审核产品

一个文化产品是否能被批量生产，应由产品审核小组进行审核，小组成员应由文物管理、社会教育、设计、财务管理、市场营销等专业人员构成。审核的内容应包括：（1）文化产品是否以馆藏文物为基础，且此文物是否可以展现博物馆文化精髓和行业时代特色；（2）产品设计是否以对文物外在的造型、质地，内在的功能以及精神层次的文化内涵、故事背景等全面认识了解为前提；（3）形式设计是否深入挖掘文物的文化价值，提炼特色元素；（4）产品造型、包装是否符合前期的观众调查结果和现代人的审美特点；（5）销售策略是否适合博物馆的运营状况等。

---

[1] 卢恩慈：《艺术授权产业之营销策略研究》政治大学，2005 年。

4. 生产和销售

产品生产中要注重对质量的监督，确保和初始设计相符合。销售中要注意将特色商品摆放在醒目位置并利用微博、微信、网站等多媒体平台进行宣传，还要适时采用活动、节假日促销等策略促进销售。

5. 公众反馈

销售开展后要针对购买者发放调查问卷来了解他们对产品的满意度，并适当调整销售策略或进行产品升级。

综上所述，笔者认为设计好铁路行业博物馆的文化产品，除了对行业特点和展览内容有准确的把握之外，还要探索出与观众思维方式相符合的思维逻辑，找到与观众特点相贴近、相融合的路径载体，把"内容供应"与"产品供应"组合起来，通过观众能够广泛接触和接受的"产品"传递铁路行业文化，简单地把展览做好并不能表明博物馆的使命完成了，而且我们最需要加强的不一定是博物馆直接进行创作，而是通过灵活有效的策划、设计和组织，与专业力量和市场力量合作推出优秀的文化产品，推动铁路行业博物馆向"内容供应"和"产品供应"并重转变。

文化创意产业语境下的博物馆商店再解读

安红坤[*]

一、关于博物馆商店的重新界定

在世界各国不遗余力发展文化创意产业的今天,作为收藏、保护、研究和宣传教育人类文明遗产、特别是国家民族文化记忆的专业机构,博物馆毫无疑问堪称当代文艺创作最重要的策源地,是激发和碰撞出各种文化创意灵感的最佳场所。因此,博物馆投身文化创意产业,不再只是一种潮流,而更应是国家文化战略赋予的责任和使命。

博物馆要顺利实现文化创意产业化的目标,使创意成果成功转化为创意产品,进入流通和消费领域并最终获得市场认可,关键要靠文化创意产业的孵化器和点金石——博物馆商店(Museum stores)。关于博物馆商店,从广义上和传统意义上来说即是依托博物馆或借助博物馆的影响力在博物馆辖区开展商业经营活动的场所,涉及衣、食、住、行各个方面,是文博休闲旅游消费的主要载体。对于博物馆商店,人们并不陌生,然而很少有人能说出其中的特别

---

[*] 安红坤,女,1982年7月出生于四川成都;2006年7月毕业于中国人民大学哲学院,获哲学硕士学位;2006年7月至今,先后就职于北京市白塔寺管理处业务部和社教部,从事中国传统文化、文物保护和博物馆文化创意产业研究多年。

之处，因为迄今为止，无论学术界、博物馆行业还是政府主管部门，都还没有一个关于博物馆商店的权威界定，[①] 这也为长期以来我国博物馆商店的经营良莠不齐、价值遭到误估、定位不甚清晰和管理难以规范埋下了隐患。近年来，尽管我们的文博事业发展势头迅猛，但毕竟起步晚、历史短，相关产业配套和法律法规仍不成熟，各界对于博物馆商店经营管理中出现的诸种问题诟病颇多。这就更需要我们沉下心来，去伪存真，去粗取精，充分学习、借鉴、吸收国际先进经验和做法，以他山之石四两拨千斤地推进我国博物馆商店快速有序的发展，从而早日实现博物馆文创产业化以及文创经济的可持续发展。

有鉴于此，需要厘清的首要问题是，我们将要讨论的博物馆商店，并不同于以往含糊其词、大而化之、只是在博物馆里做买卖的传统商店，不同于过去总是在第三方视角审视下的对博物馆可有可无的商业经济体，而是消费主义文化[②]大行其道、文化软实力竞争空前白热化、文化创意产业日益成为国民经济新增长点背景下的桥头堡，不仅不容忽视，而且是博物馆必须正视和重视的利益共同体。

第一，博物馆商店不是文物商店或古玩市场。根据国家相关法律规定，在博物馆商店里是不能进行文物藏品交易的，但却从事根据文物藏品文化内涵设计、创造出来的衍生商品贸易和服务贸易。从下表可以看出，博物馆作为文物收藏单位是不得举办甚至参与举办文物商店的，也就是说，在博物馆里不会出现文物交易的商业行为，这无疑对博物馆商店的经营范围划出了清晰的界限，从而有利

[①] "博物馆商店是一个广义的概念，指依托于博物馆进行商业活动的场所。博物馆商店的经营范围很广，从人们旅行必备的衣食住行，到独具博物馆特色的旅游文化用品、书籍、旅游纪念品等。伴随旅游者消费需求的增多，博物馆商店的经营范围还在不断拓宽。博物馆商店的发展是博物馆市场化建设中的必然趋势，也是发展文博旅游业不可缺少的重要环节。"陈炜、祝重禧：《对发展博物馆商店的思考》，《安徽商贸职业技术学院学报》2005年第4期，第35页。这是一个被广为引用的博物馆商店定义，后面将予以论述。

[②] "消费主义文化是建立在以消费为动力的经济基础之上的，由大众传媒所主导的、以崇尚和追求过度的物质占有或者符号化的消费为内容，以保证和维护资本积累及其利益关系为目的的一种文化——意识形态。"吉志鹏：《消费主义文化——一种意识形态存在形式》，载于《天府新论》2010年第2期。

于我们在本质上分辨博物馆商店和文物商店的异质性，有利于明确博物馆商店的监管运营主体。

博物馆商店与文物商店的区别概要

	博物馆商店	文物商店
经管主体	博物馆、展览馆、图书馆等文博机构	文物行政部门工作人员、文物收藏单位不得举办或参与举办文物商店，禁止设立中外合资、中外合作和外商独资的文物商店。①
经营范围	根据文物藏品智力创造的文化、艺术衍生品和文化创意服务（不得进行文物藏品购买和销售）	依法经文物行政部门审核通过并做出标识的文物，以及其他文化产品。
设立条件	合法的文博机构根据工商法规定需要具备的条件，没有严格的专业性要求。	有200万元人民币以上的注册资本；有5名以上取得中级以上文物博物专业技术职称的人员；有保管文物的场所、设施和技术条件；法律、行政法规规定的其他条件。②
审批部门	工商、卫生行政主管部门	文物行政部门
监管部门	工商、卫生行政主管部门	文物、工商行政主管部门

同时，我们所谓的博物馆商店应是博物馆主办、主管，专业团队具体运营，能够及时与博物馆文化创意产品的研发、市场调查和商业化无缝对接。博物馆商店不是普通的、一般意义的商店，不是简单以租赁博物馆场地来销售与博物馆自身文创产业脱节或毫无瓜葛的纪念品摊点或商业组织——知名度大、实力雄厚、产品畅销的店铺并不一定适合以博物馆商店的形式存在；博物馆商店应是博物

---

① 《中华人民共和国文物保护法》第五十五条，2013年6月29日第三次修订版。
② 《中华人民共和国文物保护法实施条例》第三十九条，2003年5月18日发布。

馆这部机器上的重要组成部分,是博物馆的创意名片,独创性、独特性是它与生俱来的最核心的竞争力,这种独一无二的特质是博物馆之外的任何人、任何机构无法掌控和赋予的。正如开在故宫博物院里的星巴克无论怎样装潢成中国风,都永远只是西方流水线咖啡馆的代表,不会升华为内含博物馆文化符号的有机体。因此,那些随处可见、简单重复与跟风模仿的店铺,还没有资格称为博物馆商店,只能算是寄居在博物馆里的以追求经济利益为唯一目的的普通商店而已。

综合上述的梳理和诠释,我们以为,在文化创意语境下,符合时代特质、具有前瞻性的博物馆商店,是指博物馆按照国家相关法律法规设立的、与博物馆办馆宗旨一致的并为广大观众提供与博物馆文化内涵息息相关的独创服务的商业机构,是博物馆的最后一个"展厅",是博物馆文化创意产业链条的关键环节。在这个定义中,除去常规的合法性,博物馆商店的特殊性在于,它被贴上了博物馆文化形象和创意经济的标签:这些商店再也不是单纯的商店,而是博物馆及其文创产业的重要组成。在此前提下,博物馆商店可以创意纪念品商店、特色餐饮组织、高新技术体验馆等丰富多彩的形式呈现。值得强调的是,特色鲜明的博物馆商店并不囿于博物馆的馆舍一隅,它们完全能够在机缘成熟的时候走向更广阔的文化经济舞台。

二、文创产业语境下博物馆商店的双重使命

为博物馆创造可观的经济效益和社会效益,是博物馆商店的内在使命。在大力发展文化创意产业的语境下,实现博物馆文化创意产品的经济价值和文化价值,正是博物馆商店之所以产生并存在的理由。中华人民共和国《博物馆管理办法》第四条明确规定:"国家鼓励博物馆发展相关文化产业,多渠道筹措资金,促进自身发展。"博物馆的非营利公益属性与博物馆商店创收的商业属性并不冲突,二者都是为了促进博物馆可持续发展,最终更好地发挥博物馆的功能,服务社会和社会发展。但需注意的是,我们要对二者两种属性

的异质性时刻保持清醒：博物馆运营是公益事业，创造社会效益，其文化服务的目的在于对社会和社会的发展产生积极、正面的影响，得到公众和社会评价的肯定与持续支持，博物馆举办展览及其他活动的动机不能来自有利可图；另一方面，博物馆商店经营属于商业行为，遵循商品经济的规律，旨在追求利润的最大化，明确这一点，博物馆商店的专业水平需要提高，不能将自身的商业活动与博物馆公益形象混淆不清，只管生产，不看市场，只重展示，不论营销。

（一）博物馆商店是博物馆文化创意产业的关键环节

与博物馆不以盈利为目的的公益性质截然不同的是，博物馆商店需要创造足够的经济价值，必须接受市场的考验，能够保证自己持续不断地运转下去，成功实现产业化。而作为博物馆文化创意产业的关键环节，博物馆商店的规模化、产业化，正是博物馆文化创意产业的产业化标志。只有实现了产业化，博物馆商店才能在大浪淘沙的商海之中立于不败之地。

博物馆文化创意的研发成果，最终都转化为两种商品：一是文化创意产品、旅游纪念品等实物商品，二是特色文艺表演、参与式体验、娱乐等服务商品。但无论哪一种，要与消费者发生联系，都必须通过博物馆商店这个重要环节，它是文化创意产品及其设计理念最直接有效的展示平台及其是否成功、能否畅销的检验地，是它们最终进入流通领域，实现经济价值和社会效益的中介与桥梁，还是所有文创生产维持并进一步扩大规模的金主。博物馆文创产业能否真正步入产业化的正轨，很大程度上取决于博物馆商店的经营能否成功盈利并规模化。可以说博物馆文化创意活动实现产业化的基础便是博物馆商店创意经济的成熟规范与繁荣有序。作为商业主体，博物馆商店与普通商店一样，一旦经营不善，被市场淘汰，就要面临亏损甚至倒闭的风险。而那些博物馆商店不景气的博物馆，其文化创意活动也相应落后。

（二）博物馆商店对提升博物馆综合实力的贡献

博物馆商店经营文化创意产品和服务除了创收，另一个重要目的便是在更广阔的时间空间里延续博物馆文物藏品的文化影响力，实现博物馆的社会教育价值。

博物馆商店让博物馆文物藏品"活"并"火"起来。在成功的商店和商品营销推动下繁荣发展的文化创意产业对博物馆高大形象的塑造，镇馆之宝的宣传，以及观众热情和忠诚度的保持做出了极大的贡献。例如，很多人并没有去过台北故宫，却通过翠玉白菜的纪念品和"朕知道了"胶条获得了关于这个博物馆及其珍贵文物的信息。

在商品丰富、文化多元的现代社会，传统意义上收藏、研究和展示文物藏品的文教机构博物馆已经不能满足人们对博物馆角色的预期了，博物馆与人的情感距离不断在缩小，与人们的生活无限贴近。博物馆商店"已经成为现代博物馆运营策略中的重要一环，是博物馆生活化、社会化和实践化的重要推手"，[①] 成全了博物馆更人性化、功能更强大、特色更鲜明的目标，极大地提高了博物馆的综合实力与行业竞争力。

（三）我国博物馆商店的缺位与反思

我国在数量上属于文物大国，但有博物馆的历史才刚过百年，设立博物馆商店更是近二三十年的事，并且仍有许多博物馆至今没有博物馆商店。

与欧美发达国家，以及同处于儒家文化圈的韩国、日本相比，我国博物馆商店普遍存在理念落后、管理粗放、人才匮乏、经营不善、没有特色、缺少市场竞争力等问题，无论经济创收还是为博物馆形象加分方面皆差强人意。

我国博物馆商店及其创意经济发展的不充分，既是我们的短板，同时也说明此间还有巨大的发展空间和潜力，为未来的博物馆商店大施拳脚、大放异彩创造了机会。近年来，随着人们文化消费需求的日益增长和复杂化、精致化、挑剔化，对博物馆商店及其商品和

[①] http://epaper.ccdy.cn/html/2014－04/03/content_121820.htm，2015年4月2日。

服务的要求空前高企，以及依靠财政拨款已不能满足自身发展的诸多中小博物馆逐渐意识到创收的重要性，乃至从博物馆商店经营中尝到越来越大的甜头，博物馆商店及其创意经济的存在价值开始全面凸显出来——积极发展博物馆商店，形成博物馆文化创意产业成为我国博物馆业界的普遍共识。一批视野广阔、具有远见卓识的大馆起步早，已经走在了国内文化创意产业和博物馆商业经营的前沿。如业已成为国内文创标杆的故宫博物院，迄今已研发 6700 余件文化创意产品，收入达数亿元。

尽管如此，总体而言我国的博物馆发展不平衡，对于本馆博物馆商店的经营管理更是参差不齐，全国博物馆商店要形成自己的产业模式，形成品种齐全、种类多样、特色鲜明、优势突出、富有竞争力的博物馆文化产品体系，"不畏浮云遮望眼，风物长宜放眼量"，仍需在很长一段时间内向欧美文博界取经。

三、欧美发达国家博物馆商店经营启示

放眼全球，欧美国家博物馆商店发展得风生水起，无论规模大小，从大都会博物馆、大英博物馆、卢浮宫等世界闻名的超级大馆到名不见经传的乡村社区博物馆，几乎都设有博物馆商店，依托文创的商业活动已经成为博物馆经营的重要内容，创意经济十分活跃。

然而，要经营好博物馆商店，达到口碑、利润双丰收的境界，并不是一件容易的事，发达国家的成功案例给了我们哪些启发呢？

1. 优化人事结构，积极引进商科人才。
2. 做足准备工作，对市场了如指掌。
3. 独一无二的创意设计产品，文化价值与使用价值的有机融合，精工细作。
4. 形成特色产业化之路。
5. 开设互联网商店，实现 24 小时全球购。
6. 完善的知识产权保护体制。

近年来，我国博物馆从业者积极参加博物馆行业的国际交流，加大了对欧美博物馆经营管理成功范式的研究力度，并在不断学习、

借鉴、融会贯通中加快自身发展步伐，一批优质的博物馆产业群体正在崛起。

四、互联网＋博物馆商店运营的新思路

李克强总理在今年"两会"的政府工作报告中提出，"制订'互联网＋'行动计划，推动移动互联网、云计算、大数据、物联网等与现代制造业结合，促进电子商务、工业互联网和互联网金融健康发展"。"互联网＋"代表一种新的经济形态，即充分发挥互联网在生产要素配置中的优化和集成作用，将互联网的创新成果深度融合于经济社会各领域之中，提升实体经济的创新力和生产力，形成更广泛的以互联网为基础设施和实现工具的经济发展新形态。[①]"互联网＋"为未来博物馆商店的运营提供了新思路，为博物馆文化创意产业注入了新动力。中商产业研究院发布的《2015—2020年互联网＋博物馆行业运营模式研究报告》对博物馆电子商务的各种新模式做出了深入细致的分析，这些研究成果对于促进我国博物馆行业改革调整、加速博物馆文化产业升级意义重大。

[①] 百度百科，http: //baike. baidu. com/link? url＝QZE8MCS3TfRxcJmsonYtihBU6LKywzMCpL5GmUekMtE0iquhi1nBzQJZhNqz6q4WHpodRBw7nS8dc24UKaemnK，2015年3月20日。

浅谈博物馆社会教育活动与文创产品的良性互动

徐珊珊[*]

近年来,中国博物馆事业蓬勃发展,工作外延不断拓展,提供社会服务的方式和手段不断丰富。其中,博物馆社会教育和文创产品更是经历了一个由无到有、由单一到丰富的发展过程,在博物馆人的共同努力下,取得了相当丰富的理论研究和实践成果。随着我国博物馆事业发展走向深入,博物馆各项工作日益呈现出高度交叉、互动频繁的趋势,在此背景下,研究社会教育活动与文创产品的相互关系,探讨二者之间如何互相转化和促进,就具有很强的现实意义和紧迫性。

一、协调发展的政策导向

近年来,随着社会经济的持续增长和人民生活水平、消费水平的不断提高,博物馆的社会需求被逐渐扩展,从基础的欣赏、教育,扩大到满足社会公众的休闲娱乐需求和文化消费需求,而博物馆自身的蓬勃发展也为满足这些公众需求提供了可能。但从性质上来说,

---

[*] 徐珊珊,女,中国妇女儿童博物馆社教部助理馆员,2008年毕业于北京师范大学。曾参与中国妇女儿童博物馆筹建工作,业务实践包含博物馆教育活动设计实施、博物馆志愿者管理及培训等。

博物馆属于非营利机构，能不能从事商业经营活动，在社会上一直争议不断，多年来已成为困扰博物馆文创产业发展的重要问题。

以中国妇女儿童博物馆为例，该馆隶属于全国妇联，是国内首家以妇女儿童为主题的国家级博物馆，于2010年正式对公众开放。作为一家国家全额拨款的一类一级事业单位和一家免费开放的新馆，在教育及文创经费支持、文创产品经营开发等方面受到政策制约较为严重，专业人才及技术资源严重不足，在社会服务方面面临着与一般中小博物馆相同的困境。但是，随着几年来馆内各项工作的稳步推进，特别是各类教育活动的举办，我们发现每当馆内举办大型活动或活动密集举办期间，就会带动馆内文博商品的销售，尤其是与活动及教育内容相关的产品会特别受到青睐，而这种产品的开发销售，也能引发新一轮的教育活动的参与热潮。由此可见，博物馆的社会教育活动与博物馆文创产品的经营开发，有着十分密切的关系，两者之间的良性互动，共同发展，有益于打造博物馆整体对外形象，丰富观众的博物馆参观体验，扩展博物馆教育影响。

二、共同互促的密切关系

社会教育和文创开发原本分属博物馆这一机构概念下不同的业务范畴。教育活动属于博物馆的事业性活动，追求社会效益，不以经济盈利为目的；而文创产品则属于博物馆的产业性活动，是一种市场行为，可以追求经济效益最大化，但这种"最大化"必须以满足博物馆社会效益最大化为前提。但就是这两种分属不同性质的博物馆业务，却关系密切，相辅相成。

（一）博物馆教育活动与文创开发在多方面具有共通性

博物馆是媒介，架起了一座展品和社会受众进行沟通的桥梁，即"展品—博物馆—社会"。博物馆各项常规业务，大体包含征集收藏、研究保护、展览展示、宣传教育、文创开发等几项内容。相较而言，教育活动和文创开发是新时期博物馆运营的新产物，它们与博物馆传统职能有着"物"与"人"的对象之别、"内"与"外"的角度之别。二者的社会属性最明显、最纯粹，与社会公众互动最紧密、最直接，也最能展现博物馆的自身活力和服务水平，在许多方面存在着共通性。

1. 职能起源具有共通性

纵观博物馆发展历史，博物馆行业的发展、业务门类的改进总是与当时社会的发展成果相适应，与社会需求相吻合。教育活动与文创开发正是博物馆基于行业适应社会文化需求而自我进化的创新产物。进入21世纪以来，无论是国际博物馆协会对博物馆定义的调整，还是历年国际博物馆日的主题定位，都是对博物馆教育和服务理念的不断深化，展现了整体行业对这种适应和转变的不懈追求。而中国的博物馆发展也在近些年步入了快车道，在场馆建设、资源投入、理论研究、职能调整和社会认知等方面均呈现出一片繁荣气象，教育活动和文创开发被热议和重视，也反映了中国的博物馆为适应社会发展而优化自身职能的积极态度。

2. 职能目标具有共通性

虽然博物馆的各项业务工作都是依据本馆的主题性质和特色展陈开展，但相比较而言，文物保藏和陈列展览主要偏重围绕"物"开展工作，教育活动和文创开发则更注重对"人"的服务，都是为了让观众收获更加丰富的参观体验和更深层次的文化需求，而通过观众喜闻乐见的创意形式，实现博物馆传播文化、教化公众的社会效能，进而让社会公众对博物馆文化产生自觉认同甚至进行再传播，从而不断拓展博物馆的自身影响力和文化辐射面。

如何做到贴近群众、做好社会服务呢？进行社会调查、掌握社会需求是重要手段，内容包括当今社会的热点是什么，人们走进博物馆的目的是什么，博物馆观众的年龄分布、文化程度、职业背景、兴趣爱好有着怎样的差异等诸多问题，在进行了较为全面的博物馆社会调查后，还要对调查采样进行数据分析，从而形成一个较为细致的受众研究成果。既然确定将社会公众作为服务主体，那么无论是做教育活动还是开发文创产品，只有进行了充分的社会调查，才能让工作更具有针对性。

3. 性质特征具有共通性

不管是开发教育活动还是创意产品，都必须注重对本馆文化资源的开发利用，这是博物馆教育活动与社会一般活动的区别，也是博物馆创意产品与市场一般创意产品的区别，更是本馆活动及产品与其他博物馆的活动与产品的区别。有了文化的厚重和深度，博物馆的教育活动才不会流于浮华；有了文化的岁月积淀，博物馆的创意产品才能够铭刻隽永。

4. 手段方式具有共通性

文创产品的产生经过了一个"藏品—创意设计—商品"的过程，教育活动则经历了一个"藏品（展览）—创意设计—活动"的过程。显而易见，二者都是在博物馆固有展览及藏品的基础上，经过一番再创造，最终将成果呈现给社会公众，所不同的是，一个是以物的形式，一个是以行为或教化的形式。所以，不论是教育活动还是文创产品，在创意的过程中，需要考量的内容就具有了某种一致性。

（二）博物馆教育活动与文创开发具有推动促进的相互作用

1. 教育活动为文创产品的开发营销创造有利条件

博物馆教育活动是基于文化输出目的，调动观众通过直接参与和互动的方式获得更多感官体验，进而实现文化传播的过程。其目标和效果在于：让更多观众认可博物馆的文化理念，使博物馆的观众数量不断增加，社会影响力和吸引力持续增强。而这些成果恰恰能为文创产品的开发和经营提供最有利的前提和基础。

2. 教育活动为文创开发营销提供了观众分析的数据资料

教育活动不仅在成果上为文创产品的开发销售创造了有利条件，在实施过程中，也使博物馆积累了大量与观众接触的实际经验，大大提升了博物馆对观众需求和社会热点等信息的敏感度。而且在实践中掌握的数据和经验也能够有效缩短文创开发中受众调查分析的时间，使得文创开发过程和营销手段更具有针对性。

3. 教育活动通过丰富文创产品的门类和内容促进产品销售

随着教育活动形式的不断扩展和文创产品门类的不断丰富，很

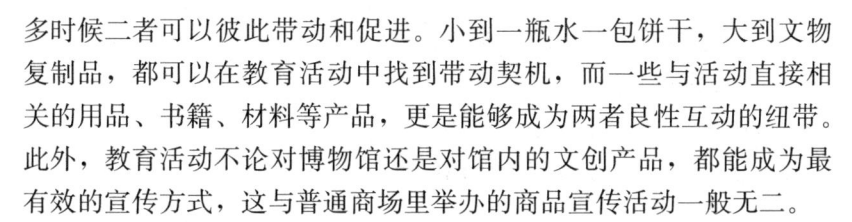

多时候二者可以彼此带动和促进。小到一瓶水一包饼干，大到文物复制品，都可以在教育活动中找到带动契机，而一些与活动直接相关的用品、书籍、材料等产品，更是能够成为两者良性互动的纽带。此外，教育活动不论对博物馆还是对馆内的文创产品，都能成为最有效的宣传方式，这与普通商场里举办的商品宣传活动一般无二。

4. 文创产业成果对教育活动开展具有反哺作用

作为博物馆社会服务的不同工作类型，教育活动和文创产品之间的促进作用并不是单向的，而是相互的。以文创产品为主要内容的博物馆文化创意产业有一个重要的职能目的，就是拓展博物馆的资金来源，使博物馆的建设服务经费更加充裕。社会教育活动作为博物馆里一项逐渐受到重视又亟待发展的业务工作，自然能够从馆内文创产业创造的实际经济收益中获得更多资源。

此外，博物馆文化产业会随着时代变迁所带来的新文化、新思潮、新技术、新消费的变化而自发创新求变、新陈代谢，在内容和形式上实现突破和变革，从而派生出新生文化业态，不断增强文化产品的传播力、表现力、影响力和竞争力。[1] 文创产品自身的这种变化和发展也会传递到博物馆教育活动的开发和实施中。

三、良性互动的实践例证

近年来，博物馆行业对教育功能的认识不断深化，并且各博物馆都对教育活动进行了相当多的尝试，活动场次之频密，内容之丰富，手段之新颖，都呈现出前所未有的风貌。以中国妇女儿童博物馆为例，虽还是博物馆界的一枝新蕊，但在教育活动方面也在着力探索，开展了涉及 20 余个主题门类的教育活动，年均举办活动近 200 场。而一些传统大馆，也从原来的固化、呆板、单一的教育模式中挣脱出来，化"被动"为"主动"，通过大量活动打造自身的博物馆教育品牌，革新了博物馆的外在形象。

---

[1] 元保祥：《论博物馆文化产业的开发》，《安阳师范学院学报》2009 年第 4 期。

1. 博物馆讲解工作与文创产品的转化

长期以来，讲解工作一直是博物馆教育的传统模式，甚至在相当长的时间里，讲解服务与博物馆教育活动是画等号的。从另一个角度来看，博物馆的讲解工作已经具有了相当丰厚的理论基础和实践经验。所以将讲解工作成果转化为文创产品，可谓是水到渠成。转化方式之一就是直接将展览的讲解词出版成书，让经过多年实践积淀和万千观众检验的成熟讲稿通过文字的形式进行更广范围的传播。还有一种方式就是将博物馆"因人施讲"的讲解经验进行深化和拓展，转化为博物馆面对特定观众推出的出版物，将博物馆的儿童观众与成人观众、普通观众和博物馆爱好者相区别，注重受众的差异性。

2. 传统文化和技艺体验活动与文创产品的转化

我国是一个具有渊远历史的多民族国家，每一个历史时期、每一个民族地区都拥有着灿烂悠久的文化遗产。这就决定了我国的博物馆多以历史文化为主题性质和主体内容，传统文化的传播和非物质文化遗产的传承在博物馆的教育活动中占据着相当大的比重。博物馆通过与专业文创公司合作，实现活动耗材工厂化生产，辅以简明的操作说明，不仅可以帮助教育活动实现耗材特制标准化和量化生产之间的矛盾，满足观众参与活动的需要，还能够帮助观众在馆内活动的意犹未尽之后，将耗材和技艺知识带回家或传递给身边的家人、朋友，拓展博物馆和博物馆教育的影响力。

3. 社会讲座、演出类活动与文创产品的转化

社会讲座和文化演出是现今博物馆比较常见的教育活动形式。其中社会讲座是各类专家走出象牙塔与社会公众、特别是博物馆爱好者的近距离接触的有益实践。而演出活动则是近些年才逐渐出现博物馆的活动类型，如河南博物院的华夏古乐团演出活动就是以实景演出的形式诠释中国音乐考古的成果，从服饰、乐器到曲谱都经过了严谨、科学的考古研究过程，每年演出交流近800场。这些活动在活动资源上具有一定的博物馆原创性，可以通过出版物、新媒体等方式进行文创产品的开发，并借助活动影响促进销售。

4. 行业体验及培训类活动与文创产品的转化

在博物馆的各类教育活动中，还有一种活动类型格外受到欢迎，那就是以博物馆各项业务工作体验为主要内容的职业体验活动。如博物馆的"小小讲解员"、"小考古家"、"小修复师"、"小策展人"等等。另外博物馆开展的各岗位志愿者培训也在此范畴中，如围绕义务讲解、动植物标本制作等方面开展的志愿岗位培训活动，也同样具有职业体验的成分内容。这些活动揭开了博物馆工作的神秘面纱，为公众了解博物馆、亲近博物馆提供了平台。

5. 区域论坛及比赛活动与文创产品的转化

随着博物馆的文化中心作用得到社会认可，博物馆会经常举办一些大型的区域文化主题交流活动，比如学术论坛、文化竞赛、社会征集评选等活动。这些都是博物馆开展社会教育的外延成果，也同样可以为文创产品的开发提供思路。

以上仅围绕目前博物馆较为常见的教育活动类型进行了合作方式上的探讨。未来，随着博物馆教育活动主题内容和组织方式上的不断拓展，和文创产品开发、制造、销售手段和技术的不断进步，相信教育活动和文创产品之间，还能够建立更多更广泛的联系和互助。

结语

面对博物馆发展的总体趋势，无论是在处理与外部社会各阶层、各行业、各领域的大关系上，还是在协调博物馆内部各业务门类、各行政部门之间的小关系上，都需要我们这些博物馆人打开思想的樊篱，突破专业的壁垒，在看到通过合作交流提高博物馆履行社会责任能力的大方向的同时，也能够从自己的岗位工作和实践经验出发，积极寻找与其他业务工作开展联系合作的可能性和落脚点。

本文所探讨的博物馆教育活动与文创产品之间的关系仅仅是这种"合作"中的一个小的方面，这种打破专业、性质、技术手段和行政部门的合作方式在博物馆的其他业务工作之间也同样存在可行性，甚至空间更广阔，形式更新颖，效果更突出。这种开放、共赢的合作思路和视角对博物馆开展其他方式的内外合作也同样具有适用性，这也是我们开展各类合作创新工作的基本前提和基础。

当然，我们必须看到当今中国的博物馆发展在许多方面还有待完善，比如行业政策有待进一步落实和细化，新生职能的理论认识还有待进一步提升和健全，除政府拨款外社会融资方式也有待进一步拓展和商榷，从业人员专业背景和激励机制也有待于进一步优化和灵活。这些大的问题会突出表现在我们开展业务合作的许多小节点上，比如部门业务人员的直接沟通问题、主体与配合角色分工问题、资源资金调配比例问题、创意成果分享授权问题等等，为我们有效开展合作制造问题和障碍。我们不能因为有了问题而去逃避问题，为了逃避问题而搁置放缓发展，而是要眼盯大方向，走稳脚步，在寻求发展的过程中去面对问题，着力解决问题，一往无前、义无反顾地开拓进取，才能让我们抓住这前所未有的博物馆行业发展机遇，我们的博物馆事业才能取得功在当代、利在千秋的辉煌成就。

参考文献

[1] 国家文物局博物馆与社会文物司：《新形势下博物馆工作实践与思考》，《博物馆文化产品开发研究调研报告》，文物出版社，2010年10月。

[2] 博物馆发展论坛委员会：《博物馆发展论丛（2013年）》，北京燕山出版社，2014年10月。

[3] 北京博物馆学会：《百年传承 创新发展：北京地区博物馆第六次学术会议论文集》，中古书籍出版社，2014年1月。

[4] 杨丹丹、闫宏斌：《博物馆教育新视域》，文物出版社，2009年9月。

[5] 国家博物馆编写，黄振春主编：《博物馆教育体验项目案例分析》，安徽人民出版社，2012年。

[6] 中国博物馆协会社会教育专业委员会、内蒙古博物院、内蒙古博物馆学会编：《首届"中国博物馆教育项目示范案例"评选优秀案例》，科学出版社，2014年11月。

[7] [美]亚伯拉罕·马斯洛著，许金声等译：《动机与人格》（第三版），中国人民大学出版社，2012年。

[8] 闫宏斌、杨丹丹主编：《博物馆与儿童教育》，文物出版社，2013年5月。
[9] 单霁翔：《从"馆舍天地"走向"大千世界"——关于广义博物馆的思考》，天津大学出版社，2011年2月。
[10] 故宫博物院：《宫廷活计快乐学》，紫禁城出版社，2011年7月。

创新意识与博物馆可持续发展

关于博物馆持续发展问题的思考

叶建华[*]

中国经济的持续快速发展,加速了国人文化自信的觉醒,我们已经迎来了文博事业发展的春天。2015年3月20日颁布实施的国务院《博物馆条例》宛若春风春雨,将催生华夏大地博物馆如雨后春笋般生长。据博物馆行业协会统计数据,全国现有各类注册博物馆4500多家,仅2014年每天就有1.5家以上博物馆建成开放。但从运营的情况来看,大部分发展势头良好,一部分维持运营,也有一部分处境困难。

面对博物馆事业大发展的好形势,我们在点赞鼓掌的同时,还应当多一些理性思考。人们常说:创业不易,守成更难。建设一个博物馆不容易,而保持一个博物馆持续发展则更难。一旦博物馆终止关门,造成的文物损失和负面影响将是巨大的。如何保证博物馆持续发展是一个值得研究的重要课题。

笔者在大量调研、认真学习的基础上现就如何保证博物馆持续发展问题形成了一些初步想法和粗浅认识,以期抛砖引玉。

---

[*] 叶建华,曾任《信息早报》社总编辑、中国化工集团公司政策法规部主任。现任中国化工博物馆副研究馆员、中华炎黄文化研究会理事、中国报告文学学会会员、中国化工作家协会副秘书长、知识产权出版社优秀签约作者。出版《贤文与股市》、《品贤文谈做人》、《品贤文谈管理》、《品贤文谈知识产权》、《人生幸福来源于自我和谐》、《清廉的官员最平安》、《赢在人生终点》、《勇立潮头》等专著和报告文学集。

一、特色鲜明，是博物馆持续发展的前提

要保证一个博物馆的持续发展，具有鲜明特色是前提。当一个博物馆与其他众多的博物馆相比较具有个性化、差异化的时候，就会成为吸引观众的理由。建设一个博物馆，首先要定位自己的鲜明特色或唯一性、差异性。人们一说到某个领域的博物馆，马上就会想到这个博物馆，这个博物馆的特色就鲜明了。一个没有鲜明特色的博物馆是没有吸引力和生命力的。

（一）行业特色

国民经济是由不同行业构成的。不同的行业在国民经济和人民生活中发挥着不同的地位和作用。行业之间的产生历史、地位作用、产品形态、行业文化等都有着较大的差异。作为行业博物馆，在藏品征集、展陈策划、社会教育、文化娱乐、留存史料、科学研究等方面一定要突出行业特色，烙上行业标志。

化工博物馆应当在显眼的位置展现高大的化工生产装置，并设置分析室、实验室、控制室等特色展陈，人们置身其中就能感受到化工的魅力。

观众走进博物馆，大都希望满足了解历史、学习知识、解开奥秘、世界比较、带回文化产品、享受精神生活的期待。观众的期待就是博物馆的努力方向。

（二）地域特色

我国幅员辽阔，人口众多，东西相距一万里，南北温差五十摄氏度。我国文化悠久，内涵丰富，有着"十里不同风，百里不同俗"的地域特色。建设博物馆要注重地域特色，尊重民族文化，呈现当地风俗。南方和北方的博物馆，东方和西方的博物馆要有明显的地域和民族特色。

（三）藏品特色

藏品是建立博物馆必备条件和立身之本。藏品的征集、开发、研究是博物馆的一项重要的、长期的工作，因此，现代博物馆要高度重视藏品工作，配强藏品部门力量，提供资金保障，不断丰富藏品内容，展陈具有亮点的新藏品，不断发布研究新成果，保持博物馆旺盛的持久的生命力。

（四）时代特色

现代科技的发展尤其声、光、电的发展，为博物馆的管理尤其是展陈提供了便利。通过声、光、电等现代科技手段，可以弥补藏品不足的缺陷，可以增强观众互动的体验感受，可以穿越时空展开想象的翅膀。

现代博物馆应当采用较为先进的现代科技手段，呈现时代特色，并为科技进步、更新换代预留空间。

二、观众流量，是博物馆持续发展的基础

一个博物馆是否成功的重要标志是观众流量。观众流量是衡量一个博物馆发挥教育功能、创造社会效益、体现文化创意、创造经济效益的基础。观众流量少是不少博物馆面临的主要困境，也将是终止关门的主要原因。

基础不牢，地动山摇。博物馆应当树立"俗雅共赏"、"先俗后雅"的理念。博物馆要放低身段，承接地气，烘托人气，想方设法引导更多的观众由俗走向雅，在提高人们文化素质方面发挥特殊作用。

破解博物馆观众流量难题，可以考虑从"三个结合"入手。

（一）与社区结合

一个博物馆的影响力应当以所处的社区（乡镇）为圆心向外辐射扩散。博物馆应当根据自身特点、条件，运用现代信息技术，开

展形式多样、生动活泼的社会教育和服务活动，参与社区文化建设和对外文化交流与合作。在当地发挥爱国主义教育基地、科普基地、廉政建设教育基地、文化创意中心、行业信息发布中心、新产品信息发布中心等功能。

（二）与学校结合

博物馆应当主动作为，积极与教育部门和当地学校商洽，制定利用博物馆资源开展教育教学、社会实践活动的政策措施，就建设学生社会实践基地做出具体部署和安排，同心协力，切实发挥好博物馆的教育功能，为博物馆的持续发展奠定坚实基础。

（三）与旅游结合

随着经济的发展，民众生活水平的提高，旅游将成为人们休闲娱乐的一种新常态，参与旅游的人数将不断增加。博物馆除了教育、存史、研究功能之外，应当拓展和完善休闲娱乐功能，成为俗雅共赏之地。

为了更好地发挥好博物馆的休闲娱乐功能，应当增强开放意识，养成统筹思维，主动与旅游部门联手，积极整合资源，将博物馆作为旅游景点纳入当地旅游圈。

三、经济效益，是博物馆持续发展的活力

根据博物馆行业研究资料表明，一些博物馆之所以终止关门，主要原因是经费不济，制约了生存与发展。因此，新建博物馆在建馆之前就要考虑清楚，如何生存与发展问题。如果仅靠政府财政拨款，除少数国家和省（市、区）重点博物馆之外，多数博物馆不仅难以发展，而且生存都会面临危机。一些博物馆曾经出现由于经费困难，馆舍失修，雨水渗漏损毁珍贵文物的现象。

赤字财政是政府的常态，意味着政府的钱总是不够花的。尽管《博物馆条例》规定，国有博物馆的正常运行经费列入本级财政预算，但僧多粥少，能吃饱就属不易，要想吃好会更难。一旦经费紧

张，稳定人才、修复文物、修理馆舍、新增项目都会遇到困难。

（一）矫正认识误区

文化产业作为一种重要的经济形态，已经成为很多发达国家国民经济中的支柱产业。世界上许多国家将振兴文化产业提升到国家战略高度。

博物馆的主要功能是追求社会效益。博物馆要遵守政策法规，不得从事文物和藏品的商业经营活动，不得违反办馆宗旨，不得损害观众利益。但追求社会效益与发展文化产业提高经济效益并非完全对立，而在很大程度上是统一的。至少可以从以下几方面进行解读：如果博物馆缺少经费就难以运行，将会失去社会效益功能；博物馆经费充足才能更新设备，增添项目吸引观众，更好地体现社会效益；博物馆经费紧张将难以留住优秀人才，造成人才流失将不利于持续发展。

有些博物馆在建馆理念上就羞于言商，缺少服务意识。观众几个小时走下来，别说能找个地方坐坐喝杯咖啡，连口渴了买瓶矿泉水都困难。观众们匆匆参观，临走时想买本相关资料都没有地方买。观众想花钱都找不到地方花。这种计划经济的理念显然不符合现代博物馆的要求。因此，现代博物馆应当名正言顺地发展文化产业。

（二）努力降低成本

博物馆作为独立法人，无论是财政拨款，还是自行投资，都要增强节俭意识。

首先是要降低建馆成本，鼓励利用名人故居、工业遗产等作为博物馆馆舍，可比新征用地降低成本；其次是要降低展陈费用，要充分调查了解展陈技术与手段，选择适合自己的实用技术与展陈方式，并不是最贵的就是最好的。中国妇女、中国儿童等博物馆的实践证明，越是前卫的先进技术越容易损坏，一旦损坏维护成本非常高，以致有些互动设施不时处于停运状态；再次是要努力降低运营成本，大力弘扬节俭文化，使节约一度电、一滴水、一张纸成为博物馆职工的自觉行为。

要广泛开展提合理化建议活动，动员博物馆职工为增收节支献计献策，为降低费用、增加效益、持续发展奠定经济基础。

（三）满足消费需求

观众来到博物馆，有的可能会待上半天甚至更长的时间，这段时间，除了享受文化、愉悦精神之外，还有喝水、吃饭等生理需求。

有些博物馆在展陈、互动等方面可谓高大上，在国内处于领先地位；但在观众用餐环境、用餐标准、可供选择等方面都不相匹配，缺少人文关怀及现代理念。

博物馆在功能区规划时，应当把文化商品店、咖啡店、冰激凌店、主题餐馆等消费需求考虑进去。让观众在博物馆满足需求，享受生活，留下良好印象与体验。为了吸引人气，有条件的博物馆应当考虑与影视集团合作建设3D或4D电影院，选择播放与本博物馆教育功能相关的电影，这样既可以吸引人气，又可以持续创收，带动相关文化产品销售。博物馆要适当增加临展面积，有利于开展对外交流，满足客户需要，增加经济收入。

（四）带走文化产品

以笔者为例，参观一个博物馆不可能花太多时间，有的是走马观花式参观。如果对某些人物或知识感兴趣，一般会购买一些书籍与资料带回家，待空闲时阅读研究。现代博物馆应当满足观众这方面的需求，应当撰写出版与本博物馆相关的系列书籍，还可以做成不同版本，不同文种，满足不同国籍、不同年龄段观众的需求。

中国化工博物馆在文化产品开发方面具有更多优势，可以使互动体验与文化产品相结合。如将化工原料与3D打印相结合，让观众亲手添加不同颜色的原料，选择喜爱的生肖、建筑、家具等图形，亲自按下按钮，3D打印机就会生产出定制产品，相信大多数观众会乐于掏腰包购买一件文化产品带回家。这一件文化产品将会在亲朋好友间传递，博物馆的口碑也将会不断辐射扩大。以此举一反三，每家博物馆都能开发出深受观众欢迎的产品。不怕没有观众喜欢的产品，只怕没有经营产品的思路。思路决定出路，出路决定持续发展。

国家鼓励博物馆向公众免费开放，意味着要求观众硬性花钱的项目逐渐减少，但博物馆的文化产业给观众带来的乐意花钱的项目空间无限，这是博物馆业值得浓墨重彩书写的大文章。

四、人才队伍是博物馆持续发展的关键

古今中外的实践都反复证明，事业成败，关键在人。

我国现有的文博人才与迅速发展的博物馆事业不相匹配，在很长一段时间内文博领域的人才缺乏将是一种常态。因此，要跳出窠臼，另辟路径，建立和实施博物馆人才发展战略，切实做好选聘人才、使用人才、激励人才、培养人才、开发人才的工作。

（一）建立发展战略

一个国家的兴盛离不开人才发展战略，一个博物馆的持续发展也离不人才发展战略。

博物馆的人才发展战略应当与建设规划同步考虑、同步实施。否则，漂亮雄伟的馆舍硬件建起来了，没有相匹配的优秀人才队伍软件做支撑，必将华而不实，空有其名。博物馆除了行政、党务等通用工作之外，主业为藏品、展陈、研究、讲解。因此，博物馆在人才结构上除了配备行政、党务等通用人才外，还应当选调、招聘、培养藏品、展陈、研究、讲解专业人才。人才来源可从高等院校毕业生和社会公开招聘。人才发展战略是博物馆决策者必须优先考虑的大事。

（二）拓展上升通道

每个人都希望自身的价值得到社会承认，都希望所在单位能够提供上升通道。然而，当前许多单位存在上升通道狭窄，千军万马挤"独木桥"的现象，严重影响了人才作用的发挥。

博物馆要高度重视制定职工职业生涯规划，引导优秀人才从事藏品、展陈、讲解、研究等主导业务，除行政和党务序列外，应当

开拓和设计各专业上升通道和非领导职务职级，鼓励各类人才根据事业发展需要找到适合自己的上升通道，发挥各安所业、人尽其才、和谐发展的效应。

（三）建立激励机制

《博物馆条例》规定："对为博物馆事业作出突出贡献的组织或者个人，按照国家有关规定给予表彰、奖励。"博物馆要建立事业激励、感情激励、待遇激励的机制，让内部人才开心工作，潜能发挥，事业有成；使外部人才慕名而来，形成人才洼地。

（四）引进国际人才

客观地说，中国是具有5000年文明史的国家，中华文化博大精深，源远流长，资源丰富。但现代博物馆事业却落后于西方发达国家，只有200多年历史的"年轻美国"拥有的博物馆数量全球第一，观众流量前十名的博物馆没有中国。现实告诉我们，要虚心向先进国家学习。

中国化工博物馆在建设初期就通过国际中介机构向全球招聘职业经理人，现在已有一些优秀人才加盟其中，为博物馆的持续发展提供了人才保障。北京汽车博物馆善用外包模式，集聚国内外多种项目和优秀团队，为博物馆的顺利运营和持续发展发挥了重要作用，成为行业成功案例。

五、控制风险，是博物馆持续发展的保障

千里之堤，毁于蚁穴。控制风险犹如汽车的刹车系统，刹车系统要与动力系统相匹配，否则难免车毁人亡。

（一）预防火灾风险

预防火灾应列为博物馆风控之首。因为火灾给我国文博事业带来的损失是巨大的、刻骨铭心的。如滕王阁、岳阳楼等名楼曾多次毁于火灾，许多珍贵文物化为灰烬。

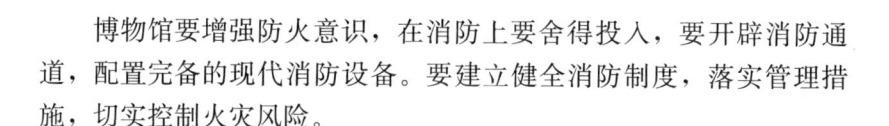

博物馆要增强防火意识，在消防上要舍得投入，要开辟消防通道，配置完备的现代消防设备。要建立健全消防制度，落实管理措施，切实控制火灾风险。

（二）预防水灾风险

博物馆要注重防范水灾风险。在博物馆选址时要研究当地的水文地质资料，提高防范水灾的等级，选择地势较高的位置建馆，放弃容易遭受水灾的地址。在建筑材料的选择上要考虑防水功能。同时要建立健全落实制度，在运营过程中对馆舍建筑要定期检查维修，确保经费，及时处理透漏，确保藏品尤其珍贵文物免遭水害。

（三）预防偷盗风险

博物馆的馆藏文物尤其珍贵文物属无价之宝，历来是窃贼的重要目标。

近年来，文物犯罪活动激增，走私文物、盗掘古墓葬、盗窃馆藏文物、倒买倒卖文物的犯罪活动十分猖獗。祖国文物遭到的巨大摧残和破坏，令人触目惊心。

要保证博物馆的持续发展，必须重视防范偷盗风险，提高防盗等级。配备现代防盗设施，监控不留死角。要加强安保力量，完善交接班制度，不定期开展检查，将问题消除在萌芽状态，确保藏品和文物安全。

（四）预防腐败风险

博物馆在防范自然和外部风险的同时，要注重防范内部的腐败风险。因其珍贵，会使一些人尤其手握权力的人灵魂变异，道德堕落。权力寻租、监守自盗、文物谋私的案例在博物馆界屡见不鲜，防不胜防。

加强廉政建设，注重防范腐败风险，建立健全藏品征集、登记、保管等相关制度，将权力关进制度笼子里，将制度嵌入管理流程中。从事文博事业的人员要自觉遵循《博物馆条例》等政策法规，要做到情操高尚，忠于职守，留存清白。

中国化工博物馆党委出台的第一个文件就是《中国化工博物馆领导班子廉洁自律十条规定》，对博物馆领导班子成员除了提出政治方面要求之外，还对项目招标、藏品收购等方面做出了具体要求，从制度上提出了遵循。

预防腐败风险是新形势下对博物馆从业人员尤其管理人员的基本要求，也是保持博物馆健康持续发展的应有之义。

博物馆的持续发展是一个重要课题，以上仅是笔者的一些粗浅体会，有可能挂一漏万，期待以此请教博物馆同仁共同解题作答。

创新意识与博物馆可持续发展
——杭州萧山博物馆创新运营模式发挥社会教育功能的实践与探索

徐大钧[*]

党的十八届三中全会通过的《中共中央关于全面深化改革若干重大问题的决定》指出：建设社会主义文化强国，增强国家文化软实力，在必须坚持社会主义先进文化前进方向、中国特色社会主义文化发展道路、社会主义核心价值观的基础上，"坚持以人民为中心的工作导向，坚持把社会效益放在首位，社会效益和经济效益相统一，以激发全民族文化创造活力为中心环节，进一步深化文化体制改革"。博物馆作为体现文化强国和文化软实力的组成部分，是不可或缺的一分子。深化改革创新运营模式，重视和完善博物馆社会教育功能的发挥，已成为博物馆顺应时代发展的需求，合上时代前进的节拍，也是博物馆可持续发展的需要。

另一方面，就博物馆自身的发展来说，随着国际、国内博物馆理论与实践的不断发展，"教育"作为博物馆首要目的的地位已经达成共识。形成围绕"教育"这一主要目的，以征集、保护研究为基础，展示、传播为手段的新的博物馆运营模式。同时博物馆理念已

---

[*] 徐大钧，男，萧山博物馆副馆长。政协萧山区十一、十二届委员、常委。杭州市学习型先进个人。主要研究方向：博物馆学、博物馆管理、教育与文创产业。发表和编著专业论文多（篇）部。多次获得各类荣誉，新闻媒体予以专访报道。

转向"为社会和社会发展服务",体现了当代博物馆的社会属性。这反映了博物馆适应公共文化的需求,满足人们日益增长的社会教育和终身教育的愿望而做出的自身发展改革。

基层博物馆,尤其是市(地)县(区)级中小博物馆(以下称基层博物馆)在缺乏丰富的藏品资源和充足的人才资源的情况下,如何发挥地方文化历史特色,扬长避短,探索和尝试具有自身特色的社会教育模式,是基层博物馆做大、做强自身,打响品牌与知名度,真正成为当地的"文化名片",乃至以改革创新的举措在博物馆界占有一席之地不可或缺的手段和方法。杭州萧山博物馆在这方面开展了具体的实践与探索,并取得了相应的成果。

一、紧扣时代节拍,开展社会教育活动

在我国,博物馆的教育功能可以说是随着博物馆的诞生而同步出现的。世所公认的我国第一家近代意义的公共博物馆——南通博物苑,其最初创立的直接原因,即是为服务通州师范的教学而设。它的创始人张謇认为,博物馆可以"使承学之彦,有所参考,有所实验,得以综合古今,搜而研论之"。[1] 博物馆的教育功能一直为文博和教育界的有识之士所推崇、重视。虽然后来在我国博物馆事业发展过程中,博物馆社会教育功能的发挥和运用,有过反复和起伏,甚至一度偏离社会教育的本质,成为阶级斗争的工具,但在改革开放以后终于得以回归,博物馆的社会教育功能不仅为业界所重新认识,并得到社会所认同。

杭州萧山博物馆是地方性历史艺术类博物馆,现有"瓷器曙光"和"萧山历史名人"两大主展厅,以及江寺民俗文化园,藏品4000多件,2014年观众流量为78万人次,是全国为数不多的年观众超过50万的县(市)区博物馆。萧山博物馆是典型的基层博物馆,在开展和实施社会教育过程中,紧扣国际、国内博物馆发展理念,重视博物馆社会教育的主导作用。不仅在宏观理念上,而且在实际运作

---

[1] 王宏钧主编:《中国博物馆学基础》,上海古籍出版社,2001年,第253页。

中将"教育"放在"研究、欣赏"这三个目的之首，随之推出一系列的具体措施加以落实和体现。以社会发展的节拍作为推动自身前进的鼓点，以满足观众的需求作为博物馆教育的动力，以对青少年的理想、信念、素质培养作为博物馆教育的目标。

一是紧扣社会脉搏，满足观众的需求，开展社会教育。如针对近年来社会上文物"收藏热"高涨现象，适时举办各类文物知识讲座，安排馆内专业人才或邀请文物界的专家对古陶瓷、书画、青铜器、玉器、明清家具等相关知识的专题讲解。利用每年的"518国际博物馆日"和中国"文化遗产日"等文博纪念日举办一系列专题活动：包括义务为民鉴宝、文物普法教育、文化遗产保护宣讲、博物馆藏品资料赠送等等。这些活动的举办既与当今社会发展节拍相适应，又适时满足了市民群众对文物收藏知识的需求。这样的社会教育活动，不仅有利于造成一批民间文物收藏爱好者，更有利于培养博物馆的基础观众，还可以通过他们去影响更多的市民走进博物馆，热爱博物馆，拓展博物馆的人气，扩大博物馆的社会声誉。

二是配合针对青少年的文明、素质教育，用博物馆的资源借以助推。萧山作为杭州市的郊区（区、县），全面贯彻落实浙江省委省政府推广的"春泥计划"活动，这项活动主要是依托现有各类场所，集聚整合社会力量和资源，在中小学寒暑假、传统节日和双休日等校外时间，组织引导农村未成年人开展实践体验活动。是为加强未成年人思想道德建设工作，促进农村未成年人健康成长而举办或者设立的各项文化活动。这是浙江省建设文化大省的重要内容，萧山博物馆作为基层博物馆同时也承担着文化教育的责任，利用自身馆藏资源，抓住这一有利契机，投身到社会教育的实践中去。事实证明，不但在参与活动过程中取得了成效，更意想不到的是培养了一大批青少年文博爱好者。

如在2012年和2014年分别实施了"春泥计划"走进博物馆，和文物宣传走进"春泥讲堂"活动。

2012年8月，萧山博物馆为党湾镇"春泥计划"策划了一次愉快的博物馆之旅。在讲解员的带领下，参观了"瓷器曙光"、"萧山历史名人"和"萧山花边精品展"展览，让青少年了解了萧山灿烂的陶瓷文化和动人的历史名人事迹。他们为萧山是中国瓷器的发源地之一感到自豪，对历代名人可歌可泣的事迹而由衷敬佩，也为萧山花边的精美而纷纷赞叹。

2013年8月13日，萧山博物馆工作人员走进瓜沥镇渭水桥村的"春泥讲堂"，利用全国第三次文物普查成果图片，向学生们介绍了萧山的古窑址、古墓葬等分布情况，重点介绍了瓜沥长巷村的桥涵码头、宅第民居、坛庙祠堂等文物古迹；介绍了祖籍瓜沥的著名海派画家"三任"：任熊、任薰、任颐（伯年）的画作和杰出成就。期间，还通过打快板、诵古诗等新颖、独特的互动方式，让宣讲活动更加活泼。活动使广大农村青少年树立起"文化遗产在我身边，保护文物从我做起"的思想意识。

二、配合青春翼动实现社会教育功能

青少年处于身心发展的成长期，他们对世界充满好奇、探索的欲望，对一切未知的东西充满着探求的心理，对过去他们想了解人类及人类社会经历哪些人、事、物，包括自然世界万物；对未来他们满怀憧憬，每一个人心中自我描述着美妙的成长蓝图，向往着美好的将来。总之，他们扇动着青春的羽翼，翱翔于无拘无束的广袤的心灵世界。

博物馆作为有别于学校的非正规学习的场所，和学生学习的"第二课堂"，正好为青少年翼动的青春提供飞翔的绝佳空间。在这里可以使他们"因本身兴趣、好奇心、探索、操作、幻想、任务达成、与社群互动等受到激发。非正规学习通常会牵涉到社群互动，尤其是与家庭成员和同伴团体的互动，其中更包含了玩耍这个因子"。[①] 博物馆发挥社会教育功能，吸引青少年群体的地方就在于此。学校教育，教学、传授的知识具有系统性、条理性、循序渐进的优点，但常常限于课本，并框定在一定的范围内，且受制于考试，同

---

① Dr. H. Genoways & Lynne M. Irelaand 著，林洁盈译：《博物馆行政》，台北五观艺术管理有限公司，2007年，第337~338页。

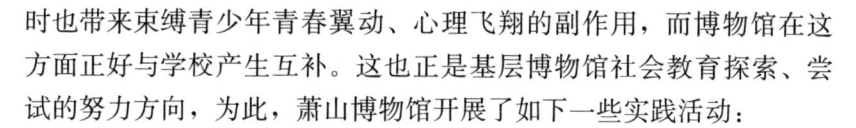

时也带来束缚青少年青春翼动、心理飞翔的副作用，而博物馆在这方面正好与学校产生互补。这也正是基层博物馆社会教育探索、尝试的努力方向，为此，萧山博物馆开展了如下一些实践活动：

1. 发挥"第二课堂"作用，打造学生社会实践基地

萧山博物馆在2009年开始，通过近五年的努力，社会教育职能日益成熟，在不同的时期推出适合青少年学生的活动，将博物馆"第二课堂"更有效地融入到学生的校外学习生活中。同时为不同年龄段的学生的各自需求，分别开设适应、满足不同求知欲的相应主题活动。如2013年针对中小学生的活动以"传承萧山历史，弘扬陶瓷文化"为主题，策划开展"印纹硬陶拓片制作"和"走进历史的萧山有奖知识问答"这两个第二课堂实践活动。"印纹硬陶拓片制作"：主要是让学生亲自动手参与，在工作人员指导下将印纹硬陶片上的纹饰用墨拓在宣纸上，做成的拓片成品由学生留作纪念；"走进历史的萧山有奖知识问答"：主要让学生自由参观萧山博物馆，在参观之前先领取参观问卷，由工作人员提出具体要求，并在参观过程中巡回解答学生的咨询，边参观展览边答题，回答完毕后工作人员批改，全部答对者予以奖品鼓励。活动开展以后，受到了广大学生和家长的好评、欢迎，参与者踊跃。目前参与萧山博物馆"第二课堂活动基地"除了萧山中学、萧山五中、虎山路中学、杭州电子科技大学和机械工程学院等初、高中及大专院校的以外，更多的还有育才小学等周边多所小学。

2. 开设志愿讲解服务，暑期夏令营成为特色

萧山在开展社会教育实践尝试中，开设志愿讲解服务，暑期夏令营已成为特色。萧山博物馆志愿者夏令营每年都会在暑期举办，每届夏令营活动馆里都经过认真筹备，安排学习培训和实践操作两大环节。先后安排了"萧山——中国瓷器发源地之一"授课、不可移动文物介绍、讲解示范和练习、"中国陶瓷史话"和"萧山历史名人"讲座、参观考古发掘现场等。通过学习培训，志愿者上岗为观众提供展览讲解、活动指导等服务。这项活动既满足了青少年求知欲，又为他们展示自身的才华提供了舞台，已经成为萧山博物馆社会教育的一项特色品牌。以夏令营为基地，萧山博物馆志愿者队伍逐渐壮大、稳固，志愿者在博物馆社会教育活动中发挥了重要的作用，成为博物馆和社会沟通的桥梁，联结的纽带。此项活动吸引更多的青少年走进博物馆，了解博物馆，从而爱上博物馆。

三、探索创新多种形式的社会教育模式

博物馆社会教育功能主要是依托馆藏文物资源，利用陈列展览的平台作为重要手段，通过精心讲解搭建沟通和联系的桥梁，这是博物馆发挥社会教育功能的基本模式。但除此以外，随着时代的发展与社会的进步，也对博物馆社会教育提出了新的要求。如《面向未来的博物馆——欧洲的新视野》一书中写到：博物馆的观众中，儿童、家庭成员、社区民众三者是博物馆未来新的服务对象。[1] 特别是在以人为本的理念逐步深入人心，博物馆社会教育功能相应地需要从服务观众、贴近观众、满足观众上多下功夫，多花精力，多动脑筋。也就是说要求我们探索实施推陈出新、多种形式的方法，走进观众生活和心灵的博物馆教育。

对弱势群体的关怀，体现一个社会进步、文明的程度。萧山博物馆非常重视他们在享有博物馆公益文化教育和服务的平等权利。在新馆硬件建设中实施了人性化设计，配建了残疾人无障碍通道、残疾人轮椅和专用厕所等。在属于"软件"的社会教育方面，萧山博物馆更是精心安排，诚心以待，针对不同的弱势群体采取相应的方式。如去年底萧山博物馆与团区委、青少年宫合作，组织外来务工人员子女校外宏志班的学生参观，让他们近距离体会、感受萧山深厚的文化历史，触摸文物藏品，度过了一个出人意外的文化年节。

在请进来的同时开展走出去活动，为了更好地推进博物馆的社会教育功能，萧山博物馆开展了"流动博物馆进校园、社区"的尝试。这项活动自 2010 年推出以来，深受广大学校师生和社区居民的

---

[1] 罗杰·迈尔斯、劳拉·扎瓦拉著，潘守永译：《面向未来的博物馆——欧洲的新视野》，北京燕山出版社，2007 年 8 月。

热诚欢迎。三年来，萧山博物馆分别推出了"萧山博物馆馆藏精品展"、"萧山区第三次全国文物普查成果展"、"萧山博物馆馆藏古钱币展"等不同内容和各色展览走进社区、走进校园。其中"萧山博物馆馆藏精品展"共分为"史前文明"、"青瓷萌芽"、"瓷行天下"、"名家书画"、"杂件精品"五个部分，展示萧山博物馆收藏的部分文物精品。"萧山区第三次全国文物普查成果展"以文物普查新发现的文物点为主，通过图文并茂的形式，展示了萧山境内古遗址、古墓葬、古建筑、石窟寺及石刻、近现代史迹及代表性建筑等六大类地面不可移动文物的情况。

如果说上述两项流动展览以图片为主，那么"萧山博物馆馆藏古钱币展"则是以实物为主，展出的两百多枚古钱币分别来自汉、宋、清三个朝代，以真实的文物给同学们更真切的感触。小小的钱币见证着历史兴衰，它们比文字更客观，更真实，不仅反映了当时的政治、经济状况，同时也是科学技术、文化、艺术水平的集中体现。将这样的展览送进校园，让青少年就近贴身了解萧山人文历史的同时，树立文物保护意识，成为精神和物质文明的传承者，文化遗产的守望者。

以萧山不可移动文物古迹保护教育为题材，举办个性化邮票设计大赛。目前萧山境内有国家级重点文物保护单位3处，省、市级文物保护单位和文保点百余处。2013年7月至12月，萧山博物馆为培养学生健康向上的审美情趣，丰富学生课外生活，提高学生的文物保护意识，举办了这一活动。为此，萧山博物馆除将官方网站上不可移动文物资料全部更新，供学生查阅，还发动和鼓励学生到上述文保单位实地参观，积累一手资料。选择优秀的作品在萧山博物馆展出，并与相关部门合作，将特等奖作品制作成个性化邮票发行，并与其他获奖作品一起制作成邮册。此举不仅影响广，而且在推进博物馆社会教育功能、创新文化产品开发（三千份邮册抢购一空）等方面取得了意想不到的效果。

浅谈行业博物馆可持续发展的创新思维

徐学敏*

　　行业博物馆是博物馆中的特殊类型，是在"博物馆"这个大概念前面加上了"行业"这个定语。"行业"简单来说就是对各种职业类别的区分，结合国家文物局划定的统计习惯，本文为我国的行业博物馆下这样的定义：是指集中展示社会建设某个行业（包括经济和非经济）的发展历史和文化的非文物系统的国有博物馆。它以本行业相关的物质和非物质遗存为收藏、研究、展示对象，通过行业文化的保护和教育传播，实现服务行业、服务公众、服务社会的目的。行业类博物馆的办馆主体主要是行业主管部门、行业协会或行业内具有代表性的国有企业，如农业博物馆隶属农业部、地质博物馆隶属国土资源部、航空博物馆隶属空军装备部，又如上海烟草博物馆、中国民族乐器陈列馆则由国企主办。行业博物馆可以是全国性的，也可以是区域性的，如中国铁道博物馆和上海铁路博物馆，又如中国水利博物馆和黄河博物馆。

　　行业博物馆是各行业兴盛发展、行业文化逐步形成过程中的产物，通常行业管理部门或行业内的大型国企是行业博物馆的建设方、出资者，自然也是行业博物馆建成后的上级主管部门。因此，尽管行业博物馆的建立需要到文物管理部门登记备案，按照《文物保护

---

* 徐学敏，2009年8月至2013年2月，任宁波博物馆副馆长；2013年3月起至今，任宁波市保国寺古建筑博物馆党支部书记、副馆长。

法》的有关规定，文物部门对文物保护工作实施监督管理，但实际上文物部门很少参与行业博物馆的管理、指导行业博物馆的运营发展。一方面，在行业内，行业博物馆是一个与业务无关的文化部门，扮演的是锦上添花的角色；另一方面，由于行业博物馆的特殊身份，并未被真正纳入到文物行政管理体系。行业博物馆身处行业与文博系统交叉的边缘地带，长期处于"两难管"的尴尬境地，为其生存和发展带来了诸多问题。

一、当前行业博物馆存在的普遍问题

1. 政府支持不足

国内博物馆的建设浪潮中，政府部门的规划和推动起了举足轻重的作用；但对行业博物馆这个新成员来说，政府的关注和支持显然不够。不仅行业博物馆的建设主要依靠行业资金和社会力量，而且建成后管理体制不顺、隶属关系不明成为制约行业博物馆发展的重要因素。

2. 运行经费短缺

行业博物馆建设初期往往受到行业主管部门的大力支持，也得到了行业内企事业单位财和物的广泛支援，但建成后的日常运行经费是一项长期开支，缺少稳定的保障体系已成为行业博物馆后续发展的严重阻碍。行业博物馆作为主管部门的一个下属机构，资金的来源主要依靠主管部门的划拨，经费的多少受到每任领导重视程度、行业发展情况的影响，有时甚至因为行业部门撤销或者企业亏损，导致资金链完全中断。博物馆需要紧跟时代步伐，更新改造基本展陈，引进、举办有影响的展览，开展社会服务，而行业博物馆主办单位的拨款往往只够维持日常开支和人员工资，国内博物馆陆续向社会免费开放后，行业博物馆也不在文物部门的专项资金补贴范围之内。巧妇难为无米之炊，经费不足使许多行业博物馆的运作受到了极大限制，功效也无法充分体现，于是更陷入无人问津的恶性循环，有的已面临关门的困境。

3. 专业基础薄弱

历史文化类或综合性博物馆通常是因为拥有了一定量的文物而办馆的，有的还是直接在遗址上建馆的；而行业博物馆是在萌生了建馆的意识后，再开展文物搜集和抢救工作的，但由于先前的收藏意识不足，很多历史见证物已经流失，例如水利行业 20 世纪 50 年代堤工用的独轮推土车现在就难于找寻。同时，由于体制原因，行业博物馆所需展品也得不到文物系统的补给，因此行业博物馆的文物资源存在先天不足。

行业博物馆工作人员大多之前是从事本行业业务工作的，行业内部子弟和部队专业人员也占了很大比重，从业者中非专业人员多于专业人员，缺乏博物馆管理和专业方面的基础知识，使得博物馆场馆建设、布展策划留下不少缺憾，也使文物征集、科学研究等专业工作开展不力。另一方面，专业氛围不浓、业务贡献与待遇不挂钩等因素又导致很难吸引和留住博物馆人才。人员结构不合理和专业人才不足，带来了行业博物馆许多管理不规范的问题，诸如库房环境、安保设施不符合规范，藏品账目不清、档案不明，收藏、研究、展示、参观等规章制度不健全。博物馆管理是一项多样性系统工程，缺乏专业力量必然会影响行业博物馆的健康发展。

4. 社会认同不够

很多行业博物馆建馆时的目的主要是为了树立行业形象，对博物馆的社会公共职能的认识不够，主管部门对行业博物馆的业务工作没有硬性考核要求，因此从主观上来说，行业博物馆缺乏融入社会、服务社会的积极性。行业博物馆很少在各类媒体上开展自我宣传，也少有与文化、教育、宣传等部门合作开展各类活动，甚至有的行业博物馆并未完全向社会公众开放，仅提供行业内部参观或者团队预约参观，这都造成了行业博物馆的社会知名度低、影响力弱的现状。另外，行业博物馆有的规模偏小，有的地理位置较远，以及建馆之后普遍存在停滞不前的情况，硬件设施、展示内容、服务水平都跟不上时代发展和观众需求的前进步伐，这都是影响公众对其关注和参与热情的客观原因。

二、树立可持续发展的理念

1. 以人为本的理念

面对激烈竞争的局面,行业博物馆首先要改变自我封闭的观念,从自我服务切实转向为社会服务、为民众服务。行业博物馆的陈列展览切忌展品堆砌或做成"衙门"展览、"形象政绩"展览,必须从贴近实际、贴近生活、贴近群众出发,找准观众的兴趣点,将专业性与趣味性、欣赏性融合起来,用藏品诠释与其相关的社会关联、文化内涵,让展览既体现历史又服务当代,并对未来有所展望和思考。应认识到博物馆教育不同于学校教育,目的不在"教"而在帮助观众"学",观众不希望一味地接受灌输式的教育,行业博物馆要在如何增加展陈的互动性、如何开展丰富的社教活动上动脑筋、下功夫,帮助观众实现自我完善、身心综合发展的学习目的。同时,行业博物馆也要在具体细节处体现服务意识,比如考虑公交线路、停车等交通便利,考虑咨询、寄存、自助导览、休息场所等参观便利,考虑残疾人、老人、婴幼儿等特殊人群需要……另一方面,馆内工作人员是整合博物馆资源、实现博物馆效益的关键要素,行业博物馆用人必须改变现存的"关系户"、只进不出、因人设岗等现象,建立公开、公正的选人用人制度和开放、动态的人员流动制度,做到合理引进和使用人才,重视员工教育和培养,以高素质的人才队伍支撑行业博物馆发展。

2. 社会共建的理念

我国国有博物馆的收入来源非常单一,基本依靠拨款,缺乏自己筹集资金、动员社会力量共建博物馆的理念和行动。然而财政投入终究是有限的,无法完全满足博物馆的发展需要,在国外无论是何种性质的博物馆,社会资助都是博物馆的重要财源。

行业博物馆资金投入历来捉襟见肘,绝大多数仅能维持基本开销和人员工资,因此行业博物馆必须转变思路,积极主动地争取社会力量加入到博物馆建设中来。在社会捐助方面,由于经济水平、社会观念、政策引导的发展程度所限，我国的社会捐赠意识和氛围与西方发达国家还有很大差距，但行业博物馆更应认识到提升展览水平、提高服务质量、体现公共价值，才是获得公众认同和社会支持的首要前提，同时还要建立相应的捐赠激励机制，例如在捐赠展品上做明确标注、捐赠人优先参加博物馆特殊活动的权利、用博物馆平台为捐赠企业宣传等。

3. 多元功能的理念

行业博物馆立足于行业，但对自身的功能定位绝不能仅仅局限于宣传行业、服务行业，只有面向社会开拓多层次、多元化的功能才能在日益繁荣的文化大市场中找到立足之地。面对不同的需求，行业博物馆的综合功能可以向五个方面延伸：其一，自然是为本行业的科学研究服务，除了博物馆资金的研究任务外，应该以各种方式为馆外研究者服务，诸如提供藏品、资料和研究成果，或在某些研究项目中进行合作。其二，为学生的校外教育服务，成为配合学校教育的"第二课堂"。其三，行业博物馆专业性强，有丰富的实物教学资料，应该为成人终生教育、回归教育服务。其四，为市民的休闲娱乐提供服务。其五，与旅游部门、旅游企业合作，提供文化旅游服务。文物博物馆事业与旅游事业的关系是极为紧密的。[①]旅游是实现文化效益与经济效益共赢的良好契合点，对行业博物馆来说更应重视，如1997年南通纺织博物馆就联合苏州青年旅行社、苏州丝绸博物馆以及南通蓝印花布艺术馆开通了一条专门接待瑞典观众的旅游专线。

三、顺应国际发展的趋势

1. 高科技化

20世纪七八十年代以来，以加拿大安大略博物馆、美国旧金山探索宫和法国巴黎发现宫为代表的动态陈列，是博物馆展陈设计与现代高新科技相结合的新成果，是博物馆展示方法的创新与发展。观众通过视觉、听觉、触觉等感官参与到动态陈列中来，实现了与展品的互动，大大拓宽了信息传递的通道。随着高新科技的发展，声、光、电等现代化科技手段被越来越广泛地运用于博物馆展示中，行业博物馆在展览设计中也要灵活应用这些技术，做到动静结合，增强生动性和直观性，同时也是弥补实物不足的一条新途径。

2. 市场化

博物馆处在市场经济的大环境中，就不得不有市场化管理的眼光。2001年国际博物馆协会大会的主题是"管理变革：博物馆面临着经济与社会挑战"，大会提出博物馆在保持公益性文化单位性质的同时，还要肩负商业经营者的角色，即通过开展适度经营并将所获收益用于发展博物馆事业并不影响其非营利性机构的性质。

博物馆的市场创收一般有四个渠道：首先是举办各类临展、特展的门票收入。二是对讲解、文物鉴定等服务或剧场和一些体验项目收取一定费用。三是通过博物馆场地、文物出借或是房产、汽车出租等方式进行创收。四是开发出售纪念品、复制品等文化产品以及出版书籍。

除了以上渠道，行业博物馆还可以利用自身的专业优势，为企业提供专业培训、科技成果转让等延伸服务。与企业合作，以文化带动产品展览销售也是目前行业博物馆采用较多的一种方式。

相应地，在行业博物馆内部机构设置上，可以考虑在博物馆业务部门之外设立专门的市场经营管理部门。同时要引入市场竞争理念来革新收入分配制度，建立绩效评价体系，逐步由吃"大锅饭"转向重实绩、重贡献的分配激励机制。

3. 区域化

联合国教科文组织认为："博物馆应成为其所在地区的知识中心和文化中心。"博物馆以其所在区域为核心实现服务社会的职能，加强与本区域的合作和协调发展是博物馆的立足点。国际上，社区博物馆的概念由来已久，也是博物馆区域化理论在实践中不断深化的结果。作为区域文化教育事业的重要组成部分，博物馆最主要应发挥在青少年素质教育中的作用。

行业博物馆在区域教育方面也应当做积极的探索，开展广泛的馆校合作实践。烟草博物馆与复旦大学文博系进行共建的做法值得借鉴，为学生切实参与博物馆藏品管理、展示策划、社区文化建设等实际工作提供了机会。

四、进行探索性尝试

1. 探索理事会制度

改革现有的法人治理结构，设置理事会是我国博物馆建立事业法人制度首先必须进行的尝试，因其符合博物馆发展的自身规律，又符合市场经济的客观要求。目前，许多省市的文化系统已在开展理事会制度试点工作，行业博物馆可以借鉴我国国有企业普遍设立董事会的改革经验，主动顺应时代形式，大胆尝试理事会管理模式，这有助于扩大公众的参与度，有助于博物馆决策的民主化和科学化。

2. 探索连锁经营模式

在应对外部竞争压力的战略上，许多企业选择了连锁经营、规模发展的模式，以此扩大市场，形成品牌效应。这个理念也被博物馆界采用。如1988年开始，时任古根海姆博物馆馆长托马斯·克伦斯发起了古根海姆全球连锁式博物馆经营模式，现在全球已建了5大分馆，西班牙毕尔巴鄂分馆最为成功，带来了这座城市的复兴。现在国内一些博物馆也开始尝试连锁经营这种方式，如浙江省安吉生态博物馆也将整个县域范围内最具特色的人文、生态资源纳入展示范围，采用"一中心馆、十二卫星馆、多个展示点"的框架结构，不再局限于一个馆、一座建筑。行业博物馆也应在如何做大做强文化品牌上开展探索，最基本的可以与其他博物馆建立合作共享机制，共同策划举办大型特展或有影响力的社会活动，也可以与区域内的其他博物馆或景点串联成游览专线，抱团发展。在具备一定物质和市场基础时，可以考虑开办新馆，或是跨区域开设分馆，如中国印刷博物馆在上海设有分馆，这是一种全新的大文化遗产保护方式和大博物馆建设理念，也是规模效应在文化事业发展上的有益尝试。

3. 探索多元化教育传播渠道

首先，行业博物馆应将青少年素质教育作为重点，加强同教育部门的联系，一起组织活动，成为学生校外教育的第二课堂和实践基地。

其次，充分利用网络宣传途径。在今天的互联网时代，博物馆日常工作应该充分利用网络资源，注重创新方式，加强自身的经营与宣传，树立自身形象。

最后，开发文化产品。一方面，可以与出版社合作，出版发行科普读物、文物图册、挂历、书籍刊物；另一方面，可以自主设计，开发各种蕴含博物馆元素和文化品位的纪念品。这些文化产品不仅具有延伸学习、艺术收藏的意义，使行业博物馆的教育和宣传在时间和空间上得以有效地延展，还可以帮助博物馆创收，实现社会效益和经济效益的有机统一。

结语

与综合性博物馆相比，行业博物馆作为某一行业或某一领域文物、标本的主要收藏、宣传教育和科学研究机构，以其独有的专业优势，通过对各个行业历史与现实的展现，全面展示了地方文化多样性，反映了我国经济生活的各个方面。

行业博物馆的可持续发展，既需要政府的正确引导，科学合理的规划，社会各界的支持，也需要结合自身实际，通过思维创新、管理创新来寻找出路，通过社会教育价值的实现来推动进一步发展。

参考文献

[1] 苏东海：《文博与旅游关系的演进及发展对策》，《中国博物馆》2004年第4期。

[2] 2012年度河北省社会科学基金项目"欧洲文化产业对河北省发展文化产业的启示"阶段性成果，英国：《博物馆资源与文化产业》《经济研究参考》2013年第11期。

以创新意识建设公立中小型博物馆人才队伍
——以北京古代建筑博物馆为例

黄潇[*]

伴随着社会发展、科技进步，特别是我国文化体制改革的不断深入，博物馆的发展面临着许多新的机遇与挑战。在运行管理方面，博物馆信息化越来越成为博物馆建设中的重要一环，博物馆建筑的智能化、藏品管理信息化、电子办公等愈发的普遍；在体制方面，2011年国家文物局发文要求公共博物馆、纪念馆要逐步实行理事会决策、馆长负责的管理运行机制，这一机制已在不少民办博物馆、美术馆实施。2015年，国家文物局局长励小捷在贯彻《博物馆条例》电视电话会议中特别强调，要积极推进博物馆理事会制度。今年上半年要完成博物馆理事会制度试点工作，下半年在总结经验基础上逐步扩大。在2016年年底之前，争取一半以上的省级博物馆建立理事会制度，由此理事会制度的全面推广实施已成必然趋势。要想适应博物馆在现代化、智能化、市场化方面的发展与变化，人的主观能动性是基础也是关键，人才队伍建设是推动博物观可持续发展的

---

[*] 黄潇，现工作于北京古代建筑博物馆。2011年6月毕业于南京大学考古学及博物馆学专业，同年7月来到北京古代建筑博物馆工作，主要协助负责馆内的人事与党务管理工作。参与馆内主要常设展览之一"中国古代建筑展"改陈工作，主要负责对展览设计的校对工作；参与馆内临时展览"中华古桥展"的前期考察工作；参与"园林北京——中华古典园林建筑展"赴澳大利亚展览，室内展以及室外展的展板、文字说明的英文校对工作。

基本动力,面对博物馆管理体制、运行机制的创新,为了实现博物馆科学发展的目标,我们也需要以创新意识来建设博物馆人才队伍。

一、人才队伍建设中面临的主要问题

根据国家文物局博物馆司在2011年的最新抽样调查统计显示,我国近73％的博物馆工作人员的学历不超过大专水平。即使是大学本科以上学历的从业者中,毕业于考古或文博专业的人员也仅占很小的比例。换言之,中国庞大的文物与博物馆行业从业者中只有约四分之一的人拥有全日制大学学历或以上学位,其中毕业于文物、考古或博物馆专业的很少。[①] 特别是对于公立中小型博物馆来说,在现阶段,由于自身在馆藏资源、学术研究、经费等方面并不占优势,吸引和留住一些高学历的博物馆专业人才难度较大。

以我所工作的北京古代建筑博物馆为例,通过对人员情况的粗略统计,在人才队伍方面主要存在以下几方面问题:

1. 缺乏中层干部后备力量。

本馆现有中层干部10人,其中还有2人是双肩挑,平均年龄50岁,且没有一个在40岁之下的。其中,近5年内,有4名同志都面临着退休。这明显地说明了馆内缺乏中层干部的后备力量,急需培养和选拔有能力的年轻干部来填补这一空缺。

2. 专业人才不够全面。

我馆研究生学历1人,占全馆人员的2.7％;本科学历27人,占全馆人员的73％,本科以上学历人员虽然较高,但是毕业于历史、文物考古或博物馆专业的很少,仅有6人,但随着工作经验的积累以及自身的不断努力学习,逐渐在弥补这方面的不足,馆内取得高级职称的3人,取得中级职称的7人,占全部专业技术人员的67％。中级职称中有6人都在40岁以下,涉及的专业不光是文物博物,还有财政税收、档案管理等。不过,我们还应意识到,随着博物馆的

---

① 朱煜宇、黄洋等:《文博行业自己的专业学位教育》,《中国文物报》2011年10月7日第5版。

全方位发展，需要更多的学科知识背景的专业人才，例如计算机、平面设计、市场营销等。以本馆目前的现状来看，仅1人有计算机本科教育的专业背景；仅1人有着文化创意产品开发的工作经验，从事着馆内的文创产品设计与开发工作。

3. 缺少定向培养规划。

随着博物馆事业的发展以及大批老职工的退休，本馆35岁以下人员已增到了14人，大部分为大学刚毕业的学生，缺乏工作经验，专业知识不够扎实，应该针对这类人员进行职业规划，并进行定向培养。目前缺少这种规划，年轻同志得不到全面的培养，不能为自己制定发展目标。

上述问题如果不及时解决，会造成博物馆专业人员与管理者的青黄不接，影响基础业务工作的持续有序开展，影响管理的质量与效率，会使博物馆无法适应新的形势，制约博物馆的全面、可持续发展。

二、以创新思路推动博物馆人才队伍建设

博物馆的人才队伍建设重点在于：一是提高博物馆工作人员的专业素养，其中包括文博、美术、设计、财务、人力资源管理、文秘、消防等与博物馆内各个岗位人员对应的基础知识与技能，还包括计算机、文字、语言、审美、公关协调等通用的技能，并且要适应时代的发展要求，进行知识的更新和人才的交替。二是需要培养既懂业务又善于管理的管理者，只有在精通业务基础上进行有效的管理，才能使得博物馆管理有效，业务得到快速发展。为达成这一目标，在传统主要强调培训、学习的基础上，公立中小型博物馆还可以根据自身的特点与现状，在以下几个方面做出尝试，以创新思路推动博物馆人才队伍建设。

1. 做好博物馆以及人才队伍建设的中长期发展规划

博物馆的人才队伍建设是为博物馆的全面发展而服务的，所以要想做好这项工作，就首先要明确博物馆的发展方向与目标。以博

物馆的发展规划为指导，进而制定人才培养三年或五年规划，明确每年的基本任务以及具体的实施步骤、保障措施等，使人才队伍建设工作有章可循，对于完善、创新干部和专业人才队伍的培养机制，不断提升博物馆干部和专业人才整体素质和能力，改变后备干部和专业人才匮乏、断档的现状，具有重要的作用。

2. 通过事业激励，激发职工的工作热情

管理的基本原理告诉我们，人的工作绩效取决于个人的工作能力和激励水平，其公式是：工作绩效＝工作能力×激励水平。根据这个原理，博物馆人力资源管理的重要环节之一，就是要调动干部职工的积极性，让干部职工的积极性由参与阶段，到出力阶段，再到尽职阶段，最后达到自觉阶段。由此可见，要取得良好的工作绩效，在干部职工提高工作能力的同时，关键是提高激励水平。

3. 做好后备干部储备工作

后备干部队伍建设是领导班子建设的一项基础工作，是培养优秀年轻干部的重要举措，是博物馆各项事业可持续发展的重要保证。如果做不好这项工作，出现干部青黄不接的现象，势必会影响政策执行的延续性，各项工作的有序开展，严重制约了事业的可持续发展。所以我们一定要抓好后备干部队伍建设，培养优秀的年轻干部，激励年轻干部奋发图强，以饱满的热情投入工作，通过学习锻炼，不断提高综合素质和工作能力，高标准严要求地完成好工作，从而形成一支数量充足、结构合理、素质优良，可以随时担当重任的后备干部队伍，因此来保证博物馆的发展活力，推动博物馆持续、健康、稳定发展。

（1）确立后备干部人员，建立后备干部人才库

由领导班子确定后备干部选拔的条件，选拔条件中要兼具硬性指标以及工作能力、思想道德等软指标。对于软指标的要求，可以有具有良好的思想素质和精神状态，事业心和责任感强；敢于创新，真抓实干，执行力强；严于律己，团队协作能力强；善于学习思考等。对于年龄和资历上等硬指标可以有原则上的要求，如具有大学专科以上学历，三年以上博物馆相关工作经历等，但同时要避免论

资排辈的现象，在传统的惯性思维中，一方面承认年轻人有冲劲、有朝气，文化水平高，另一方面又总是带着挑剔的眼光，寻找他们的弱点，认为年轻人爱冲动，办事不够稳重，"嘴上没毛，办事不牢"，对年轻干部求全责备，不信任。其结果必然是打击了年轻干部的积极性，浪费了宝贵的人才资源。在确定人选后，由人事部门负责建立后备干部信息库，包括后备干部简要情况登记表、年度考核材料、民主测评情况、培养和奖惩情况等。

（2）建立培养年轻干部的长效机制

培养年轻干部的目的是为了博物馆的持续发展，而发展是一个相对平衡的稳步增长的过程，需要馆内每一个环节的有效配合，这个有效配合的过程就是各层面上人才以及后备干部们的协作的有效性，并且是检验培养后备干部机制有效性的过程，所以应该建立起培养年轻干部的长效机制。实践证明，长效机制的建立对各项工作的开展是非常重要的。如果没有长效机制，就可能产生因人而异，换一个领导一个思路的现象，既不利于年轻后备干部的培养，更不利于博物馆的长远发展。

一是责任机制。健全完善年轻干部培养责任机制，关键要强化党组织及主要领导同志对培养年轻干部的政治责任，进一步强化培养年轻干部工作：①健全各级领导干部分工负责培养后备干部的制度；②健全领导班子合理配备的有关制度；③健全组织部门对后备干部不同层次实施不同管理的制度；④健全各部门培养教育青年干部的制度；⑤建立健全对培养和选拔优秀年轻干部工作的监督、检查和考核制度。

二是管理机制。建立健全年轻后备干部培养动态管理机制，要坚持能上能下、优胜劣汰的原则，条件成熟时可以及时提拔使用，并鼓励他们参与竞争上岗，保持年轻干部队伍的活力。可以尝试建立健全以下制度：①定期汇报制度，馆领导每年要对所分管的后备干部谈话至少一次，了解他们的思想、工作情况，肯定成绩，指出不足，多鼓励，让后备干部时时自重、自警、自省、自律，达到教育干部、解决问题的目的，帮助解决后备干部认识及工作中的不足，提高综合素质，不断提高解决各种问题的能力。并将谈话内容作为培养考核后备干部的一项重要措施。此外，在日常管理中，要经常了解后备人员思想情况，及时发现各种思想倾向和问题，及时进行帮助教育。对工作和学习中出现的困难，馆领导要及时谈话，帮助分析原因，解决实际困难，鼓励和支持后备干部大胆工作。②群众监督制度。③领导评比制度。④能上能下制度。后备干部队伍既要保持相对稳定，又要实行动态管理。每年根据考核及培养情况，淘汰部分年龄偏大、成长慢、不适应中层领导培养需要的人员，缺位时通过公开选拔方式予以补充。在出现相关问题时可以随时对人员做出相应的调整。

（3）具体措施

1）培训

各部门领导应给予后备人员更多的锻炼机会，支持后备人员培养工作，保障后备人员的学习、培训及锻炼时间。配合上级的安排，积极鼓励与协助年轻干部参加各类专业知识技能以及管理能力等方面培训，并有计划地进行后备干部的轮岗培训。

2）参加馆内重要会议

可以安排后备干部参加馆内的中层干部会及其他指定参加的馆务会，使后备干部掌握博物馆全面的工作进展情况，而不仅仅只是关注自己手头的工作，提高后备干部的信息量及全局观念，掌握博物馆的工作重点，为今后任职积累知识和经验。

4. 根据工作需要引进和培养多方位人才

博物馆的发展需要不同专业门类人才的集思广益才能达到最好的效果。首先，在人员招聘工作中，就要根据博物馆的现状与工作实际，有针对性地引进人才来填补某一方面人员的不足，例如文创产品设计与开发、市场营销等。同时，加强对现有人员专业技能的培养，根据职工自身的意愿以及馆内工作需要，培养既熟悉馆内工作，又具有一定专业技能的人才。

5. 协助刚刚步入工作的职工进行职业规划

对于大部分刚从学校毕业的学生来说，缺乏工作经验，专业知识不够扎实，这就要求单位对其加以协助进行职业规划，帮助其更好地认识自己，在工作中发挥潜力，实现自身的需求与价值，进而更好地推动博物馆的发展。首先，需要帮助他们定位自己的职业生涯目标和发展方向，确定兴趣、能力，让自我与工作匹配。可以召开新老职工的座谈会，从与老员工或专家的交流中，充分了解古建馆的发展历程，以及博物馆特别是自己即将要从事具体岗位的工作特性，并掌握一些实现目标的策略和方法。在实际工作中，采用传统的"传帮带"，指定人员一对一地对新职工的工作给予指导，帮助其解决工作中遇到的困扰，肯定工作中的成绩，并指出不足之处，帮助其完善与进步。同时，不定期地进行谈心交流。刚刚步入社会的年轻人，面对新的状态与环境，或多或少都会有些不适应，通过倾听与交流，了解他们的思想动态，以及日常生活中的烦恼与困难等，帮助他们保持良好的心理状态，更快地适应工作。其次，在职工入职一年后，由职工本人、所在部室领导共同制定职工的职业发展规划，根据规划有的放矢地对职工进行培养，帮助以及监督其完成发展目标。

结语

人作为知识的载体和唯一的拥有者，是博物馆充分发挥文物资源优势和获取精神财富的源泉。在当前具体落实深化文化体制改革的实施方案的良好机遇下，以创新的思路与方式，建立起现代化的和充满生机与活力的科学用人机制，努力改变目前博物馆人员结构现状，建立起一支数量充足、结构合理、素质优良，可以随时担当重任的后备干部队伍；有目的地引进人才，挖掘人才，培养人才，使用人才，使人才队伍建设工作事半功倍；协助刚刚步入工作的职工进行职业规划，帮助职工在工作中实现自身价值的同时，也使其将最大的工作潜能发挥到推动博物馆发展的进程中。通过上述工作，让馆内的职工成长为可用、好用、能用的人才，实现以人才队伍建设为动力，推动博物馆的可持续发展。

参考文献

[1] 王宏钧：《中国博物馆学基础》，上海古籍出版社，2001年。
[2] 国家文物局：《博物馆事业中长期发展规划纲要（2011—2020年）》，2011年。
[3] 赵冬菊：《加强博物馆人才队伍建设的必要性》，《重庆教育学院学报》，第22卷第4期，2009年。

用创新理念推动人物纪念馆的陈列设计

李勤*

陈列展览是人物纪念馆在现代社会中实现教育责任、展现教育意义的主要渠道，习近平总书记提出实现中华民族伟大复兴的"中国梦"，文博工作者要切实担当起实现中华民族伟大复兴、圆中华民族伟大梦想的社会责任和历史使命，用创新理念推动人物纪念馆的陈列设计，创造导向正确、语境丰富、主题突出、观点鲜明的陈列展览，弘扬社会主义核心价值观，推动社会主义文化大发展大繁荣，发挥文化引领风尚、教育人民、服务社会、推动发展的作用。本文就如何创新博物馆的陈列理念、创新陈列设计等，谈谈粗浅的体会。

一、在陈列内容设计中营造展览的感染力

展览的感染力来自于展览的内容设计和形式设计的完美结合。人物纪念馆展览必须首先强调内容设计，以有效挖掘和展示人物精神实质和业绩经历的精髓，使展览具有丰富的思想内涵，符合当下观众的参观需求，有益于推动整个社会的进步发展。

第一，展览要突出主题和灵魂

人物纪念馆展览不能仅仅停留在历史价值层面，满足于对人物经历的叙述而忽视展览主题提炼的重要性，必须认识到展览主题是

---

* 李勤，女，周恩来邓颖超纪念馆，副研究员。

展览的灵魂，展览内容依赖于展览主题的统领。只有更新博物馆展览内容设计理念，提炼充分、立意高尚的主题定位，才能最大限度地反映出人物精神实质，使人物纪念馆展览富于现实意义，有教育性，在陈列内容设计中营造展览的感染力。由于人物纪念馆展览主题提炼不足，长期以来，在陈列内容设计上习惯于将"人物"视同于"人物的一生"，在主题切入角度上采取一刀切的态度：凡是人物展览都以生平总览的方式，一般划分为青少年、成年、中年、老年等几个时间段，不论人物个性特色如何，只懂得从总览人物生平角度入手设立展览主题。这种模式使许多人物纪念馆展览忽略了自身主题提炼工作，也使得展览立意不高，不够深刻，没有充分表明人物独有的贡献、思想和精神，没有突出人物思想和精神对当下社会的现实意义。我馆举办的"党风楷模——周恩来"主题展览内容设计上进行了尝试：紧密结合党风建设，大力弘扬党的光荣传统和优良作风，从思想作风、工作作风、生活作风三个方面突出展现周恩来作为党的光荣传统和优良作风的典范和全党学习的楷模。该展览紧密结合党的中心工作，有深度和新意，时代感强，社会反响强烈，取得了良好的社会效益，充分发挥了周邓纪念馆爱国主义教育基地的作用。

第二，展览要突出重点和亮点

具有把握时代脉搏、准确的展览主题还不够，人物纪念馆陈列应围绕人物主体，筛选材料，设定展示重点，尽显精华，突出人物最重要的经历节点，寻找最能打动观众的展览亮点，从而提高展览的展示效果和感染力。

而一些人物纪念馆展览由于没有抓住和突出人物重要生平节点，在展品基础薄弱和学术支撑不够的情况下，盲目追求展览大而全，展览内容面面俱到，使展览不可避免地流于平铺直叙。整个展览就是对人物年谱的配图作业，将人物相关信息逐条列为展览内容，一张照片配上一段文字说明，从头到尾都是这种叙述格式，单调乏味，对观众缺乏吸引力。其次，一些人物纪念馆展览不注重时代性，没有根据现实需要对人物的业绩、思想、精神进行一次筛选，把利于当下观众理解、利于推动社会发展的人物精神本质和思想成就作为展示要点。展览内容面面俱到和平铺直叙，缺少展示重点和亮点，整个展览缺乏生气,展览的效果就会大打折扣。因此,把握重点,通过特殊艺术手法对人物进行重点烘托和展示,人物立体化,将人物最鲜明的个性和精神展示在观众面前,让观众在较短时间内抓住展览的重点,欣赏到展览的亮点,留下难忘的印象。我们根据"党风楷模——周恩来"展览主题的要求,系统研究馆藏文物、文献史料,在展览中充分体现最新研究成果,努力提高展示内容的学术文化含量,从中挑选出最能表现主题、最具典型性、最具外在、内在表现力的文物、文献史料,让每一张照片、每一件文物、文献都有自己的故事,从而引起社会的关注与共鸣。最后按逻辑关系、时代顺序等拟出具体的内容方案。精心的设计,营造出一个集思想性、学术性、权威性于一体的具有很强吸引力、感染力、震撼力的展览。

第三,展览要注重信息内涵

人物纪念馆展览说明文字中缺少信息内涵,展览说明文字只有展品基本信息,而不注重展品与展览主题的关系,没有说明人物与展品的具体关系,展品没有反映出人物哪方面的品质或业绩,造成展览说明如同普通的文物标签,缺乏有效的信息传达能力。陈列大纲的编写人员虽然对所有展品的来龙去脉大都一清二楚,却不能很好地体谅和考虑普通观众的学识水平和知识构成,把普通观众的认知水平等同于自己的专业认知水平,认为最基本的文物标签式展品说明已足够清晰。寥寥几个字的展品说明,对缺乏背景知识的普通观众来说,实际上很难从中获取足够的信息,得到应有的感悟。

人物纪念馆展览的展品说明文字要注重信息内涵的挖掘和传达,除了介绍展品名称、展品性质等基本信息之外,展品说明文字还需要把展品意义、展品价值、展品用途、展品学术背景等内涵信息融汇进来,阐明展品和展览主题、展览内容的关系,讲述展品背后故事,深入挖掘信息内涵的说明文字,使展品实物不仅限于一幅艺术作品,而是作为一个重要的见证物和信息源,体现出人物的精神。我馆"党风楷模——周恩来"主题展,力求破除陈规,运用多种艺术手法,为主题服务,采用编辑故事、引文、释文、打印稿等多种形式,力求版面统一、和谐、活泼,使主题更鲜明,同时又避免了千篇一律、形式呆板的弊端,实现了思想性与艺术性、教育性与观赏性的完美结合。让观众能理解展品何以成为展览的一部分，它所表达的信息内涵是什么，充分讲述了展品背后的故事。

二、在陈列设计中创造对文物展品的科学保护条件

陈列设计中要充分考虑文物保护环境要求，使文物处于一种相对稳定的环境之中，将温湿度、光线、污染空气等因素对文物的影响降低到最小程度。

第一，对陈列厅的温度、湿度严格控制

温度、湿度对文物的保护有着重要影响，控制好温度、湿度的变化将会延长文物的寿命，否则就会对文物造成意想不到的危害。一般来说，温度控制在15—25℃，相对湿度控制在45%—65%范围内。同时，要注意避免温湿度剧变，气温日较差不得高于2—5℃，相对湿度日波动值不得大于5%。指标在此数值之内缓慢波动，对文物的保护是适宜的。目前，规模较大的人物博物馆一般采用中央空调控制整个建筑空间的温度、湿度，自然陈列展厅大空间环境的温度、湿度得以控制。但文物更多的是陈列在展柜小空间的环境内，因此各展柜的温湿度的变化直接关系到文物的安全，博物馆应尽可能将放置文物的展柜进行密封处理，进一步减少其内部空气对流，这样可对环境温湿度起到缓冲作用，为展柜文物保存提供一个相对稳定的条件。有条件的，还可以在展柜中增加调湿剂调控，从而保障文物的湿度要求。

第二，对陈列厅照明强度要限制

照明设计是陈列艺术设计中的重要组成部分。完美的照明设计不仅可以营造不同的环境氛围，还可以显示展品不同的特性与内涵。然而博物馆的照明设计还必须严格地执行《博物馆照明设计规范》的标准，国家对照度是有明确限制的，必须科学控制陈列厅内的照明强度。对光高敏感的书画、文献书籍、毛纺织品等文物，其照度标准是≤50 Iux。对光敏感的漆器、油画、皮革等文物，其照度标准为≤150 Iux。对光不敏感的铁器、玉石、陶瓷等，其照度标准≤300 Iux。对光高敏感文物的年曝光量标准为12000 Iux，及50 Iux的照

度全年平均 300 天每日曝光 8 小时。对光敏感文物的年曝光标准为 36000 Iux, 及时性 150 Iux 的照度全年 300 天曝光 8 小时。一般来说，适用于博物馆的通用光源主要有荧光灯、白炽灯、金属卤化物灯等，很多光源或多或少含有不同强度的红光外线和紫光外线。因此我们在陈列设计中要妥善地保护文物展品，慎重选择光源，尽可能地使其免受光学辐射的损害。近年来，利用光纤传导性方式照明的冷光源——光导纤维照明开始在陈列中广泛应用，非常适用于全封闭式人工照明的陈列及展柜陈列使用。其最大的特点是，无红外光和紫外光辐射、不导电和不发热，可将光线导向各个不同的地方，安全，使用寿命长。

第三，对陈列厅的微环境要保护

空气污染物对各类文物都会产生损害。这些污染物主要有尘埃、微生物、硫化物、硫氧化物、氮氧化物等空气污染物，在陈列厅与室外空气的交换过程中，它们以飘尘或气体形式分布于大气之中，都会不同程度地进入陈列厅内，对陈列厅内的文物产生缓蚀。此外，气候剧烈变化、空调系统措施不当，造成博物馆微环境温、湿度大幅波动，展柜、储藏柜、囊匣等制作材料及装饰装修材料等散发污染物破坏博物馆微环境空气质量，不同程度地导致陈列厅空气环境的污染，威胁文物的安全，因此控制和改善陈列厅的环境尤为重要。除了固定的基本陈列外，人物纪念馆还会定期举办一定数量的临时陈列。特别是涉及文物展的临时陈列，受资金、场地等因素的影响和限制，多数人物纪念馆临时展厅的展出环境令人堪忧，陈列中的文物展品的科学保护条件还无法一步到位。陈列中创造对文物展品的科学保护，需要博物馆人一代一代完善改进，用科学的理念尽可能阻止或延缓文物的物理和化学性质改变乃至最终劣化，达到长久保存文物的目的。

三、对陈列工作的几点建议

第一，充分发挥文物、资料的作用

文物具有直观、形象、生动的特点，其教育作用和感染力是其他教育手段所难以代替的。因此，要扩大与人物纪念馆相关文物、资料的征集范围，充分发挥文物、资料的作用，使文物、资料的征集、保护和管理走上规范化的轨道。确立文物在人物纪念馆的地位，发挥文物证史、正史和补史作用，为不断推出研究的新成果奠定坚实的物质基础。

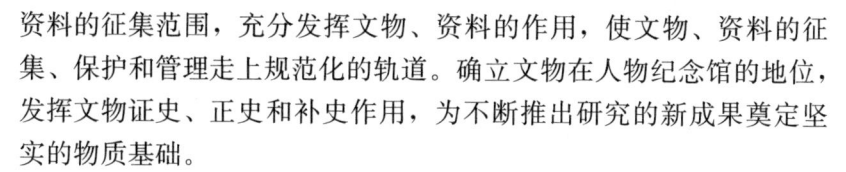

第二，加快开展科研工作

人物纪念馆的研究工作，离不开高校的支持。广泛联系国内高校知名专家学者参与人物及著作的研究。同时在拥有丰富的馆藏文物、资料的基础上，发挥文物保管、专题研究等专业人员的作用，在深入开展陈列研究的同时，加强科研课题的编纂，逐步完善科研制度，加强科研支持力度，推动人物纪念馆陈列工作的有效开展。

第三，提高陈列人员素质

人物纪念馆陈列人员不仅要具有某一领域较深的专业学科知识，同时还要掌握纪念馆工作所需的多种技能，对博物馆学要有所研究，即对文物征集保管、科学研究、陈列展览、宣传教育、信息化建设等环节都要熟悉和掌握。其次，陈列人员还要进一步提高人文知识、艺术修养等综合素质，只有这样，才能在短时间内进入角色，胜任工作。最后，陈列设计人员还需大量地学习和掌握现代科学技术，才能在飞跃发展的陈列艺术展览中处于不败之地。

在实现中华民族伟大复兴目标的进程中，文博工作者要勇于担当，真抓实干，关注社会热点，不断推出具有时代性、针对性和实效性的陈列、展览，充分发挥人物纪念馆在弘扬社会主义核心价值观、传承中华民族优秀传统文化、丰富人民精神文化生活中的重要作用，促进博物馆文化的繁荣和发展，为扎实推进社会主义文化强国建设作出贡献。

参考文献

[1] 苏东海：《人物纪念馆的基本特征是什么》，《中国博物馆》2002年第1期。
[2] 宋向光：《物与识：当代中国博物馆理论与实践辨析》，《中国博物馆》2011年第1期。
[3] 俞文君：《人物纪念馆展览内容设计研究》，复旦大学2010年博士论文。
[4] 周士琦：《陈列艺术与博物馆环境》。

试论体制改革创新与博物馆（纪念馆）可持续发展的关系
——以红岩革命历史博物馆为例

廖仁武[*]

江泽民同志曾说过："创新是一个民族的灵魂，是一个国家兴旺发达的不竭动力，也是一个政党永葆生机的源泉。"这句话的内涵同样适用于博物馆、纪念馆的发展问题。本文也是想通过真实的案例研究找到体制上的改革创新与博物馆（纪念馆）可持续发展上的契合点，让博物馆（纪念馆）这种文化类的事业单位能够在改革创新精神的驱动下获得更好的发展。当然，要达到这样的目的，笔者将在人才培养、历史文物研究、社会教育、公共文化建设、红色旅游、文化事业和产业发展及科研能力等多方面进行论证，更加全面地展现体制改革创新的力量，尤其是体制改革创新为博物馆（纪念馆）的发展所带来的强大驱动力。以期激励更多的博物馆、纪念馆、陈列馆、文化馆等文化系统的单位都能够进行体制上的改革创新，推动文化单位的可持续发展。

在梳理并剖析了重庆红岩革命纪念馆的体制改革创新发展脉络之后，笔者真切地感受到了体制创新对博物馆（纪念馆）的发展所

---

[*] 廖仁武，男，出生于1991年10月，共青团员。2014年6月毕业于重庆师范大学，新闻专业，本科学历，获文学学士学位。2013—2014年在重庆尧宸文化传播有限公司任采编（腾讯·大渝网的战略合作单位）。2014年6月进入重庆红岩革命历史博物馆工作，在社会教育工作部从事新闻编辑工作。以撰写新闻稿件、活动方案、总结报告等见长。

产生的深刻影响，并将湖南省博物馆的改革创新作为类似案例研究加以辅助证明。结果表明，体制改革创新极大地推动了博物馆（纪念馆）的发展。

一、创新发展案例介绍

（一）背景介绍

重庆市于2003年被确定为全国首批文化体制改革综合性试点地区。作为战时首都，重庆拥有丰富的革命历史文化资源，然而在资源各自分散的状态下，无法充分发挥它们的研究和利用价值，更无法做好历史学习与文化传扬的工作。

（二）体制改革创新过程回溯

体制改革创新后，重庆红岩革命历史博物馆又称为重庆红岩联线文化发展管理中心，成为具有企事业双重性质的文博单位，形成了企事业并存发展的局面。在政事归属上，为重庆市文化委员会进行业务指导的正厅级事业单位，重庆红岩联线文化发展管理中心于2007年1月19日正式挂牌成立。同时，保留重庆红岩革命纪念馆、重庆歌乐山革命纪念馆牌子，后来又增加了中国民主党派历史陈列馆。至此，重庆红岩革命历史博物馆就成为了"三馆合一"[①]的大博物馆，也借此跻身于国家级博物馆行列。此外，还整合全市42处重要的红色革命遗址和旅游景点，使之"联点成线"，将红岩革命历史博物馆打造成文博和红色旅游并重的文化集团。

（三）体制改革创新成果

在企业经营方面，整合老公司，成立新公司，紧跟互联网发展潮流，成立红村网络公司，打造红色旅游和红色文化教育的网络基

---

① "三馆合一"：重庆红岩革命历史博物馆成立于2007年，由红岩革命纪念馆、歌乐山革命纪念馆、中国民主党派历史陈列馆三大主体馆组成，故称"三馆合一"。

地。近 10 个涉及展览展示、文化传播、装饰设计、红色旅游、文化实业开发等诸多领域的公司组成了红岩文化产业集团。[①]

如此一来，便带来了诸多好处。一是盘活了红色革命历史和旅游文化资源，为后续的历史文化研究和旅游开发提供了素材；二是壮大了红色文化和红色旅游产业，活跃了市场经济；三是增加了博物馆的收入，提升了干部职工的福利待遇，激发了干部职工的工作动力，有利于博物馆的长远发展。这诸多的改革创新成果可以从以下几个方面来介绍：

1. 人才培养

红岩革命历史博物馆本属于文博类的县处级事业单位，但在体制改革创新之后，在级别上提升成为了厅局级事业单位，职工的福利待遇也跟着提升一个档次，这显然提升了博物馆对人才的吸引力，本科生、研究生甚至是博士生都会争相进入其中。

此外，由公司组成的产业集团的广大干部职工便是企业身份，他们会与公司签订受到法律严格保护的劳动合同，而且公司实行股份制，[②] 员工可以作为公司的股东，大家共担风险，但也能共分红利，这也能在较大程度上吸引人才，提升企业的整体人才水平，壮大公司的软实力，增强市场竞争能力，随之而来的便是更加可观的企业收入和个人收入。

如此一来，同样作为博物馆的事业编制的职工也能够分享企业发展所带来的红利，无疑将进一步吸引人才，逐年增长的企业收入也能够更多地被用于加强人才培养，获得更高水平的专业技术人才和管理人才。

[①] 红岩文化产业集团：重庆红岩文化产业（集团）有限公司依托红岩联线文化发展管理中心（红岩革命历史博物馆），成立于 2010 年 12 月 31 日，由重庆市京剧团有限责任公司、重庆市话剧团有限责任公司、重庆鼎原展览展示设计有限公司、重庆亿典文化传播有限责任公司、重庆立阳红色旅游景区服务有限公司、重庆歌乐山文化实业开发公司、重庆红岩旅行社、重庆红岩魂展演艺术团有限公司 8 家子公司组建而成。产业主要涉及文化旅游、展览展示、文艺演出、影视制作、教育培训、文创产品等。

[②] 股份制：股份制亦称"**股份经济**"，是指以入股方式把分散的属于不同人所有的生产要素集中起来，统一使用，合理经营，自负盈亏，按股分红的一种经济组织形式。也是企业财产所有制的一种形式。

2. 历史文物研究

其实这方面的工作仍然得益于红岩革命历史博物馆在体制改革创新之后整体收入的不断增长。历史文物研究是博物馆、纪念馆等文博单位的重要职责，与历史文物研究相关的文物探测、挖掘、保存及利用等环节都需要足够的经费作为保障。在国家对历史文化保护越来越重视的情况下，文博类单位的财政收入必然会逐步增加，再加上博物馆所属的企业收入的不断增长，能够为历史文物研究提供足够的经费。相比那些单靠国家财政拨款的文博类机关事业单位来讲，在一定程度上还能够为国家减轻负担，更好地造福社会。

3. 社会教育

博物馆、纪念馆、陈列馆等文博类单位和场所，天然就承担着文化宣传和社会教育的职能。这些场所里陈列着先辈留下的革命历史和文化遗产，如何将它们研究透彻，然后通过有效的社会宣传和教育让子孙后代能够了解它们，传承它们，是一个永恒不变的议题。红岩革命历史博物馆因其特殊的历史和现实地位，使其非常重视社会教育。

据红岩革命历史博物馆社会教育工作部的统计，自2010年至2014年，社会教育活动场次呈现急剧递增的趋势。另一方面，红岩文化产业集团的成立，也使得红岩革命历史博物馆的社会教育活动更加丰富多彩。

2014年，包括博物馆在内的所有旅游参观接待点全年接待观众629万人次，同比增长5.5%；开展"红岩讲解进课堂"、"小小讲解员"等特色教育活动300余场；建立了适宜不同年龄阶段的博物馆青少年教育课程项目、体验活动项目库，完成"博物馆青少年教育功能试点"申报工作，获得国家文物局审批。

坚持"引进来"与"走出去"相结合，2014年，红岩革命历史博物馆组建红岩故事宣讲队，赴西藏、涪陵、万州等地的学校、社区和部队开展宣讲活动43场；创建红岩班、周恩来班各1个，还在西藏昌都创建了第一个市外红岩文化室。

4. 社会教育与公共文化建设

红岩革命历史博物馆自2008年开始实行免费对外开放，摒弃了以往那种单靠入馆门票维持收入的旧体制、旧思维、旧模式。虽然造成了门票收入的消失，但由此也使得游客数量成倍增长，这就使得游客在景区景点的消费大大增加，门票收入完全可以在其他方面得到弥补，甚至其他方面的收入远远超过以往的门票收入。再加上体制改革创新之后，红岩文化产业集团下属的公司的经营收入也尤为可观，由此可形成职工福利待遇提升，对人才的吸引力增强连锁反应。

5. 红色旅游及文化事业和产业发展

红岩革命历史博物馆的发展很大程度上得益于体制改革创新之后产业集团的发展壮大。红岩文化产业集团自 2010 年底成立以来，已逐步成长为具有红岩品牌效应，富有影响力的综合性文化产业集团。

坚持以文化旅游、展览展示、文艺演出、影视制作、教育培训、文创产品等文化产业作为立足和发展之根本，积极倡导与企业共谋发展，与员工共谋富裕。企业实行股份制，使企业的利益与员工利益紧密相连，提升员工的积极性，更好地为公司和产业集团的发展壮大贡献力量。

2014 年，红岩连线强化文化与科技融合，竭力打造数字红岩，自主研发手机 APP、手机网站、微信平台、PC 网站语音导览系统，并应用到红岩旅游景区，为观众免费

提供个性化旅游服务。此外，红岩连线还完成了红村网建设，努力创建中国第一个智慧型爱国主义教育基地、第一个红色文化云服务平台、第一个效益型红色全媒体网媒集团和第一个红色文化特色产业电商模式。

据了解，今年红岩连线将实施"三网合一"，对连线门户网站、特园网站、红村网站进行全面改版升级，并着力推进白公馆"中国红村互动体验店"、白公馆"3D 画廊"、"7D 互动影院"、全球首个 3D 红色科普体验馆等项目；引入 3D 与云技术，实现全媒体协作的云传播、云互动和云服务。

2014 年开始，红岩连线以中山四路和沙滨路为纽带，以周公馆、桂园、中国民主党派历史陈列馆、李子坝抗战遗址公园、红岩村、磁器口古镇和歌乐山景区群为核心，与渝中区、沙坪坝区共同启动了国家 5A 级旅游景区创建工作，努力将红色旅游与都市旅游、古色

旅游深度融合，整体规划，促进"一带"提升，带动"两区"发展，助推都市功能核心区建设。

这一系列的发展动态无不见证着红岩革命历史博物馆红色旅游及文化事业和产业的持续发展。

6. 科研能力

科研能力的提升得益于人才队伍水平的提升，人才队伍水平的提升得益于单位对外人才吸引力的提升，对人才吸引力的提升很大程度上又得益于单位福利待遇的提升，但说到底，这一切都得益于单位经济效益的提升。

随着体制改革创新的进行，红岩革命历史博物馆吸引了越来越多的高水平科研人才，不仅有本科生，还有研究生、博士生的加入，很多本地高校的外省生源学生都愿意进入其中，充分发挥自己的专长，从而壮大了科研队伍，提升了科研人才水平，也极大地提升了科研工作成果，无论是数量还是质量都相当可观。

2014年，红岩革命历史博物馆共完成科研成果153项，同比增长50%。推进研究课题5个，结题3个。新增重庆市哲学社会科学重大课题3项，同时还出版了《红岩精神与群众路线教育故事读本》等一批图书和画册。对于一个厅局级的事业单位来讲，这样的成绩是殊为不易的。

二、类似案例研究——湖南省博物馆体制机制改革创新的个案研究

笔者研究了国家文物局"中国博物馆管理体制机制改革研究"课题组所撰写的《博物馆管理机制创新——湖南省博物馆的个案研究》①一文。这篇文章专门对湖南省博物馆计划经济时代与市场经济时代两个不同历史阶段的发展情况进行了对比，再次看到了体制机制的改革创新为博物馆的发展所带来的巨大效应。

---

① 文章出自文物出版社2010年10月出版的，由国家文物局博物馆与社会文物司编撰的《新形势下博物馆工作实践与思考》一书。

（一）体制机制改革创新回溯

1. 计划经济时代发展状况

计划经济时代，博物馆的功能基本上就是配合党和政府的工作。要做一个展览需经过上级批准，所有展览要提供大纲、设计方案，上级对大纲和设计方案反复修改，最后的定稿与初稿相比，往往是面目全非。此外，博物馆的人事权和财政权更是死死掌控在政府手中。博物馆作为文化承载中心本应面向社会大众，而计划经济时代它却对应上级政府管理部门，成为政府的延伸。

2. 市场经济时代体制机制改革创新

改革开放之后，中国掀起了社会主义市场经济的发展浪潮，各种配套改革如火如荼。在市场经济体制下，政府对博物馆的管理从微观转向宏观。

（二）系列改革创新举措详解

1. "人无我有"——打造特色博物馆

充分了解全国和本省博物馆馆藏资源的基本情况，利用自身拥有的马王堆[①]馆藏资源打造"人无我有"的以马王堆为核心的公共文化产品的特色博物馆。

2. 敢为人先——大胆实施组织设计及人事制度改革

湖南省博物馆在20世纪50年代建馆之后的很长一段时间里，在机构设置上沿用苏联的"三部一室"模式，即保管部、陈列部、

---

① "马王堆"：马王堆汉墓是西汉初期长沙国丞相利苍及其家属的墓葬，位于中国中部湖南省的长沙市。1972—1974年，考古工作者在这里先后发掘了3座西汉时期墓葬。墓葬的结构宏伟复杂，椁室构筑在墓坑底部，由三椁、三棺及垫木所组成。木棺四周及其上部填有木炭，木炭外又用白膏泥填塞封固。墓葬内的随葬品十分丰富，共出土丝织品、帛书、帛画、漆器、陶器、竹简、印章、封泥、竹木器、农畜产品、中草药等遗物3000余件。此外，墓葬中还出土有保存完好的女尸1具以及中国迄今所能见到的最早的方剂书籍帛书《五十二病方》。马王堆汉墓的发现，为研究汉代初期埋葬制度、手工业和科技的发展及长沙国的历史、文化和社会生活等方面提供了重要资料。

群工部和办公室。这种设置中的博物馆完全没有自主权，核心业务也不突出，不是以市场和观众为导向，而是以藏品为中心。在市场经济体制下，这种模式不适合博物馆的发展。

于是，湖南省博物馆在2002年、2005年分别进行了内设机构改革，积极推动内设机构由行政科层向专业序列转变。先是将内设机构从前苏联的"三部一室"制调整为文物征集、鉴定、报关、研究、陈列设计于一体的"一条龙"模式，建立起以项目为导向的组织结构，基本上所有的展览都以项目的形式运行，减少了内设机构设置的层级，突出结构的扁平化设计。每一个项目都由专业小组分工合作，共同完成，这样便保证了效率、质量和收益。

在即将实施的下一轮改革中，湖南省博物馆将进一步建立起以业务为核心的大部制，以实现运转高效、协调有序、职责权限清晰为目标。通过部门划分进一步理顺工作机制，明确职能划分，减少跨部门工作协调，解决管理机制过于扁平化、效率低下等问题。具体设置如下图。

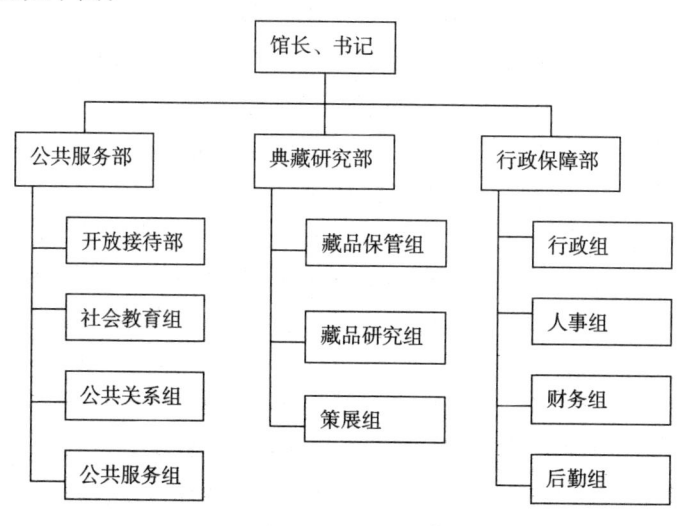

大部制组织结构图①

---

① 图片来源：《博物馆管理机制创新——湖南省博物馆的个案研究》，《新形势下博物馆工作与实践思考》）

3. 盘活组织人力资源，由身份管理转向岗位管理

湖南省博物馆在人力资源管理方面做了许多探索，推行岗位聘用（任）制、职称（务）评聘分开制，允许同级同聘、高职低聘、低职高聘、只评不聘，建立起职务能上能下、待遇能高能低的用人机制。实行了研究馆员业务主管制，在博物馆学、青铜文物、简帛书画文物、古陶瓷文物、民族民俗文物、近现代文物六个专业领域设置研究馆员（即国外博物馆的curator）职位竞聘上岗，负责该业务领域的工作。

与此同时，湖南省博物馆还推进以岗位结构工资为主的多元化分配方式的改革。使职工收入体现"效率优先，兼顾公平"的原则，实现按岗定酬、按任务定酬、按业绩定酬的分配方式，将职工的工资收入与岗位职责、工作业绩、实际贡献以及成果转化中产生的社会效益和经济效益直接挂钩，逐步形成了重实绩、重贡献，向优秀人才和关键岗位倾斜的收入分配激励机制。

4. 创新内容、手段和形式，增强博物馆教育功能

在社会教育方面，湖南省博物馆长期坚持发挥博物馆的社会教育功能。面向普通公众，主要的教育服务就是导览。针对在校学生，不定期举办讲座，并针对学校专门设计教学课程。此外，湖南省博物馆还注意积极动员，发挥教育界领导和老师的作用。为进一步发挥湖南省博物馆的社会教育功能，更密切地与老师，特别是课程指导老师联系，鼓励教师参与，支持博物馆事业，湖南省博物馆于2006年7月与长沙市教育科学研究院中学历史教师联合会首次合作，成立了"长沙市中学历史教师沙龙"，现已招募会员30人。这些会员都是历史教研员，对博物馆的历史文化非常感兴趣。他们积极支持博物馆的事业发展，以传播历史文化知识和社会教育理念为己任。针对沙龙会员，湖南省博物馆组织丰富多彩的活动，以回馈这些沙龙会员对博物馆事业作出的贡献。

5. 与媒体加强合作，提高营销能力

湖南省博物馆充分利用媒体的宣传推广作用，与湖南卫视、经视、《长沙晚报》、《潇湘晨报》、湖南红网等重要媒体建立战略合作

关系，这些媒体长期对博物馆的形象推广和临时展销给予无偿大力支持，通过大众传媒的强力造势，为博物馆集聚了极高的人气，扩大了社会影响力，获得了良好的社会效益和经济效益。

6. 开源节流，开发博物馆文化产品

湖南省博物馆馆属文化发展中心充分利用"马王堆"历史文化资源，挖掘马王堆出土文物的文化价值，确立了开发系列文化产品的研发思路，开发自研商品。从当初的十余种发展到目前的六十余种，并逐渐形成系列。

7. 多方参与管理，建立高级会员制并广泛招募志愿者

为吸引更多的文物爱好者，使公众进一步了解博物馆，湖南省博物馆借鉴国外的一些成功经验，于2005年4月推出了会员制度，截至2007年12月共招募普通会员3736人，高级会员55人。针对不同类别的会员，湖南省博物馆开展了大量的会员活动。

在志愿者队伍建设方面，湖南省博物馆于2010年10月重新对外招募志愿者，五年来，志愿者队伍不断扩充并逐渐形成规模，据统计，共有1000余人参与了志愿服务，人员结构也由在校大学生的单一群体发展为由在校学生（包括中小学生和大学生）、在职工作者和退休老人等组成的综合性群体。

（三）案例总结

通过对类似案例湖南省博物馆的改革创新举措及其所取得的系列成就的分析研究，笔者发现了上文两个案例中，湖南省博物馆与红岩革命历史博物馆之间的相同相似点：

一是进行体制改革创新的背景相似，都是在市场经济体制下，博物馆的存在由政府的延伸逐步转为面向社会大众提供公共文化服务的转型期开始进行大胆改革。

二是体制改革创新所涉及的内容相似。红岩革命历史博物馆与湖南省博物馆的体制改革创新都涉及了人才培养、管理机制、薪酬分配、社会教育、媒体合作、文化产业发展等方面的内容。

三是体制改革创新的力度空前，内容宽泛，成效显著。两者都通过体制改革创新而成功爬升,红岩革命历史博物馆通过体制改革创新成为了厅局级事业单位,还晋升为国家级博物馆,"红岩精神"也随之成为了同"井冈山精神"、"红军长征精神"、"延安精神"并列的民族精神,实为不易。湖南省博物馆通过体制改革创新使自身从一个默默无闻的中部省馆一跃成为驰名中外的特色博物馆,也殊为难能可贵。

结语

"科学发展观"的第一要义是"发展"。只有科学的改革创新才能支撑"发展",只有不断发展,才能保障"可持续"。红岩革命历史博物馆和湖南省博物馆的改革创新案例充分表明,博物馆、纪念馆、陈列馆及文化馆等颇具公益性的文化单位,绝不能墨守成规,仅仅充当政府的机体延伸,这样做不可能发展壮大。必须要秉持改革创新精神,在坚持公益性质的前提下,大胆进行改革创新,走市场化道路,实现企事业并存发展的良好局面,在发展的过程中注意观察市场动向,及时调整发展策略和方向,保证发展的可持续性。

参考文献

[1]《弘扬红岩精神,稳步开拓创新,重庆红岩连线全力打造红岩升级版》,华龙网,2015,03(10)http://cq.cqnews.net/cqqx/html/2015-03/10/content_33651020.htm

[2] 国家文物局博物馆与社会文物司:《博物馆管理机制创新——湖南省博物馆的个案研究》,《新形势下博物馆工作与实践思考》,文物出版社,2010年10月,第138~160页。

[3] 赵喆人:《中国国有博物馆管理体制改革研究》,上海交通大学2009年硕士论文,第27~31页。

[4] 程存洁、倪根金:《博物馆、文化遗产与教育》,中国农业出版社,2013年,第25~29页。

[5] 姚安:《博物馆策展实践》,科学出版社,2010年5月。

"融合式发展"引领博物馆开辟创新发展新天地
——以河南博物院为例

丁福利*

"融合式发展"的理念在我国的大力倡导和实际推行，最早始于2007年中共十七大报告对新时期国防建设的战略定位，指的是"军民融合式发展"。要求变国防建设和国民经济建设各自发展的原有格局，为二者交融、良性互动的新格局，促进国防领域和民用领域科技成果、人才、资金、信息等要素交流融合，形成国民经济对国防建设的强大支撑力，国防科技对国民经济尤其是高技术产业发展的强大牵引力。这是我国国防建设乃至国家建设理论的重大创新成果，对于落实科学发展观，指导开创我国国防建设新局面，促进经济社会又好又快地发展，具有重大理论价值。这里所说的"融合"，是指把两种以上不同事物合为一体，使其经过整合以后比单一事物发挥更高的价值和更强大的效能。近十年来，这一重大理论和发展理念的导入，为我国的国防建设乃至城市建设、媒体运营等社会发展的诸多方面带来了巨大变化。而对于博物馆人来说，"融合式发展"今天似乎还是个刚刚开始热议的新鲜词。但河南博物院大力尝试、导

---

* 丁福利，河南博物院副院长，文博研究员。兼任中国博物馆协会市场推广与公共关系专业委员会以及社会教育、文创产品等专业委员会副主任，中国科技大学、郑州大学文博专业硕士研究生导师，河南省社会科学联合会所属学会核心专家学者。

入这一发展理念,并激发活力,从中受益,却已经有几年的历史。他们的实践表明,"融合式发展"也是当今我国博物馆创新发展的一条崭新路径。

"纸文化"系列课程在河南博物院郑州
四中院外历史教室开讲

"百年风尚——旗袍与时装艺术展"
开幕式上的旗袍秀之一

一、"融合式发展"催生原创展陈新气象

"融合式发展"理念使河南博物院几年间催生了一批叫响全国并深刻影响社会的原创精品展陈。

案例一:"匈奴与中原——文明的碰撞与交融展"

该展览最初由河南博物院发起并联合内蒙古博物院、宁夏博物馆、甘肃博物馆及河南华夏尚古艺术创意产业有限公司共同主办,经6年筹备于2012年4月17日至5月27日在河南博物院首展。本次展览运作最大的创新突破和亮点,在于实现了文博界与美术界、文物展品与油画作品之间的历史性跨界融合。采取将文物精品与历史题材大型油画组合、交互展示的方式,将28幅来自河南尚古艺术机构签约画家创作的大型历史油画作品,与130多件(套)来自河南、内蒙古、宁夏、甘肃等省的馆藏文物整合展出。使得油画与文物相辅相成,文物作为历史的有力佐证,油画则将文物背后的精彩信息和故事予以鲜活呈现,产生了强大的视觉与心灵冲击力。加上配合展览精心策划、推出的一系列观众可以全程参与的互动教育活动,深深地打动了中原观众。随后,该展览在内蒙古博物院、鄂尔多斯博物馆、中华世纪坛世界艺术馆、安徽博物院等多地依次巡展,均获得广泛关注与高度赞赏。其中在中华世纪坛世界艺术馆巡展时馆长王立梅盛赞,"匈奴与中原"展开创了文物与艺术创作相结合的展览形式,用油画生动再现历史文物的内涵,用文物真实佐证油画和历史的内容,使展览更具观赏性。国家文物局副局长、中国博协理事长宋新潮先生闻讯后,于2013年国际博物馆日前夕的5月16日专程来到中华世纪坛世界艺术馆"匈奴与中原"巡展现场考察,在充分肯定展览创新的同时,还欣然以此为主题,向首都文博界代表以及各界观众代表作了一场精彩的公益报告。

案例二:"鼎盛中华——中国鼎文化展"

该展览由河南博物院与北京大学考古文博学院共同发起,并联合故宫博物院、上海博物馆、中国社科院考古所等全国18家文博单位共同主办,由北大资源集团等三家相关企业协办,历时两年多的

筹备，于2013年9月27日至2014年1月5日在河南博物院推出。该展览共展出历代各种材质的鼎文物139件，呈现了鼎的发展历程，展示了鼎的丰富文化内涵与精神特质。该展览已于2014年5月18日荣获全国博物馆年度十大陈列展览精品奖，开创了短期原创展览入选全国博物馆年度十大陈列展览精品奖的先例。该展览的成功秘籍依然是"融合式发展"思维。可以说是在展览全部流程运作的纵向的与横向的各关键环节，围绕达到最优化目标，最大限度地面向全国，促成了博物馆与博物馆、博物馆与其他收藏机构、博物馆与高校、博物馆与企业、博物馆与媒体以及博物馆内部陈列、社教、文创、信息等多方面、多层次的有机、交叉融合，形成了全方位、立体化、持续性的覆盖中原、辐射全国的整合优势影响力。诚如国家文物局博物馆司司长段勇在展览开幕式致词中评价："这次展览整合了国内近20家文博单位139件重要文物，馆校之间学术互助，馆际之间资源共享，在丰富的文物资料和严谨的学术研究基础上，以实物展览为主体，以图片（巡回全国）展览为辅助，虚拟展览为延伸，学术讲座和文创设计大赛为深化，多层次、多角度地解释了鼎的内涵和精神价值，呈现给观众一场视觉冲击力、艺术感染力和学术渗透力的文化盛宴，策展理念值得借鉴，办展模式值得推广。"

案例三："百年风尚——旗袍与时装艺术展"

该展览由河南博物院与中国丝绸博物馆联合主办，由河南省形象文化协会与河南万奎创意传媒文化咨询有限公司共同承办，历经近两年的筹备，于2015年1月26日至3月26日在河南博物院推出。展览汇集了来自中国丝绸博物馆和一些私人藏家及优秀服装设计师的132件（套）服装及相关背景实物，集中展示旗袍的百年流变和现代时装的独特魅力。作为旗袍与时装（夏装）艺术类展览，虽然本次展览推出的时间节点为隆冬时节不占优势，但依然观者如云，好评如潮，展出收到的效果大大超出预期。

成功的秘籍还是"融合式发展"思维。只不过这一次推动"融合"的着重点是观念，即借助本次展览大胆地将"传统"与"时尚"两个看似相对的概念进行有机融合，引导公众摒弃"博物馆是老古董"的偏见，树立起"博物馆也时尚"的新观念。从而令博物馆在

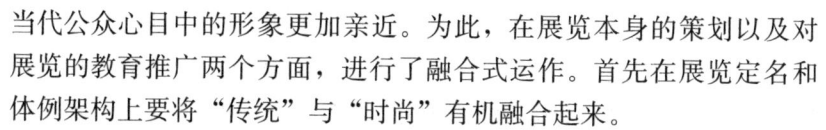

当代公众心目中的形象更加亲近。为此，在展览本身的策划以及对展览的教育推广两个方面，进行了融合式运作。首先在展览定名和体例架构上要将"传统"与"时尚"有机融合起来。

为此，几经推敲，将展览定名为"百年风尚——旗袍与时装艺术展"，并将展览划分为"百年旗袍"和"当代时装艺术"两个部分。这样就很好地昭示了旗袍与当代时装艺术的传承与创新不可分割的关系，表明了博物馆收藏与展示古今时尚，均是其顺理成章的天职。在展示方式上，将旗袍传统工艺中的手绘、手绣、印花、盘扣、缝珠、镶边等工艺运用到当代服饰上，使当代时装艺术融入了许多旗袍元素，实现了"时尚"与"古典"、中国旗袍元素与欧洲晚礼服元素的完美融合。更大胆的举措则是在开幕式及展期内"三八节"互动教育活动的组织中，与中华旗袍会、旗袍会中国总部等社会相关专业机构相融合，在博物馆内举办了两场国内一流水平的旗袍T台秀展演，使展厅里静态的展示与T台上的动态展演交相辉映，水乳交融，令公众与媒体大喜过望，惊呼"意外"。加之展览全过程中多种教育推广活动与展览现场的多平台、多层次融合、推进，本次展览取得了河南博物院历史上同期观众量、社会关注度及美誉度等多项突破。在2015年3月22日河南博物院举办的"博物馆融合式发展——传统与时尚"座谈会上，中国丝绸博物馆馆长赵丰、甘肃博物馆馆长俄军以及九三学社中央组织部部长杨玲等来自全国的策展专家对本次展览的融合式运作理念及其显著成效，均给予了高度评价。

二、"融合式发展"开创"历史教室"连锁化大格局

"融合式发展"理念使河南博物院的社会教育服务实现了许多历史性跨越，尤其是使其历史教室教育项目开创了"连锁化"发展的大格局。

河南博物院历史教室创立于2009年11月，位于该院主展馆三层一角，面积200多平方米。系根据当时该院作为全国博物馆"三贴近"试点的总体要求和国际上"体验式"博物馆教育发展趋势而

开设，定位于"陈列展览的延伸，互动教育的平台"。是国内开设较早、观众体验博物馆文化的专属互动空间。开设有"文物保护观摩实验类"、"博物馆学程类"、"传统文化类"、"传统节日类"四大板块50多个教育子项目。新颖的博物馆教育服务形式吸引了成倍增长的参与者特别是孩子们，使有限的空间总是处于满负荷甚至超负荷状态。前四年平均每年500多场次也远未能满足观众参与需求。

面对发展瓶颈，河南博物院人用"融合式发展"思维理出了全新的思路：寻求与教育部门和公共图书馆的"融合"发展，大胆借鉴"连锁经营"的商业模式，对成功的历史教室教育项目进行公益性的连锁式复制与推广，让河南博物院的历史教室像麦当劳、肯德基一样，不断地落户到学校、公共图书馆等大千世界，使历史教室原本有限的教育服务空间得到无限的拓展。2014年6月1日，河南博物院历史教室创立5周年之际，其首批两个院外历史教室同时在郑州四中和河南省少年儿童图书馆建成开放，形成了院内外3个历史教室"三足鼎立"，在河南博物院主导下，同步开展教育服务活动的连锁化发展大格局。这一年，3个历史教室共计开展教育服务活动800多场次，使得历史教室5年累计开展活动达到2800多场次，直接参与、受益观众达12万人次以上。在首批两个院外历史教室的示范效应下，社会有关方面特别是教育部门申请开设河南博物院历史教室分部的积极性急剧升温。根据目前规划，未来两年历史教室将达到院内1个，院外9个；5年内院外历史教室将有望达到20—30个；未来将会有N个院外历史教室不仅落户河南省会，还将布局中原，走向全国。最终成为国际博物馆大家族中的第一个真正意义上的博物馆教育连锁机构。

河南博物院历史教室的发展模式得到了社会各有关方面的高度关注和肯定。中央和地方媒体报道200余次（不含转载、重播及新媒体推送）；2014年还先后被国家文物局确定为"完善博物馆青少年教育功能试点"单位，被中国博物馆协会评为"首届中国博物馆教育项目优秀示范案例"。

三、"融合式发展"引领"华夏古乐"走向世界

作为华夏文明的重要发源地及其数千年演进的核心区域，华夏古代音乐在河南的起源和发展，犹如一条中国音乐历史的长河，一部中国音乐史的缩影，从细流涓涓到波澜壮阔，为今天的中原大地留下了最为丰厚的华夏古乐遗产。就河南博物院来讲，这里收藏的中国古代音乐文物数量之多，品类之全，源头之久远，时代之蝉联，均为全国罕见。正因为如此，如何创新对这些音乐文物的陈列形式，复活大量音乐考古成果，探索中华非物质文化传承新途径，让华夏音乐文明从古老的史书、文献中，从锈迹斑斑的文物中走出来，变成穿越历史时空的美妙乐音，鲜活而富有生命力的乐舞形象，给观众带来心灵深处的感动与震撼，就成为摆在河南博物院人面前的一个必须面对和破解的重大课题。为此，2000年3月，"河南博物院华夏古乐团"应运而生了。

14年来，华夏古乐团不仅立足河南博物院这方舞台，累计为四海宾朋解读音乐文物、进行华夏古乐展演12000余场次，近些年更频频推出不同主题的华夏古乐专体音乐会、知音会、情景剧，令中原各界尽享华夏古乐的文化盛宴；还不断地应邀走出博物院，走向社区、校园，走向全国各地，并大步迈向海外多地国际舞台，展演华夏古乐的风采、中华优秀传统文化的恒久魅力。2010年，华夏古乐以物质文化与非物质文化融合式展演的方式，进军我国最高舞台艺术殿堂——中国国家大剧院，实现了中国博物馆历史上"零"的突破，且至今仍保持着"唯一"的纪录；同年夏，华夏古乐在上海世博会上向世界各国嘉宾亮相；2011年，华夏古乐迈向最高学府，进入北大百年讲堂；2013年元月，受文化部派遣，赴美国三个州五座城市的近十所大学进行巡演；根据中韩两国元首会见时签署的"中韩人文交流合作项目"，华夏古乐团与韩国国乐院达成长期战略合作，并于2014年3月、2015年3月两度赴韩国国乐院演出，并受到该国领导人亲切接见；还在敦煌联合召开了"国际音乐考古学术会议"。在东南亚、在港澳台、在中东、在东欧，到处都留下了河南

博物院华夏古乐团活跃的身影。还有更多的国家和地区在期待着他们的莅临。如今的华夏古乐团，不仅是河南博物院最具特色的开放服务、社会教育的品牌，还是国家对外文化交流的一张"靓名片"。近年来，在全国博物馆系统古乐团业务研究和成果转化实践中排名为冠；华夏古乐的剧照曾大幅呈现于中央电视台、《人民日报》海外版等海内外知名媒体；在2014年中国博协组织的"首届中国博物馆教育项目优秀示范案例"评选中，更是少有的全票通过入选项目之一。

解读华夏古乐一路辉煌背后的原因，"融合式发展"理念在研发、推介、展演各环节的整合推进效应当为首要因素。可以说，十多年来尤其近些年不同发展阶段的无数次突破和跨越，都是河南博物院主导并与全国多界别、多学科的相关机构、专家、同仁相互融合发展、多方共赢的结果。

表现一：研发。华夏古乐团定位以尊重历史、复原历史的科学、严谨态度为发展的基石。这就必须对中原地区古代乐器、古代乐曲和历代服饰组织多角度、学术性的研发和探索，同时还需要得到国内音乐考古界的鼎力支持和帮助，并与各大音乐学院和音乐研究机构建立广泛、深入的业务联系，始终保持古乐团高层次、学术性定位的理论与专业支持。而这些，博物院单凭自身力量做不到，但通过开放合作相互"融合"共赢做到了。

表现二：复原。华夏古乐的乐器和服饰复原是考古研究成果的实验与再现。华夏古乐的曲目乐谱是在古代乐谱、古琴谱的基础上，由国内多位著名音乐考古、史学、乐学专家共同合作创编、配译的。对古代服饰的复原，是由考古专家与服饰专家共同合作的学术成果。可以看出，没有一项复原是单靠河南博物院的力量能够完成的。

表现三：演出。这是一个将古代音乐"舞台化"的创新、探索工程，也是一种非物质文化的综合表现。而在这一领域的研究和传承，原本是河南博物院的弱项。因此，河南博物院华夏古乐演出工作前行的每一步、每一幕，都连带着融合科学考古学的背景以及同音乐考古、舞台艺术等多领域跨界合作、共同攻关，并具有筚路蓝缕性质的探索和专利性研究成果的历程。

结语

河南博物院的上述实践成果表明,"融合式发展"理念不仅是我国新时期国防建设乃至国家发展战略的重大理论创新,同时也是能够引领当代我国博物馆开辟创新发展新天地的一个值得关注、行之有效的全新理念。本文限于篇幅,只是集中、扼要地论述了"融合式发展"理念给河南博物院公共服务领域带来的一系列重大变化。事实上,在科学研究、人才培养、交流合作等领域为该院带来的新变化也并不乏亮点可陈。回顾几年来的探索与实践,河南博物院院长田凯坚定地认为:"博物馆应该通过融合,将自己上升到一个更高的层面,打破传统的做法,充分地与社会融合与合作。融合是双方面的,它不仅仅能够使博物馆从内核和本质上去改变自己和适应社会,并且反过来也能够使社会发展与变化。"基于这一认识,对于受益良多的河南博物院来说,"融合式发展"一定还将"在路上";而对于那些希冀破解发展瓶颈、谋求大发展、大作为的博物馆同仁来讲,笔者认为尝试一下从"融合式发展"中收获合作共赢的"红利",则可谓正逢其时。

2013.8.29. 国家文物局长励小捷参观河南博物院

2012.11.2. 华夏古乐团在西雅斯国际学院演出

2014 泰国·中国河南文化年开幕式演出

河南博物院河南省少儿图书馆院外历史教室

河南博物院与韩国国立国乐院战略合作签字仪式嘉宾合影

华夏古乐中秋专题音乐会

跨界融合使"旗袍与时装艺术展览"开幕式魅力四射

历史教室总部"我陪孩子读经典活动"广场合影

组织国际音乐考古学术会议

博物馆藏品创新

浅谈藏品档案的管理
——结合第一次全国可移动文物普查对整理藏品档案的思考

周泽丹[*]

文物是一个国家、一个民族历史与文化传承的重要载体和实物见证。作为基层部门，我所馆藏文物很大部分都是大兴地区出土或征集来的文物，是对大兴地区历史文化的实物传承和历史见证。

对馆藏文物的登记是妥善保管和全部科学管理的关键，是保证藏品数量和质量的根据，也是国家文化财产保管的法律依据。[①] 建立健全馆藏文物档案是对一个文物收藏单位最基本的要求，结合正在开展的第一次全国可移动文物普查工作的契机，科学地对藏品档案进行整理，可以更有效地健全和完善现有的馆藏文物档案，突出反映各类馆藏文物的价值、状况，有利于健全文物登录备案机制和文物保护体系，加大文物保护力度，扩大保护范围，保障文物安全，并将进一步发挥文物的优势，使其更好地服务当地经济建设。因此，馆藏文物的整理工作就成为文物博物馆事业发展中的重要工作。

---

[*] 周泽丹，女，1982年10月生，北京人，硕士研究生，毕业于首都师范大学历史系，2008年进入北京市大兴区文物管理所，从事文物管理工作。

[①] 王宏钧：《中国博物馆学基础（修订版）》，上海古籍出版社，2001年，第157页。

一、藏品档案的特点及藏品建档的意义

文物从调查征集到入馆，从准确鉴定到科学研究及陈列展览，这一系列的过程所形成的真实记录，反映了文物藏品的历史风貌，体现了藏品的内涵和价值，这就是"藏品档案"。藏品档案的建立，应该随着社会的发展、意识形态的变化及不同历史时期的认可程度，而使该藏品的档案产生或获得新的补充和完善。馆藏文物的档案资料本身有以下特点：

1. 文物具有独特性，资料整理工作量大。
2. 馆藏文物相关资料整理难度大，保存难度高。
3. 藏品档案是动态的不断递增的资料，是博物馆直接资料（从实物的采集、发掘等收集手段获得的资料）以外的间接资料的不断增加的过程。[①]

藏品档案管理需专人负责专柜保管，按档案顺序号进行排放保存，建立档案目录，以便查找利用方便。科学的藏品档案可以为陈列展览、科学研究提供重要依据，也可为藏品的安全提供备查的证据资料，还可减少提取藏品的次数及减少提用过程中人为或自然的损伤，确保藏品的安全。给馆藏文物建档，是文物保管的基础性业务工作，从规范管理角度讲，这是一个关键程序。这个关键程序的重要意义是架起了科学保管与合理利用的桥梁，不仅为采取不同的保护措施提出了标准要求，也为利用提供了实物和资料依据。

二、我所馆藏文物档案的现状和主要问题

建国以来，我所收集汇总的馆藏文物逐渐增多，尤其伴随着近年来考古发掘项目的增加，馆藏文物极大地丰富起来。目前的文物档案远远不能满足收藏保护、展示宣传、科学研究等工作的需要，

[①] 许俊平、冯文军：《藏品档案的特点和管理》，《档案管理》1998年第3期，第12页。

主要问题还是未能得到系统整理，账目不全。

1. 对文物档案管理的意识不够。虽然近年来逐渐重视，但整体对文物档案的利用率不高。除2007年建立了文物分类簿外，其他未入册文物都处于原始资料阶段。最近几年，我们也将文物档案进行逐步梳理。2011—2012年，完成三级以上馆藏文物资料的统一整理，文物数据纳入三级以上馆藏文物操作系统。但是，相对于整个文物档案的管理而言，档案的归纳整理还不能更好地为藏品管理服务。

2. 馆藏文物档案管理硬件投入及经费不足。近年来，随着科学技术的进步，计算机及网络技术在管理中广泛运用，管理手段不断进步。目前，我所除三级文物纳入馆藏文物操作系统外，其他的整理手段基本还采用手工收集整理的档案、纸质记录为主的形式，不利于档案的收集、利用和开发。同时由于硬件条件限制，无法建立专门的档案室，文物档案与其他档案统一存放，保管条件受限。结合正在开展的第一次全国可移动文物普查工作，根据目前文物档案还无电子数据的现状，如何重新对馆藏文物资料进行系统整理，使馆藏文物达到档案完整、编号统一、编目规范、账目清楚，成为亟待解决的课题。

3. 目前我所藏品档案仅限于编目式的，设置的项目有限，提供的资料只能是最主要的。而藏品档案应该是一个"卷"册，其内容包罗万象，全面详尽，反映藏品更具体细致的情况，现有的这些问题直接影响藏品档案的编写质量。具体归纳以下几点：

（1）藏品定名不规范。定名不明确，有缺漏的现象，无法从名称判断其年代或质地，器物名称缺年代，缺质地，如"花鸟帽筒"，"孙悟空立像"等。

（2）编目档案中，还存在不全项目。如鉴定项目应该包括名称、时代、质地、尺寸、重量、现状等。很多藏品因入馆时条件有限，未登记相关信息，如"藏品来源"记录可以清楚地了解藏品的来龙去脉，很多征集的馆藏品目前没有来源登记。

（3）还有一部分藏品未经过专家认定，缺少认定意见。

4. 藏品档案的动态资料收集不够重视。这些档案资料产生和来源于日常的各项业务活动，反过来又要为各项业务活动提供服务，为社会各界的需求提供服务。动态的资料也应在档案中有所体现。

三、加强馆藏文物档案管理的对策

藏品档案是博物馆藏品管理的环节之一。文物资料要整齐规范，以供利用方便。"档案可为研究藏品提供资料，对管理藏品也有重要价值，它可以起到核查藏品的作用。"[1] "藏品的科学管理必须按照一定的步骤和方法进行。这些步骤除鉴定、定名和定级以外，主要是登记、分类、入库排架、编目、统计、建档、检查和清点。"[2] 坚持规范的基本操作流程是藏品管理的关键。有规矩则成方圆，对事物只要依据一定规则办理都会提高效率，变难为易，藏品管理工作也是如此。

存在于藏品档案中的问题会给藏品的科学化管理带来诸多不便，为此，应积极采取措施，避免藏品建档时产生的问题，完善藏品档案的质量，使藏品科学化管理全面走上正轨。

第一，重视藏品原始资料收集。藏品入馆后，对藏品的所有情况都要有详细的记录，这是档案编写的基础。

第二，藏品的定名要规范、准确。《博物馆藏品管理办法》中明确要求，历史文物定名按"年代、款识或作者，特征、纹饰或颜色，器形或用途"这三部分来定。

第三，完整、准确地记录藏品的现状、动态及其他情况。

第四，馆藏文物档案资料的整理工作要有计划性。

第五，文物品目繁多，管理人员必须要非常专业。

由于馆藏文物含有大量反映历史风貌和时代特征的信息和内涵，因而我们不能轻视藏品档案的整理工作，要以国家文物局制定的《藏品档案填写说明》为准则，严格规范操作，相信我们的藏品档案工作就会做得更好。

---

[1] 高和：《做好藏品保管工作的几点体会和看法》，《博物馆藏品保管学术论文集》，北京燕山出版社，2004年，第10~19页。

[2] 王宏钧：《中国博物馆学基础（修订版）》，上海古籍出版社，2001年，第157页。

四、结合第一次全国可移动文物普查工作对馆藏文物档案整理的思考

基于上述考虑，我们拟借着第一次全国可移动文物普查的契机，对馆藏文物进行整理，建立健全馆藏文物档案，更为科学地管理馆藏文物资源。

（一）对馆藏文物档案进行初步整理

原始资料阶段：入馆凭证号、收据号、来源、入馆途径、去向、鉴定意见。

登记阶段：鉴定、分类、建立账册、提出处理意见。

辅助管理登记阶段：出入库登记、修复复制登记、注销登记等。

第一，原始资料阶段的资料档案整理。原始资料数据正在进行电子版录入，结合第一次全国可移动文物普查，将完成照片拍摄和鉴定等工作。馆藏文物中有1094件（套）经过专家鉴定，另有百余件套未经鉴定，部分资料未齐全。伴随着第一次全国可移动文物普查工作的开展，我们将逐步完成电子版录入，请专家进行认定，尽快补齐相应的资料。

第二，目前馆藏文物档案主要问题在登记阶段。文物登记是文物保管的必要的基础工作。

藏品总登记簿是藏品的根本账目，凡是经过鉴定成为入藏品的，即是国家的科学文化财产。每一件藏品都必须依据入馆凭证，核对藏品，及时登入国家科学文化财产账目，此即藏品总登记簿。每件文物，按总登记号的先后顺序登入总登记簿。

藏品分类登记簿，按照藏品的种类分别登记的登记簿，各类登记簿的数量总和应该与藏品总登记簿的总数完全符合。分类登记簿的栏目内容与藏品总登记簿基本一致。增加分类号，并回注在总登记簿中该藏品备注项内，以相互印证。

第三，建立健全相关的管理辅助登记。

第四，完成藏品登记卡，一物一卡。

（二）结合第一次可移动文物普查工作完成藏品登记、建档和管理

随着文物数量的增加，藏品档案数量也在增加，应相应地进行系统化整理，使之更加趋于合理，便于保存和提用。同时藏品档案整理工作应结合藏品档案和文物的特点，制订编制计划。

第一，对所有馆藏文物进行清库登记，做到心中有数。

第二，在清库、建账的基础上，组织专家对馆藏文物进行鉴定。

第三，科学地进行藏品建档，建立健全藏品档案制度。

首先，填写藏品档案登记表。填写要力求内容准确，资料详明，条理清晰。制档人完成填写工作，要由专人负责审阅校对，以免出现错漏。

其次，按照藏品自身的等级将藏品档案按类别编目，对藏品档案进行分类管理。制定案卷分类和编号，做好卷内材料整理和案卷目录的编制。

（1）每件藏品要自成一个单元，组成一个卷宗，编一个号码。

（2）卷内材料排列要有条理，形成一个系统。

（3）案卷目录起到档案的登记和检索作用，可以根据不同需要编制多种目录，如综合性目录、分类目录、专题目录等。

（三）利用第一次可移动文物信息管理系统实现藏品档案数字化管理

此次普查要建立全国可移动文物信息登录平台和数据库，据国家文物局宋新潮副局长讲："这一信息登录平台是开放的，随时可以填报、申报、完善文物的各项信息，这也是制度建设中最重要的一环。对于文物系统内的收藏单位，本次普查能够帮助他们完善馆藏文物账目，统一馆藏文物登录标准，实现文物数字化保护。"宋新潮同志所指的"信息登录平台"就是指可移动文物数据库。[1]

---

[1] 周瑞伟：《简论可移动文物普查形成的数据库》，《文物世界》2004年，第3期，第58~59页。

随着社会的进步,藏品的数字化管理越来越必要。藏品数字化管理主要是建立藏品信息的数据化管理系统。利用计算机多媒体技术,把馆藏文物的文字资料、图形、图像资料、音频、视频资料等信息,系统、准确、多角度地进行存储备份,提供准确高效的查询、修改、统计、复制、输出等功能性服务。同时也是博物馆实现办公自动化、管理现代化、工作高效率、工作人员高素质建设的重要步骤,是博物馆与时俱进、开拓创新的重要途径和必然选择。

本次普查的一个重要技术特点是实施"统一平台、联网直报、一次入库、分级审核、动态管理"。国务院普查领导小组办公室建立全国可移动文物信息登录平台及动态运行的数据库系统。各国有单位在统一的平台上注册本单位专有账号,按照统一的规范进行文物信息登录。通过"一普"的数据库,将更加完善藏品档案的管理工作。普查工作要求对文物信息进行采集、录入、审核和上报。其中信息采集过程中,可以更好地对现有的档案进行查漏补缺。一是采集登录信息,包括文物现登记号、名称、年代、类别、级别、质地、数量、质量、尺寸、保存状态、入藏时间等指标以及文物图片。二是要整理出详细的文物信息,包括基本信息、来源、考古发掘、流传经历、著录、鉴定、保管、损坏记录、修复记录、移动记录、展出及其他信息等。此次普查文物图片必须录入,将从不同视角进行拍摄,丰富藏品的信息。

馆藏文物进行数字化管理,可以方便快捷地提供藏品的现状、数量和存放架位;记录藏品的出库时间、理由和去向;藏品归库时的现状、数量等。并且使得馆藏文物除展出、保养外,一般无须提取文物本身,减少了文物的流通次数,降低损坏的风险;数字化管理系统提高了博物馆科技含量,促进了科学研究事业的发展。

综上所述,藏品档案管理的规范化和数字化是文物收藏单位的必由之路。希望借助当前的可移动文物普查的良好契机,更好地完成藏品档案的管理。藏品档案只有在藏品保管和使用过程中不断补充和完善,才能更加丰富和准确地记录该藏品的历史价值、艺术价值和科学价值。

参考文献

[1] 王宏钧：《中国博物馆学基础（修订版）》，上海古籍出版社，2001年。

[2] 北京博物馆学会保管专业委员会：《博物馆藏品保管学术论文集》，北京燕山出版社，2004年，第10～19页。

[3] 许敬华：《浅谈文物藏品档案及管理》《山东档案》2011年第1期，第44～46页。

[4] 金萍：《浅谈博物馆藏品登记标准问题》《宁夏师范学院学报（社会科学）》2007年第28期第5版，第113～114页。

[5] 薛萍：《关于博物馆藏品登记的几点认识》，山西博物院：《2011年山西博物院学术文集》，山西人民出版社，2011年，第423～429页。

[6] 成都市文化局馆藏文物纸质档案整理研究课题组：《馆藏文物保护管理纸质档案的整理研究》，《成都文物》2005年第3期，第11～14页。

[7] 李嫒：《馆藏文物专业资料的管理分析》，《科学中国人》2005年。

[8] 李富武、杨巧玲：《博物馆藏品档案的业务话题》《山西档案》2004年第1期，第29～31页。

[9] 许俊平、冯文军：《藏品档案的特点和管理》，《档案管理》1998年第3期，第12页。

[10] 周瑞伟：《简论可移动文物普查形成的数据库》，《文物世界》2004年第3期，第58～59页。

[11] 庄丽华：《建立藏品档案的意义及做法》，《华章》2010年第7期，第118页。

[12] 张淑华：《博物馆藏品档案综述》，《中国博物馆》2002年第1期，第65～68页。

方寸之地，彰显文化内涵
——抗战纪念馆邮局概述

武冰[*]

在 2011 年 6 月 18 日举办的北京 2011 年全国专题集邮邀请展上，中南海邮局、天安门邮局携手成立的主题邮局——电影邮局和老北京邮局集体亮相，"主题邮局"的名称由此而来。截至 2013 年底，全国超过半数的省（区、市）陆续建成 70 多家主题邮局。

在 2015 年新年钟声即将敲响之际，2014 年最后一家主题邮局——苏州"和合邮局"在千年古刹寒山寺内开张营业。统计数据表明，截至 2014 年底，全国各类主题邮局数量已达 270 余家，仅 2014 年全国各地邮政企业就新建主题邮局 200 余家，占全部主题邮局总量的 73％，2014 年可谓邮政企业的"主题邮局年"。

---

[*] 武冰，1973 年 12 月生，工程师。曾担任中国人民抗日战争纪念馆社会教育部、网络信息中心、陈列开发部、文化创意产业部主任，现任文化宣传推广中心主任。结合自身工作撰写论文《做好博物馆讲解工作的若干思考》、《浅谈抗战馆网站建设构想》等文章分别发表在各类论文集中，其中《打造以抗战文化为特色的文化创意产业链》和《走进校园的纪念馆》分别被《北京支部生活》和《大学生》杂志发表，《历史就是历史　事实就是事实——写在中国人民抗日战争胜利纪念日》被《前线》杂志发表，《红色旅游纪念品设计与开发初探——以中国人民抗日战争纪念馆为例》被《博物馆发展论丛（2013 年）》发表。参与编写《中国抗日将领牺牲录》其中的近 20 位抗战将领人物介绍。

一、跨行业合作的有益尝试

2014年2月,十二届全国人大常委会第七次会议经表决通过了两个决定,分别将9月3日确定为中国人民抗日战争胜利纪念日,将12月13日确定为南京大屠杀死难者国家公祭日。两个纪念日的设立,充分表达了国家意志和人民意愿,体现了伟大的抗日战争在中华民族历史和世界反法西斯战争中的重要地位。

中国人民抗日战争纪念馆(以下简称抗战馆)是全国唯一一座全面反映中国人民十四年抗战历史的大型综合性专题纪念馆。现为国家一级博物馆,全国首批爱国主义教育示范基地,廉政教育基地,重点红色旅游景区,是中国抗日战争史学会秘书处所在地,中国博物馆协会纪念馆专业委员会主任委员单位。承担着建设爱国主义教育基地、抗日战争史料收集和研究、对外民间交流的窗口和联系港澳台同胞以及海外侨胞的桥梁的历史重任,在国内外有着一定的社会影响力。

集邮是以邮票和邮品为主要对象的收集、鉴赏与研究活动。集邮属于文化范畴,是一种世界性的文化活动,是中国先进文化的一个组成部分。邮政产品具有以下几个方面的特性:第一,具有思想性。集邮的主要对象是邮票,邮票素有"国家名片"之称。世界各国都把本国最具有代表性的、最引以为骄傲的内容反映在邮票上,把邮票作为对外宣传的"窗口"。第二,具有艺术性。邮票的艺术性是通过邮票画面艺术形象,生动地反映社会生活的方方面面。特别是我国邮票设计融合了各种造型艺术的表现手法,素有"长廊画卷"之称的小型张、小版张和小全张,其艺术魅力无穷。第三,具有知识性。多姿多彩的邮票蕴含着丰富的科学文化知识,方寸天地,包容大千世界。人们常说邮票是"人类文明的缩影"和"形象的百科全书",收集整理邮票能增加知识,开阔视野。第四,具有史料性。自从1840年世界上第一枚邮票"黑便士"诞生以来,到目前为止全球发行了40多万种邮票,这是一个内容丰富而又十分珍贵的历史资料。人们把邮票形象地称为"连绵不断的历史记录"和"微型博物馆"。第五，具有趣味性。邮票画面五彩缤纷，俨如艺术中的百花园，它集中展示了人与自然的和谐发展，妙趣横生，其乐无穷。第六，具有社会性。集邮活动及集邮文化的发展，将有益于对群众和青少年进行思想教育，充实精神世界，"寓教于邮"，丰富社会文化生活。第七，具有国际性。万国邮政联盟关于邮票的若干规定指出："邮票的主题应有助于各国人民相互了解和文化传播，从而加强国际友好关系。"周恩来总理曾说："传邮万里，国脉所系。"通过集邮增进与世界各国人民的友谊。第八，具有储财性。邮票进入集邮市场后，就具有商品的属性，它的"保值"或"增值"功能早就被人们认可。

抗战馆与邮政行业同是文化传播单位，抗战馆拥有优秀的反映爱国主义、民族精神的教育素材，需要传播与继承。邮品是文化传播的有效载体，将二者在内容与形式上巧妙结合，必将形成优势互补，产生更好的社会效益。基于此，抗战馆与北京市丰台区邮电局联合策划成立了"抗战纪念馆主题邮局"。2014年7月4日，在纪念全民族抗战爆发77周年前夕，抗战纪念馆邮局开业仪式在中国人民抗日战争纪念馆举行，标志着中国第一家以纪念抗战为主题的邮局正式成立。

二、设立主题邮局是社会的需求

（一）顺应社会需求，拓展服务领域

从2013年底全国70余家主题邮局到2014年底的270余家，主题邮局如星火燎原般迅速扩张，为何主题邮局的发展势头如此迅猛？

所谓主题邮局，有两个关键元素，一是邮政，一是特色。要在保留、发挥邮政资源的基础上，对特色加以定位，产品和服务都必须主题鲜明，通过产品和服务，让客户感受到特色，这样的主题邮局才名副其实。

从邮政业务本身来看，邮政函件这个作为中国邮政最具标志性的业务，遇到了前所未有的严峻挑战，因此走出"绿房子"，寻找新的客户群，中国邮政找到了一条新形势下属于自己的企业转型发展之路。从各地主题邮局的设立情况来看，90％以上的主题邮局设立在大学校园、著名旅游景区、特色文化场所等地，均为目标客户较为集中的地点。

从外部环境来看，习近平总书记提出了"文化强国"的战略，主题邮局所具有的文化属性正好与"文化强国"的内涵相契合。主题邮局在建设过程中，应注重将"邮"文化与属地特色文化相结合，通过策划各类特色邮品和主办主题活动，彰显文化特征，提升文化品位。

（二）锁定客户群，更新策划理念

邮政企业结合属地特色文化联合开办主题邮局，其出发点是合作双方都希望通过各自的资源优势和平台优势，为消费者量身定做产品和提供服务，以一对一的方式来"响应特殊群体的特殊需求"。

因此，主题邮局的特色产品开发和特色活动策划要紧紧围绕以下三个方向展开：

第一，向个性化方向延伸。以个性化服务信息、个性化产品、灵活的消费模式、高端的品位使个人实际需要和心理得到满足。例如：来抗战馆参观的人，一定是对抗战史感兴趣的，在抗战馆的区域内，人们更多的是想看到和买到和抗战题材相关的产品，使邮政产品不脱离抗战馆的氛围。

第二，向专业化方向迈进。邮政企业推出主题邮局受到社会各界的高度关注，热烈追捧，主要原因就是人们对邮政企业由传统模式向提供专业化服务转变的心理期待，对邮政企业由这种转变带来服务水平提升的期盼。术业有专攻，邮政企业必须走专业化服务之路，让客户真正体验到"专业量身打造"的实际效果。

第三，向精准化方向拓展。主题邮局与普通邮局最大的区别就是产品精准化。主题邮局应以客户的需求为终极目标，以精准化产品、精准化服务、精准化销售为企业经营理念，邮政的企业文化也应由粗放式经营向精准化经营转变。

三、打造特色品牌，文化引领邮政

（一）打造品牌营销

抗战馆自 1987 年建馆对外开放以来，我们成功地打造了一些品牌，比如，抗战歌曲校园行、党课进校园、清明节的铭记、民族精神大讲堂等颇具社会影响力的品牌活动，得到了社会的普遍认可。此次与邮政企业的合作，我们期望把抗战纪念馆邮局打造成具有行业特色的经典邮局。

通常来说，品牌的认可要经过三个阶段，品牌主题邮局的建设一般也应经历这几个阶段：品牌塑造期、创新推动期和常态发展期。

例如抗战纪念馆邮局以实体邮局和网上邮局的形式开展业务活动来塑造推动品牌的树立。

我们将抗战纪念馆实体邮局设在抗战馆主展厅内东侧，约 10 平方米，其目的是为该主题邮局营造良好的销售氛围和吸引更多的观众驻足。同时，为维护展厅的参观秩序，在重要纪念日和重大发行活动日，我们还将邮局的售卖移至展厅以外，在馆区内增加醒目的广告引导标识。根据邮局管理相关规定，我们在显著位置设置邮局局铭牌，规定邮局的营业时间与抗战馆的对外开放时间同步。根据主题邮局特点，专门设计制作了主题邮局 LOGO，并与中国邮政 LOGO 相结合，既明确了邮政的官方品牌，又显示出该邮局的主题品牌。在主题邮局的装修方面，根据抗战馆展厅整体风格，主题邮局特别设计制作了专用办公家具、带有主题邮局 LOGO 的展柜、邮筒等设备设施，与抗战馆整体环境融为一体，力争使主题邮局在视觉上不突兀，在功能上起到为来馆参观的补充服务的作用。虽然只有 10 平方米的区域，但是麻雀虽小五脏俱全，实体邮局分三个功能区，分别为纪念戳记加盖区、业务受理区（特色纪念品展售区）和个性化明信片打印区。在主题邮局里，您既可以购买到心仪的纪念邮品，又能为自己制作特色明信片，加盖纪念戳记，同时，可将信函、明信片等现场邮寄。

借助抗战馆网民晒抗战专题活动，在网民晒抗战官方网站内加入"晒邮票"板块，通过该板块进入"抗战纪念馆网上邮局"。网上邮局主要包括三个功能区，一是邮票展示区。该区将我国发行过的与抗战相关的老纪特邮票进行集中展示，为广大集邮爱好者及各界人士提供了资料依据，后续还将推出世界反法西斯战争邮票展示。二是邮品售卖区。该区将我国发行的抗战题材邮品、抗战纪念馆邮局专属产品进行展示销售，通过页面跳转至中国邮政邮乐网进行在线支付，完成购买。三是个性化邮品专区。该区可为广大参与"网民晒抗战"活动的人士定制专属于自己的明信片产品，在加盖纪念邮戳后，寄到制作人指定的地址，完成此次活动的收藏留念。

对于消费者来说，首先要认可你设计的产品和举办的活动，然后逐步认可你的品牌。产品的推广可以通过举办一系列的活动来宣传和扩大知名度以及消费者的认可度，这无形中也为品牌的塑造奠定了扎实的基础。比如，2014年7月7日，是全民族抗战爆发77周年，抗战纪念馆邮局选择在7月4日挂牌营业，同时推出了一系列与抗战馆和抗战史紧密结合的邮政产品，并举办了主题邮局的开业仪式和相关邮品的首发式。随后，以抗战胜利纪念日、国家公祭日、特种邮票的发行日等为契机，抗战纪念馆邮局连续举办活动，不断增加品牌知名度，目的就是要在消费者心中建立一个消费目的地的选择指向，也就是我们创办该主题邮局的目的：我们要实现观众和邮迷目的性消费，只要想购买与抗战题材相关的邮品，就一定最先想到抗战纪念馆邮局。

（二）体验"特邮"文化

将不同的主题文化融入主题邮局，让主题邮局更具生命力。以各种特色文化为标志的主题邮局，其价值在于将社会广泛关注的不同新事物利用主题邮局这种特色化的平台展现在大众面前。邮政的特色产品、服务和文化与这种新事物碰撞、交汇、融合，形成一种可广泛传播的具有"邮"味的新事物或新文化的体验，消费者从这种再创意、再加工的文化产品活动中体验文化带给人们的启迪。

文化是主题邮局的灵魂，是主题邮局发展的核心。要不断创新延伸主题文化的内涵，当主题邮局展现在大众面前时，不同群体因对主题文化的不同理解而对主题邮局的认识也不同，但每种主题文化都具有基本属性和基本表现，人们对这种基本属性和基本表现的理解是一致的。在这种一致性的基础之上，不同的个体会运用不同的感知去品味这种主题文化。以文化为核心的主题邮局的发展必须通过不同的形式来演绎和延伸自身的主题文化内涵。

例如抗战纪念馆邮局，在策划成立阶段，我们对邮政企业提出，主题邮局就是要做好主题，抗战纪念馆邮局就是要做好抗战主题，抗战历史的传播，抗战故事的讲述，抗战精神的传承，抗战文化的体会，这就是具有抗战特色的邮文化。我们经营极具抗战特色的邮册、邮折、明信片等，提供个性化明信片制作和邮乐网购体验等服务，把主题邮局办成一个小型的抗战展览馆，让游客在享受个性化、特色化产品及服务的过程中，体验抗战文化。主题邮局将主题特色与邮政产品相结合，将邮政资源与属地文化资源相结合，不但丰富了主题邮局自身的产品线和服务内容，也对提升属地文化品牌起到了积极的促进作用。

因此，在品牌的打造和推广阶段，我们要有坚守和执着的精神，首先把社会效益放在第一位，只有不断传承和发扬主题文化，才能找准主题文化与邮文化的结合点，才能使消费者认可并不断地追随我们的产品和活动，主题邮局才能可持续发展。同时，必须让自身的主题文化顺应时代的发展，与大众的需求接轨和融合，最终将主题邮局打造成这种主题文化最重要的载体和表现形式之一，只有保持这种最终目的进行主题邮局的经营，才会对主题邮局的可持续发展提供巨大的推动力。对于邮政企业来说，更应该认识到，当前众多主题邮局的创立是离不开特色文化元素的，可以说，主题邮局就是打上了特色文化烙印的一个创新互动平台。

四、主题邮局并非临时邮局

近两年，主题邮局虽如雨后春笋般地兴起，但是如何突出"主题"的特色，保持其勃勃生机，而不被沦为临时邮局，是摆在我们面前日益突出的问题。

各地邮政企业依托优势资源，结合属地热点事件和地域特色，顺应社会需求，开办了相应的主题邮局。但在经营发展过程中，有些主题邮局由于定位、产品等原因，难以持续发展，效益较低，有些甚至变成了"临时邮局"。由此可见，主题邮局对函件专业的拉动作用，尤其是封片卡业务的转型发展能起到举足轻重的作用，但主题邮局的未来不能只是一个装修特别的封片卡的销售点，不能满足于通过某一种产品或者一项活动来获得眼前还算不错的收益。"活下去"可以只靠封片卡，但"活下去"只是基本需求，市场在不断变化，主题邮局也被赋予更多的功能，寄托了更深的文化含意，它应该有活得风生水起的更高要求。主题邮局的未来更应该是一个以封片卡为主要产品，综合各种邮政业务，同时兼具社会性功能的综合性平台。

（一）以产品策划为本

主题邮局的经营，不能是开业时的"一锤子买卖"。不断推出的特色产品是主题邮局发展的基础，要加强新产品策划，邮政企业要积极主动地与属地合作，不断推出具有邮政元素、体现主题特色的产品。在产品策划时，主题邮局要做好两个结合。一是将主题特色与邮政产品结合。邮政有诸多文化产品，如封片卡、邮票邮戳等。主题邮局应该成为特色封片卡的销售渠道，根据主题邮局的特色定位以及目标客户群，邮政企业要开发出具有文化创意、体现特色的邮政产品。二是将邮政资源与社会资源相结合，丰富主题邮局产品线、延伸服务内容。封片卡业务做久了，容易形成固化的思维，很难跳出现有的产品模式和设计风格，但很多社会企业在此方面强于邮政企业，各类有特色、有创意的卡片销路颇佳，邮政企业在产品前期开发、设计上可与之合作，由双方共同参与，将产品推向市场。

抗战纪念馆邮局自开业以来，相继推出了一系列专属产品：设计开发明信片、邮品、纪念封、纪念戳等产品。如为配合主题邮局开业，设计发行主题邮局开业封、纪念封、纪念邮折各一套。抗战馆和北京市丰台区邮电局联合发行了"铭记历史，珍爱和平"明信片珍藏册，整套明信片以重大历史事件为线索，甄选珍贵的历史照片、珍藏的抗战文物、精致的抗战馆雕塑、精美的油画作品等70幅优秀图片为素材，再现了真实的抗战历史，弘扬了自强不息的民族精神，见证了珍爱和平的永恒主题。我们还以抗战馆的主体建筑、标识、典型雕塑为素材，制作了风景日戳，在集邮爱好者中具有很高的收藏热度，是集邮爱好者和邮品收藏不可缺少的重要元素。在国家首个抗战胜利纪念日，抗战馆和中国集邮总公司、抗战纪念馆邮局和北京市邮票公司分别制作发行了首日封产品，纪念抗战胜利69周年。抗战纪念馆邮局紧密结合抗战馆展出内容，在十四年抗战长河中，甄选出具有重大意义的20件大事，配以珍贵老邮票，制作了纪念邮折，将抗战历史以邮品为载体进行传播。

（二）以活动开展保持邮局热度

主题邮局的运营效果在于日常化，只有日常化运营，才能持续提高社会关注度和购买力。由于主题邮局与普通邮局办理邮政业务不一样，其日常化运营需要通过活动吸引客户关注，因此需要围绕特色，加强活动策划。主题邮局可定期举办特色活动，持续为主题邮局造势，保持主题邮局的市场热度不减。

抗战纪念馆邮局开业至今，我们紧紧围绕抗战重要纪念日、邮政产品发布等为契机，开展各类活动，不断提升社会关注度，为观众（消费者）提供更贴心更优质的特色邮政服务。2014年8月22日，邓小平同志诞辰一百一十周年纪念邮票首发，当天抗战纪念馆邮局举办首发活动，活动现场吸引了大量观众。2014年9月20日，中国梦民族振兴纪念邮票首发仪式在抗战馆举办。

在开展主题活动中，将邮政产品和服务植入活动中，通过具体产品形式转化为企业效益，实现社会和企业双赢。要善于借助新媒体、新技术，开通主题邮局微信等，吸引客户关注，适时发布新产品或推送相关新闻，使客户能够持久关注，同时将线上销售与线下体验相结合，迎合客户需求方式的转变，提高客户体验满意度。

五、打造多赢平台

笔者认为，在策划、创办、经营主题邮局的过程中，主题邮局为消费者、特色文化单位、邮政企业建立了一个多赢平台。

（一）建立消费者个性化需求的平台

抗战纪念馆邮局设立在抗战馆内，能够光顾到该邮局的人无非是两类观众（或称消费者）：一类是对抗战历史感兴趣的参观观众，一类是对集邮感兴趣的集邮爱好者。两类人来抗战馆的表面目的不同，但是本质目的却都是对抗战题材感兴趣。

对于参观观众来说，主题邮局给他们提供了一系列专业产品，作为参观后的纪念品可以带回家，邮品本身还具有升值空间，因此观众买到的产品不仅具有纪念意义，还具有收藏价值。对于集邮爱好者来说，他们更容易购买到具有鲜明主题的特色邮品，节约了采购时间，节省了选择的精力。

主题邮局为不同需求的人群搭建了一个专享平台，让不同个体通过主题邮局所提供的服务和产品得到一种满足感。

（二）搭建特色文化宣传的平台

"九一八"事变距今已 84 年，抗日战争胜利全面爆发距今已 78 周年，抗战胜利已经 70 周年，抗战馆建馆已经 28 周年，这些重要年份是中国人乃至全世界的华人应该铭记在心的。每逢这样的纪念日，无论是国家层面还是事件爆发地都会举行纪念活动。以邮政文化为载体的纪念活动也会在邮政系统和广大邮迷中进行。在抗战胜利纪念日逢五逢十的年份，国家层面都会发行纪念邮票。即便在抗日战争时期，也发行过各类纪念邮票，那么将这些邮品集中到抗战纪念馆邮局进行展示和销售，无疑是一个很好的宣传展示平台。经过时间和历史的积淀，老邮品早已成为文物，具有极高的收藏和研究价值。借助邮政载体，我们可以将抗战时期及抗战胜利纪念日所发行的邮品，进行展示宣传，同样能够起到爱国主义教育及民族精神传承的作用。

（三）激活邮政企业活力的平台

毋庸置疑，当今社会，人们对邮政业务了解越来越少，需求也越来越少。笔者相信，就连策划创办主题邮局的人员甚至都不再寄信、写贺卡，懒得去邮局寄取包裹等等。但是主题邮局为邮政企业打破了这种僵局：一方面，各地邮政企业通过深挖大众心理需求，适时地开发具有特色的主题邮局，通过特色吸引力，不断聚拢人气，从而提高邮政的产品、服务乃至企业形象在社会上的知名度；另一方面，主题邮局通过更专注的引导作用，激发大众对主题邮局的兴趣，进而将大众的兴趣转化为最大化的经济价值，为邮政企业可持续发展奠定良好的社会基础。

普通消费者要培养对邮政文化的认可，那么就从走进主题邮局开始，首先对主题邮局经营的特色文化产品感兴趣，继而对特色文化的载体产生依赖感。因此，主题邮局的不断涌现，对于服务大众是一件好事，对于弘扬特色文化是一件好事，对于邮政企业自身发展也是一件好事，是一个能创造多赢局面的互动平台。

时至今日，抗战纪念馆主题邮局已为上万国内外人士提供了邮政服务，一枚枚明信片、一册册抗战题材纪念邮品，由抗日战争全面爆发地——中国北京卢沟桥宛平城，寄往全国乃至世界各地。

结语

我们通过创办抗战纪念馆邮局，不仅赋予了抗战历史新的传播载体，更重要的是提升了我馆的社会教育功能，使人民群众在生活点滴中更好地了解抗战历史，于指间活动中感受抗战精神。今后，抗战馆将以这"方寸之地"积极打造新的抗战史传播平台，充分发挥好抗战纪念馆邮局的作用，更好地弘扬爱国主义和抗战精神，为社会主义建设作出新的贡献。

参考文献

[1] 崔鹏森、赵春秋、林磊、郑健斌、杨文琴、赖雪燕、吴邯宁：《长风破浪会有时》,《中国邮政报》2014年2月22日。

[2] 陈雪飞：《主题邮局：面朝市场 春暖花开》,《中国邮政报》2015年2月2日。

[3] 王运明：《主题邮局是一个多赢的平台》,《中国邮政报》2015年2月2日。

[4] 王运明：《主题邮局要创新营销模式》,《中国邮政报》2014年2月2日。

[5] 王运明：《文化融入让主题邮局更有生命力》,《中国邮政报》2015年2月6日。

[6] 散木：《主题邮局应走特色发展之路》,《中国邮政报》2014年8月6日。

浅析博物馆藏品的包装运输
——以中国人民抗日战争纪念馆为例

苏杭[*]

博物馆是文物或标本的主要收藏机构、宣传教育机构和科学研究机构，是我国社会主义科学文化事业的重要组成部分。博物馆对文物的收藏是主要任务，但其还有一个重要的功能就是宣传利用文物，提高公民科学文化素质及爱国主义教育的作用。博物馆除了固定展览外，大多还定期举办各种类型的临时展览，来实现其宣传教育的社会功能。正如原上海博物馆馆长马承源所说，文物是天下的共器，人人可以有享受、欣赏、研究的权利。藏品保管的首要出发点虽然是藏品安全，藏品保管工作的最终目的却是为了更好地利用藏品，为研究、陈列、教育及社会的各种需求提供某一类或某一特定的藏品信息。

在21世纪最初的十年里，中国博物馆进入了现代化建设的新时期。旧有的管理模式已无法与今天现代化的硬件设施相匹配。现在，因文化传播、交流等目的，组织文物外出举办巡回展览或临时展览，是博物馆的一项重要职能；因文物的提取、移交、调拨、交换、搬迁以及修复保护等目的而进行的文物远距离迁移，也是文物收藏机构之间经常发生的工作过程。采用科学合理的包装运输方法，是确保在这些过程中实现文物完好无损的搬运和迁移的重要前提。文物

---

[*] 苏杭，中国人民抗日战争纪念馆副研究员。

包装的目的在于确保迁移过程中最大限度地保持文物的原有状态，防止因环境改变和外力等因素对文物造成损害。因文物的稀缺性、不可再生性以及文物本身脆弱的保存状况，文物的包装与普通商品及工业品的包装相比，在材料的选择、支撑结构的设计、包装容器的设计以及操作程序等方面，有着更加细致和更为严格的技术要求，以确保文物的绝对安全。因此，在藏品包装运输中要达到保管妥善的目的，已成为藏品保管的重要课题。本文正是通过藏品管理理论结合抗战馆现代化建设和藏品管理实践，谈谈现代化博物馆藏品包装运输专业化发展趋势。

一、完善博物馆藏品包装的必要性

第一，藏品的利用，必须在保护藏品的前提下，充分发挥藏品的作用，这是藏品保管的原则。文物收藏机构应尽力加强藏品保护，尽可能延长藏品的寿命，首要的第一位是保护，保护是利用的前提，没有藏品保护，利用就无从谈起。因而在藏品利用的过程中，特别是日益增多的馆际交流，意味着藏品损坏的机会增多，在藏品包装运输中，要有藏品保护的意识。目前藏品在馆际间的交流利用率日渐增长，从充分发挥藏品的社会效益上看，应视为是有益的，但目前藏品损坏的现象屡见不鲜，追究损坏的原因，多与包装运输有关，因而在藏品包装运输中，应视为藏品保管的延续，而不是藏品保管的结束。有了这种观念，就会重视藏品包装运输的质量，就会提高包装运输的水平。

藏品在运输途中和各个展出地点，都应从环境和物理角度得到保护。保管的基本原则是将藏品保存在安全的环境中，且便于在被运送到其他地点（如其他展馆）之前取出检查。采用的方法和设备都应该符合短期或长期保管藏品的物理和环境要求，使藏品免受损伤。人们往往觉察不到，某些保管设备也会将自身受到的摇摆或震动传递给藏品。工作人员操作必须轻柔，以免装箱的藏品因机械震动或碰撞离开初始位置。当然，这在很大程度上取决于保管人员的操作技术和现场判断。为了保护藏品，使其免受震动、高速运动和笨拙操作的影响，保管设备应该设计安装有减震器和类似功能的部件。

第二，藏品包装运输要加大安全措施，严格执行藏品法规，以确保文物安全的原则，方能达到藏品保管的目的。其一，藏品在馆外交流中，必须严格执行制度，执行《文化部关于博物馆藏品管理办法》，办理利用手续，特别是强调审批制度，严格批准手续，用藏品管理制度来制约，从目前看还是有效的。其二，藏品包装运输的重要环节，如出库、包装、装箱、装车，一定要强调多人操作（至少两人），互相制约，这是提高包装运输质量的有效措施。操作人员一定要熟悉文物的性能和安全操作方法，这是文物安全保护的基本前提，应不断在工作中总结、研究、丰富和提高藏品包装运输的水平，加大安全措施，有计划，有步骤，有方法，如藏品出库在包装时，应注意操作规程，要稳、准、隔、紧，所有材质要以软、牢、洁为主。对于有链、有环、有嘴、有把的文物，先用软纸或棉花将其裹好，文物如有空隙或镂空处用棉花填塞，可以拆卸的突出部分，拆开另分，另面加注。小件文物，可用泡沫塑料挖槽嵌装，加填棉花。大件文物主干本身先用软料垫付，用木料支撑突出部分，用夹板垫软料固定，再将支撑和夹板用螺丝同木箍连接。木箱应加固，箱面应注明防潮、防震等标志。文物的种类繁多，要采用各种不同的安全方法。库内出库时，必须用库房运物车运送文物。在装车时，应检查各种利用工具的安全系数，装车顺序应装前卸后，上轻下重，上下之间车底和文物箱之间应铺衬垫，文物箱之间减轻摇晃和箱与箱之间的互撞，不论哪种交通工具，都要有人押送，人物绝对不能分离，不论到哪个环节，押送人员都要点交清楚。总之，在包装运输中，一定要始终保有安全观念，防患于未然。

二、藏品包装运输的技术与方法

根据国标《包装通用术语》定义，商品包装是指在流通过程中保护商品，方便运输，促进销售，按一定的技术方法而采用的容器、材料及辅助等的总体名称。也指为了上述目的而在采用容器材料和辅助物的过程中施加一定技术方法的操作活动。根据在流通过程中的作用不同，包装可分为运输包装和销售包装两类。我们在这里讨论的文物包装属于运输包装的范畴。由上述概念可知，文物包装则是指使用适当的包装材料、包装容器，并利用相关的技术（并不局限于包装技术），保证文物在运输过程中的安全，并有效地控制包装容器内的文物保存环境，保持文物本身所蕴含的历史、艺术、科学等信息和价值不受影响。其主要作用是保护文物并维持其价值，它涉及包装材料的选择、包装方法、防护措施，以及内部环境控制等内容。文物的种类繁多，性质特点和形状各异，因而它们对包装的要求也各不相同，除部分残损严重、保存状况不佳的文物或极其珍贵的孤品文物不适于搬迁运输而不宜包装，其他保存状况良好的文物都需要有科学的包装，才能被迁移、运输，以满足文物展示、研究等方面的需求。文物包装是文物保护的一项重要内容，这是因为，文物包装是保护文物在运输过程中状态完好和信息完整的重要措施。经过科学合理包装的文物，便于运输、装卸、搬运、储存、保管、清点，为文物的管理、展示、研究等工作提供了支持。各博物馆也应根据实际情况制定可行的文物运输包装规范，并严格执行。

  包装技术和方法是决定包装质量的一个重要方面。文物包装技术和方法是指为保护文物，方便运输，便于流通过程中的文物管理而采用容器、材料及辅助物对文物进行包装的技术和方法。包装技术有防潮、防锈蚀、防霉等方面。现在，比较常用的文物包装法有：悬空法、捆扎法、旋挖法、压杠法、卡位法、套装法、紧压法，另外还有较经济的浮法包装法。

  浮法包装法即填埋包装法，是工作中最常用的包装方法。以往，传统的填充材料是经过研磨的细刨花，近几年，聚苯乙烯泡沫塑料以及"球"形、"花生"形、"意大利面条"形的聚氨酯或聚乙烯泡沫塑料被广泛应用，将其与器物一同"埋"入包装箱内，要取出时，使用专用吸尘器将颗粒物吸出，填充材料可反复使用。这类包装方法使器物因悬浮起来而使其重量分散到各个方向。

  悬挂包装法，即将包装箱上的8个箱角，设置8个钢制拉簧，再将8个拉簧的另一头，固定在大框架上的8个内角上，与箱体呈对角斜向互拉，包装箱设置在大框架的中部，当拉簧拉紧时，包装箱自然悬空，当受到震动时，包装箱会在大框架中自然晃动，而大框架不动，以达到减震缓冲的安全保护作用。

抗战馆的主要藏品都是抗战时期的文物，结合我馆实际举几种常见文物的包装工作流程加以说明：

（1）陶瓷器的包装。我馆藏品中有艺术家捐赠的关于抗战题材的陶瓷艺术品，陶瓷类文物包装最先进的包装技术是"仿形橡胶包装"，这是目前国内外最先进的，也是最安全的包装技术，但是并未普及，我们日常用的最多的还是填埋包装法。陶瓷器质地较脆，包装时要格外小心。这个过程其实就是熟能生巧，刚开始会茫然不知如何下手，经过多次实践就熟练了。注意要将箱子内侧四周都需要放上合适长度与厚度的泡沫板，起到固定的作用，瓷器与瓷器之间也要放，并保证塞紧不留空隙。这样即使箱子在运输过程中不慎发生翻转或倾倒也不至于因位置改变而损坏箱内文物。已装好的瓷器全部固定，不会晃动（哪怕是很小的晃动），这一点非常重要，曾有前辈说过，瓷器包装不怕紧，就怕松，这也可以看作是下箱和填箱的原则。一般要用软囊盒，在对其包裹了绵纸后放入囊盒，填囊时一定要小心，动作要轻拿轻放，以免碰坏这些易碎品，放填充物时要充分考虑到文物的各个着力点，不能疏忽遗漏任何一个角落。比如器物的底部周围、圈足的内面、器物的颈部等都要填充到，能起到缓冲减震的作用，这样才能保证器物的安全。

（2）金属器的包装。我馆的金属类文物主要是铜器或铁器，这类文物一般质地坚硬，可以采用包裹法直接包装后填囊。有些器物带有附属物，可用绵纸揉团轻轻填充到附属物间，避免摩擦，总之，一定先把小细节处理包装妥善，然后再入箱。还有些带盖的器物，就要把盖和器物本身分别包装，并放入同一囊盒，以免丢失。对于文物的活动部件如提梁、链等，应采用捆、扎、顶、垫、塞等方法进行必要的固定。在包裹金属器物时还要特别注意这些文物上有无特别标记或手迹，在包装过程中要格外小心，不要因为疏忽而损毁了文物上的遗存。

（3）字画的包装。我馆藏品中还有艺术家捐赠的关于抗战题材

173

的字画艺术品。字画如果是卷轴的，可以装入狭长的囊匣，用绵纸对其进行包装。在囊匣的使用过程中，应注意的是：用于囊匣中的填充物应选择经消毒处理的天然棉花，不要使用海绵，因为这种材料与投放的化学防虫药物会发生化学反应，变成黏（油）性豆渣状物质（目前对这种反应机理尚不清楚），即失去海绵原有的弹性，还会污染文物。字画有些是片状且夹在有机玻璃里面的，那么就要连玻璃一起包装，这类情况可以用两块 EPE 板将其夹住，并用绳子捆绑，这样可以起到保护作用；带有边框的，就要将其直立放置，在画的表面覆盖绵纸保护，使得画表面的包装材料与边框平齐，然后再包裹捆绑。

这些只是依据我馆藏品特点和工作实践总结的一些经验，随着包装材料的不断发展，我们的包装方法也要与之相适宜。

三、藏品包装运输的发展趋势

在本世纪最初的十年里，包装、运输领域发展迅速。作为现代化博物馆的基本要求，我们的从业者应该对新技术（如新材料的使用、包装箱的新设计理念、减震系统）的广泛使用采取积极推动的态度，勇于尝试新技术在实际工作中的推广应用。

（1）文物内外包装的发展

藏品包装的应用，主要目的是使文物在到达目的地的所有环节中提高有效的保护。包装应该是简便而有效的，如果为某些临展或借展定制的包装箱太重太大，无法在有限的空间内展开操作，或包装箱规格无法满足现有的运输方式，就会给工作带来极大不便。为了使有限的展览预算得到更合理的运用，我们正努力通过使用标准组件，运用可循环使用的包装箱，以及更轻型的材料进一步简化包装箱。使用木质或塑料质地的标准包装箱，越来越被广泛接受，而且由于外包装箱的部件可以拆卸组装，所以十分经济。

常规文物包装量最大，也是我们不断深化标准的内容。内包装主要是指囊匣及精细绵纸、棉垫包装。内包装箱的尺寸应该至少比内装最大器物的尺寸多出 100 毫米。较重的文物需要更大空间以方便装卸。某些保湿材料（如硅胶）和减震装置也需要适当空间。外包装主要是指包装木箱，现在的外包装木箱多是分体组合式的，全部用螺丝、木板组装而成，使用时将木板组装固定，而闲置时则将文物箱拆卸成木板，从而节省了库房的空间。木箱分为不同的规格，大号文物箱其木板厚度不低于 2.6 厘米，中号木箱厚度不低于 1.8 厘米，小号木箱厚度不低于 1.3 厘米，所有木箱均按照国际标准喷印防水、防震、防倒置标识。过去使用的木板包装箱，装箱结束后箱盖被钉牢，这种方式不利于开箱检查和在运输途中发现问题，所以已不推荐在博物馆运输或巡回展览中使用。现在使用的包装箱都用带波纹垫片的螺丝固定箱盖，用带棱角状波纹垫片的螺丝增加强度，还装有扣环锁类型可快速打开的闭合装置。箱体外部应详细标明包装箱的尺寸、重量（净重和毛重），以指导操作。搬运一个包装箱（约重 100 千克）一般不超过两到三个人，更大的包装箱则需要用叉车或其他搬运工具。

另外，携带小型文物时可以使用特制的手提箱运输。纤维材质和金属质地的手提箱外观虽然普通，但内部却填充了绝缘和防震材料，在手提箱底部还有放置在泡沫塑料板内的保持箱内相对湿度恒定的袋装硅胶。

（2）文物包装材料的发展

文物包装材料分为主要包装材料和辅助包装材料，主要包装材料是构成文物包装的主体材料，常用的有木材、瓦楞纸、复合材料等。制作内、外文物包装箱均应使用目前国际通用的复合木质材料为板材，如多层板、夹心板等。如需使用原木为材料，则必须经过高温灭菌处理的。辅助包装材料在制造包装容器和包装操作过程中起辅助作用，促进文物包装的功能更完善，常用的有衬垫材料，如各种棉衬垫、毡垫、绵纸等；防护、减震材料，如海绵、各种密度的聚氯板和高密度聚苯板等；粘合材料，如各种粘合剂等；密封材料，如防潮密封胶条等；隔离物，如各种隔板、衬片等；紧固物，如各种捆扎带、铁钉、螺钉、销钉等；标志物，如各种标签。用于制造包装箱的材料通常是木材、胶合板、瓦楞纸板、纤维板、塑料等制品，少数情况下使用金属材料。国外现代包装设计师和运输专家发明了带有不同饰面的波形纤维板、减震器和防潮图层的包装箱，相信在不久的将来也会广泛被我国业内所普遍应用。

　　文物包装是文物保护工作的重要组成部分，在文物交流过程中发挥着重要的保护作用。我们研究文物包装的最终目的，是为了最大限度地保护文物的安全。投入资金作研究课题是值得的，文物包装不同于日常生活中的礼品或商品包装，不是一次性的，是有科技含量的。目前我国的文物包装工作与国外技术还尚有差距，文物包装专业人才十分匮乏；文物包装的理论研究、方法研究、材料研究以及标准规范的制定等工作还有待开展；与国外同行在文物包装领域的交流还有待加强。随着我国博物馆事业的蓬勃发展和对外展览的日益频繁，希望对文物包装运输领域更加重视，培养更多专业人才，推动文物包装研究的发展。

参考文献

[1] 国家文物局：《出国（境）文物包装工作规范》。
[2] 〔加〕Nathan Stolow 著，宋燕、卢燕玲、黄晓宏等译《博物馆藏品保护与展览（包装、运输、存储及环境考量）》，科学出版社，2010 年。
[3] 李永馨：《阻隔包装设计》，《中国包装》1997 年第 17 卷第 1 期。
[4] 屈远行：《出国展品运输包装须知》，《市场观察》1996 年 10 月。
[5] 王瑛、肖建平：《包装技术在家具物流中的应用》，《木材工业》2005 年第 19 卷第 4 期。

藏品立馆　展览养馆　学术强馆
——一个非国有博物馆在强化"造血型"功能方面的一些探索

李宝宗[*]

国家文物局励小捷局长指出："《博物馆条例》的出台对非国有博物馆一是鼓励发展。鼓励发展就是要将非国有博物馆纳入国家博物馆事业的规划，纳入博物馆的管理体系，纳入公共文化服务的经费支持渠道。"对非国有博物馆来说，这确实是一个利好的消息。但作为一个非国有博物馆来说，除了期待国家财政的公共文化服务购买外，还应该立足现实，探索出一条适合自己的生存和发展的路子来。

基于此，我们郑州市华夏文化艺术博物馆开馆伊始，就制定了"以专题展览为导向的藏品征集，以输出展览为导向的资源获取，以强化学术为导向的服务提升，从而奠定可持续发展"的指导思想。几年来的实践证明，这个办法是切实可行的。

一、办馆理念

（一）创办民办博物馆的目的

人，是需要一种精神的！

---

[*] 李宝宗，郑州市华夏文化艺术博物馆执行馆长。

古人有言：太上立德，其次立功，其次立言，虽久不废，此谓之三不朽。本馆股东，虽皆不才，但躬逢盛世于而立之年，无忧赡老抚幼条件于不惑之季，对那些将自己节衣缩食锱积铢累的私家珍藏，无私奉献于祖国和人民的伟大收藏家们，便自然而然地产生了一种高山仰止，景行景止，虽不能至，则心向往之的感动。

父母子女，衣食无忧，奉献社会，追求不朽！

"小众共有，大众共享"就是郑州市华夏文化艺术博物馆办馆理念的思想基础。

（二）办馆理念的含义

第一，"小众共有，大众共享"理念的含义：所谓"共有"，是指博物馆的藏品目前为四位发起股东，以后则逐渐为越来越多的加盟股东基于奉献精神和物权法意义上的共同占有；所谓"共享"，是指博物馆的藏品为越来越多的社会大众基于文化欣赏意义上的共同享有。

第二，"小众共有，大众共享"理念的实现路径：通过认领的方式（参见《郑州市华夏文化艺术博物馆馆藏文物认领办法》），使华博藏品日益丰富，获得源源不断的资金支持。具体来说，就是加盟股东认领馆藏文物所交之钱款，用于继续征集文物，供后来的加盟者继续认领。如此，则馆藏文物便像滚雪球一样，越滚越丰富。

第三，"小众共有，大众共享"理念的终极目的：通过股东队伍的扩大和由此实现的股权分散，建立所有权与经营权相分离的现代意义上的博物馆治理结构，从而实现发起股东建立"长青华博"基业的伟大理想，以彪炳青史的不朽业绩奉献于生养我们的这片华夏文明的沃土。

第四，"小众共有，大众共享"理念实现的措施：建立"河南省华夏文化艺术品鉴赏俱乐部"，通过给俱乐部会员提供各种优质服务，使其规模逐渐扩大，为"长青华博"基业建立具有奉献精神的，以实际行动追求不朽人生的股东储备库。

（三）股东的最大希望

能够有越来越多具有奉献精神的有识之士明白人生的意义之所在，通过认领的方式，加入到郑州市华夏文化艺术博物馆的股东队伍中来，共同奠定"长青华博"的宏伟基业，以实际行动回到社会，报效祖国，做一个因立志奉献而无愧于祖国的好公民，做一个因追求不朽而无愧于人生的好过客。

二、藏品立馆

从徽标的释义，可以看出华博收藏文物的标准：

第一，太阳神鸟金箔图案，出土于长江流域的金沙遗址，为中国文化遗产标志的主体元素，本馆藏品亦属文化遗产，故使用之。

第二，北首岭晚期红陶细颈瓶，出土于黄河流域，乃仰韶文化典型器，为本馆所藏，同时它亦体现了我馆"历史价值、科研价值、艺术价值"三者完美统一的收藏理念。

第三，黄河、长江乃我们中华民族的母亲河。华夏文化艺术博物馆正是在母亲河的孕育、滋养中诞生和成长的。

三、展览养馆

郑州市华夏文化艺术博物馆是一家于2011年经河南省文物局、民政厅批准建立的股份制民办博物馆。开馆以来，在河南博物院的重点帮扶下，华博同仁秉持"小众共有，大众共享"的办馆理念，坚持公益方向，常年免费开放，在不断提高公共文化服务水平的过程中，先后接待了40多万人次的参观者。

博物馆的基本陈列为"拾来的文明"，共展出五大特色收藏360余件套，并保持按季度调换其中四分之一的更新速度。几年来先后举办的专题展览还有"龙凤呈祥——仰韶文化文物展""朱门芳宴——一个宋金大宅门的理想生活""丝路天籁——汉唐宋元音乐文物展""盛世霓裳——汉唐釉彩文物展""龙龟砚魁——汉唐宋元名砚展""书道圭臬——中原汉唐巨碑名志拓片展""饮食男女——从科技考古看仰韶先民的饮食与婚姻生活"等七个。

从2014年10月开始,其中的三个专题展览"朱门芳宴"、"龙龟砚魁"、"书道圭臬"等被新疆哈密、吐鲁番、昌吉等地的国有博物馆引进。输出展览的实践,不仅扩大了华博公共文化服务的受众面,也在一定程度上强化了博物馆的造血功能。根据计划,我们将在2017年底使我们的专题展览达到10个并进入全国性巡展;如此,仅靠借展费收入,就可以实现运营经费的自给自足了。

2013年7月至9月,国家文物局委托《中国文物报》社与中国博物馆协会组建"全国民办博物馆规范化建设评估工作小组",对全国647家民办博物馆规范化建设情况进行评估,由此结题的《民办博物馆规范化建设研究报告》显示:我们郑州市华夏文化艺术博物馆综合得633.50分;排全国第45位,河南省第1位。

2014年2月,郑州市文物局以我馆"作为民办博物馆主动免费开放……不断规范管理制度、完善开放服务、取得了良好的社会效益",向省文物局推荐参评"2013年度河南省优秀免费开放的民办博物馆"。

2014年12月,河南省民办博物馆协会授予我馆"免费开放"与"学术研究"两个先进单位称号。

2015年2月,郑州市文物局授予我馆"2013—2014年度免费开放先进单位"称号,推荐我馆"朱门芳宴——一个宋金大宅门的理想生活",参加"河南省2014年优秀陈列展览"评选。

四、学术强馆

我们华博之所以能够在短短四年多一点的时间内取得这些成绩,是与我们的理论——民办博物馆的建设理论与博物馆藏品的文化解读能力分不开的。

还在申办阶段的2011年2月,我们就写出了《小众共有,大众共享——关于民办博物馆可持续发展问题的经济学思考》,用以统一几位创办者的思想认识,使大家明确华博的办馆理念,从而夯实其

"奉献公共文化服务事业"的思想基础。

2012年4月，该文在"第三届全国民办博物馆发展论坛"上作为重点论文宣读，后被收录进《第三届全国民办博物馆发展论坛论文集》。2014年，该文经过修改后又被国家文物局主管的中国博物馆协会主办的《中国博物馆》第一期全文刊载。

几年来，在其藏品的文化解读方面，先后有六篇文章在《中国文物报》发表。分别为《龙凤呈祥：仰韶文化"鸟龙"纹彩陶盆——炎黄两大部族融合的物证》、《铅釉·绿釉·银釉》、《史前美术的"拆半表现"手法》、《仰韶文化尖底瓶形制、用途及其取象男根之性质浅说》、《是石磨盘还是石碾盘——一个考古学命名上的错误》、《尘封往事——太平庄农民殷思义耕地时捡到的国宝——鸮鼎》。在《中原文物》发表《钧瓷成熟于北魏至隋唐时期》、《新发现的唐武宗会昌元年石刻〈心经〉》、《有关程颢、程颐、富弼、司马光的一些新史料——宋故中散大夫致仕轻车都尉濮阳县开国子赐紫金鱼袋吴公墓志铭释读》三篇；在重庆文理学院学报发表《仰韶文化发现九十年来的又一个重要发现》一篇。另外，《关于我国原始瓷的起源及其陶与瓷的定义问题》也将在《中原文物》上发表。

上述文章发表后，其中的《史前美术的"拆半表现"手法》和《仰韶文化尖底瓶形制、用途及其取象男根之性质浅说》被中国社会科学院考古研究所的《中国考古》全文收录；其中的《龙凤呈祥》引起争鸣，王先胜发表了《仰韶文化"鸟龙"纹彩陶盆纹饰释读及其重要意义》，张朋川先生发表了《追逐太阳向往光明——读庙底沟类型鸟龙纹彩陶盆》，郎树德先生发表了《中国史前彩陶重器——仰韶文化庙底沟类型"鸟龙"纹敛口深曲腹盆》。

特别值得一提的是，《仰韶文化发现九十年来的又一个重要发现》发表后，引起了香山科学会议筹备组的重视，并邀请我们参加了于2013年12月17至19日在北京香山召开的第842次香山科学会议（主题为"天文考古与中国古代文明"）。香山科学会议是我国科技界以探索科学前沿、促进知识创新为主要目标的高层次、跨学科、小规模的常设性学术会议，参加人员基本上都是两院院士或各门学科的学术带头人。

博物馆建设管理综合研究

打造博物馆的文化标签
——以北京古代建筑博物馆为例

闫涛*

  每个博物馆都有属于自己的独特属性,有异于其他博物馆的优势资源,而这些正是博物馆的宝贵财富,如果能够合理运用,就可以对博物馆发展起到非常良好的作用。除了少部分大型综合性博物馆,现阶段的大部分博物馆都是专题性的中小型博物馆,围绕着一个核心主题展开建设和研究。随着近年来文化建设的大力促进,各个博物馆都得到了长足的发展,无论从基础建设还是展览展示都已经比较成熟了,可以说绝大部分博物馆已经过了基础建设的阶段了,进入到快速发展和服务社会的阶段了。既然是服务社会文化生活,服务广大人民群众的文化需求,那么光有自身良好的建设,被动地接受观众参观是远远不够的,要学会主动出击。主动出击就意味着要更好地吸引到观众的眼球,要想更多的方法来提升自身的知名度和影响力,能在众多纷繁的文化场所中独树一帜,得到更多的关注。

---

* 闫涛,北京古代建筑博物馆社教与信息部文博馆员。作者从参加工作以来一直从事文博行业工作,现在北京古代建筑博物馆业务部门工作,主要负责博物馆数字化建设和信息化工作。一直在博物馆业务部门从事博物馆信息化建设、展览设计制作、数字资料影像拍摄、文物摄影、博物馆数字多媒体建设、电子设备管理等方面工作。参加过多次相关的专业性培训,致力于通过自己的专业知识来为博物馆建设和管理服务。参与北京古代建筑博物馆基本陈列改陈项目、北京古代建筑博物馆数字化建设项目等多项业务工作。

想要提高关注就要有看点，而这些看点就是博物馆自身的特色和优势资源，而如何从自身众多的特点中寻找到最适宜宣传、最符合观众需求的，打造成有特色的标签则是博物馆现阶段发展的一个重点。所谓标签，就是自身的一个替代，也是最简练的宣传，看到标签就能想到博物馆本身，透过标签，最直观地展现博物馆的看点。为了更好地打造文化标签，需要深入挖掘博物馆的内涵和资源，并将优势资源整合，形成鲜明的令人印象深刻的标签。拥有一个鲜明的文化标签只是第一步，而接下来是不断打造标签的含金量，不断地进行有效宣传，扩大文化标签的影响力。现在人们的生活节奏都非常的快速，过于复杂和深奥的博物馆文化很难吸引到观众的眼光，所以凝练的文化标签是博物馆展示自己、提升影响力的有效方法。

以下以北京古代建筑博物馆为例，简要介绍一下如何打造博物馆文化标签。

一、简介北京古代建筑博物馆

先农坛坐落于北京城中轴线南段的永定门西侧，与天坛隔着中轴线分列东西相对应，于明永乐十八年（1420）开始建造，距今已有近600年的历史。

北京古代建筑博物馆是以先农坛古建筑群为基础建设，以收藏、保管、研究和展示中国古代建筑史、古建文化、古建技术与艺术以及先农坛历史文化为任务的专题性博物馆，是新中国第一座建筑类专题性博物馆，国家二级博物馆。博物馆把宣传传统建筑文化和先农坛文化，保护和修缮先农坛古建筑群落，展览展示优秀中华传统建筑精华为己任，着力打造以传统建筑文化为内涵的专题性博物馆。

二、北京古代建筑博物馆的文化标签定位及打造

通过深入挖掘博物馆的文化内涵，整合优势资源，并在此基础上开展新的探索，开发出了四个方面的博物馆文化标签，分别是：

古建筑主题展览、先农坛文化、文物鉴定活动和文化创意产品。

围绕着这四个文化标签，北京古代建筑博物馆进行了着力打造，将其作为服务社会的依托，同时通过标签的打造展开宣传，扩大博物馆的影响力，促进博物馆的快速发展。

1. 打造富有特色的古建筑主题展览

展览是博物馆最基本的工作之一，作为古建筑主题的博物馆，制作特色突出、贴合观众参观需求的展览是博物馆工作的重点。拥有优秀的展览可以吸引到更多的观众来参观，而特色鲜明的展览将成为博物馆最有效的看点。博物馆要想让观众记住，首先要打造出具有特色的展览，所以展览作为博物馆最重要的标签，是工作的重中之重。北京古代建筑博物馆首先拥有在场馆中长期固定展示的"中国古代建筑展"，作为博物馆最重要的展览之一，2012年，经过三年准备，重新改陈对外开放，陈列在先农坛太岁殿院落。展览全方位地介绍了古代建筑发展的历程和建筑的技艺，通过丰富的展品、多样的展览形式为观众了解中国古代建筑文化、学习古建知识创造了一个专业的平台。很多观众就是慕名来参观展览的，无论是想要看到精品展品还是学习古建知识，甚至只是想感受一下古建筑的魅力。总之，一个好的展览是博物馆最好的代言，最好的标签。但是固定陈列是固定标签，不来就看不到，因此博物馆精心打造了一系列的小型专题展览，作为临时展览丰富博物馆的展览内容，同时作为巡展来扩大博物馆影响力，"走出去"宣传古建文化，宣传博物馆。

博物馆内的基本陈列是综合型的讲述古建知识和文化，但是受到展线的限制，很多内容无法详尽展示，很多方面也仅仅是点到为止，这样一来观众对很多知识的延伸了解都无法得到有效满足。在此基础上，也是为了更好地展示博物馆对古建筑文化的研究成果，选取了一系列有代表性的内容制作了小型专题展览，从某一个单一方面出发讲述古建筑。这种专题性展览首先作为博物馆内部的临时展览供观众参观，取得非常良好的效果，很受欢迎。因为很多观众的古建专业知识并不丰富，对基本陈列的全面了解和参观显得有些力不从心，而且一些过于专业的知识对他们来说也比较枯燥。而围绕一个主题详尽展开的展览正好符合这部分观众的需求，也激发了他们的观展热情。临时展览都是短期展览，也是便于快速更换，常有常新，同时为展览"走出去"打下基础。这些内容精练、集中，设计形式多样、灵活的展览是快速提升博物馆知名度，打造良好观众基础的特色标签。

在临时展览取得一定的成绩之时，可以适当地开展国内的巡展，将博物馆的研究成果推广到全国各地去，同不同地区的观众见面，更好地宣传传统建筑文化。当一个博物馆拥有了自己独特的文化标签之后，接下来就是努力推广开来，而巡展这种形式就是有效的推广手段之一。虽然现今社会拥有发达的数字技术和网络环境，可以通过虚拟的手段开展宣传，但是毕竟不如身临其境的感受深刻，所以通过巡展把博物馆推广出去是快速而行之有效的手段，也取得了良好的效果。可以说巡展让博物馆的文化标签变成了"活"标签，不再是等着观众来看，而是流动起来主动开拓新的观众群体，传播影响力。

在专题展览国内巡展取得良好效果的基础上，博物馆又将展览作为外展，推向了国际，目前在亚洲、澳洲和欧洲多国都开展了良好的合作。作为传统文化的精华之一，古建筑一向受到外国观众的欢迎，也是国际社会了解中国传统文化的有效途径。通过流动起来的展览，博物馆的影响力一下子扩大了很多，这既是一种最好的宣传，也是博物馆能力的体现。可以说古建主题展览已经是北京古代建筑博物馆的鲜活的标签，并且被越来越多的人认可，博物馆的文化标签已经成功打响。

2. 围绕先农坛展开文化挖掘

古建筑文化是博物馆的一大主题，而先农坛文化是博物馆的另一大主题，博物馆本身就坐落在先农坛内，在举办展览的同时肩负着保护和修缮先农坛古建群落的责任，先农坛就是博物馆最宝贵、最独特的资源。博物馆成立以来，围绕着先农坛的历史和文化展开了细致的研究，搜集了大量的文物资料和史实照片，始终坚持对先农坛的保护和研究不放松。先农坛已经成为了博物馆地标性的标签，同时也是最重要的文化标签之一。有很多观众是对古建展览感兴趣而来博物馆参观的，而有相当一部分观众是慕名先农坛这一皇家祭祀场所而来参观的，可以说先农坛已经是博物馆的代名词，对很多不熟悉展览的观众，先农坛则在他们的认识中占有相当的地位，通过先农坛的名声也进一步推广了博物馆。

对于先农坛古建筑群落保护和修缮的成果，以及几十年来对先农坛文化的研究，博物馆打造了全新的"北京先农坛历史文化展"，全方位地展现了先农坛从无到有、从古到今的发展变迁，是观众参观先农坛、了解先农坛文化最直观的方式，通过展览，还原了先农坛的历史面貌，展现了先农坛的功用，展示了先农坛的各种祭器等等。同时，也在还原历史的基础上推广了重农的思想，倡导了传统农耕文化的精髓，是对观众的一种科普性的教育。

为了更好地展现历史上先农坛的功能和面貌，每年清明节前后，博物馆都举办祭祀先农文化展演活动，通过还原当年祭祀的过程，从祭祀的祭器到祭祀的流程，再到祭祀的礼乐，都严格遵照古制进行还原，力求为广大观众呈现出最真实、最准确的祭祀场景。通过近年来该项活动的成功举办，收到了非常良好的效果，无论从观众的反馈还是媒体的宣传都是非常的肯定。现今，该项活动已经成为博物馆每年固定的活动，形成了品牌，形成了一定的影响力。可以说该项活动是博物馆最新的鲜明标签，并且是博物馆标签中最吸引眼球的一个，对博物馆发展和宣传起到了非常重要的作用。

作为博物馆的重要标签，不仅仅是挖掘其价值，更要对先农坛展开保护，从博物馆建立以来，始终坚持对古建筑群落的腾退保护和修缮工作，将博物馆发展同先农坛文保相结合，相辅相成，互惠互利。可以说先农坛是博物馆的重要标签，同时博物馆是这个标签最坚定的守护者，始终为能让这个标签更加的闪亮而不断努力工作。

3. 开发服务社会的新亮点——鉴宝

博物馆在举办展览的同时，也不能仅仅局限于此，要根据自身特点来开发出新的工作亮点。北京古代建筑博物馆和北京博物馆学会合作，每年的国际博物馆日为广大的藏友们开展文物鉴定活动，满足了很多藏友有收藏却不知真假的困惑。近年来随着社会经济建设的飞速发展和人民生活水平的不断提高，收藏热逐渐兴起，成为了社会最热门的话题之一。但是伴随着收藏热的出现，市场上也有很多作伪的手法迷惑着广大的藏友，考验着藏友们的眼光。毕竟绝大部分藏友都属于刚刚入门甚至完全是门外汉，全凭着一腔热情就投入到收藏的行列中来，很容易打眼。这时候需要有权威的机构出面为大家答疑解惑，需要为大家进行正确而理性的引导，引导广大的藏友用正常的心态和合理的投入进行收藏，不仅仅是关注藏品的价值，更多的是传承优秀的中华传统文化。经历了几年的活动，鉴宝已经成为博物馆的一个鲜明的标签，很多老藏友已经把每年的这一天当成和大家交流的场所，向老师学习的场所，获得了越来越多的藏友的欢迎。博物馆也通过鉴宝活动承担了更多的社会责任，扩大了自身影响力，也吸引了更多关注的目光。

4. 打造独具特色的博物馆文创产品

博物馆的各种标签都是看的，无法带回家，很多观众对此也是始终觉得非常遗憾，因为古建元素非常的丰富，先农坛文化也独树一帜，很多观众都希望能够在参观展览的同时也能带回一些有特色的纪念品。由此出发，博物馆深入挖掘文化内涵，从古建元素和先农坛文化两方面着手设计、制作，同时根据市场的需求，逐步推出一系列的文创产品，并且不断推出新产品，令观众总有新鲜感，能够在参观之余，把展览中看到的最喜欢的元素带回家，把参观中看不到的文化内涵，通过具象的形式带回家，把枯燥的文化变得鲜活生动带回家。每一件文创产品都有博物馆的形象和标识，是博物馆宣传和文化传播的一种延伸，可以说通过文创产品，观众把博物馆的形象带回了家。目前博物馆开发的文创产品都是具有一定的实用性，观众在留作纪念的同时也方便了生活，可谓一举两得。博物馆的文创产品是博物馆最直观的标签，也是流传最有效的标签，通过文创产品，极大地提升了博物馆的知名度。

北京古代建筑博物馆通过文化标签的打造，提升了博物馆知名度，扩大了博物馆影响力，使博物馆令人印象深刻。文化标签也成为了博物馆宣传的亮点，博物馆的宣传围绕着文化标签展开，使得宣传有重点，有内容，不空洞。作为专业性很强的专题性博物馆，所传播的古建文化是具有一定的知识性的，所以更需要找准自己的标签，才能将博物馆所要表达的内涵更好地传递给观众，得到观众更大的关注度。通过近年来文化标签的打造，北京古代建筑博物馆已经形成了清晰的工作脉络，今后还要不断深入挖掘，在原有文化标签逐渐成熟并取得良好效果的基础上努力开发新的文化标签，更好地传承传统建筑文化，保护先农坛古建筑群落，传承先农坛文化，服务观众，服务社会。

小型博物馆的综合利用在地域文化品牌中的塑造
——以万松老人塔为例

姚华容[*]

  由于各种历史原因,中国现存的旧城区文物建筑的保护利用缺乏有效的政策引导和必要的资金保障,普遍存在日趋衰败的现象。而一些受到保护但面积又小的文物建筑仅仅作为博物馆又有其许多弊端。文章以万松老人塔为例,对衰败原因进行调研分析,探讨保护性再利用的可行性,并从建筑保护、城市发展和文化传承等不同层面,提出了在保护文物建筑的前提下,一系列改造再利用的方法和经营策略,为塑造地域文化品牌,探寻出一条保护历史文脉与当今城市发展相结合的新道路,以此带来良好的社会效益和经济效益。

  文物建筑具体反映的是一个城市在某个时代所特有的文化、特色及历史特征,是人类的共同财富。按照习近平总书记所说:中华文化积淀着中华民族最深沉的精神追求,是中华民族生生不息、发展壮大的丰厚滋养。讲清楚中华优秀传统文化是中华民族的突出优势,是我们最深厚的文化软实力。

  博物馆是传统文化展示的平台和表现形式,是传统文化的一个最大、最重要的文化载体,它对文化遗产的传承起着重要的作用。因此,《中华人民共和国文物保护法》第二十三条规定:核定为文物

---

  * 姚华容,西城区文物保护研究所所长。

保护单位的属于国家所有的纪念建筑物或者古建筑，除可以建立博物馆、保管所或者辟为参观游览场所外……也就是说文物建筑利用优先考虑的是博物馆等相关的用途。然而，对于面积很小的文物建筑仅仅作为博物馆是否是其最恰当的利用方式呢？本文试图通过万松老人塔近几年的探索及所取得的社会效益，论述小型博物馆的综合利用在地域文化品牌中的塑造。

一、历史沿革

在原东、西城，北京民间曾流传着这样的俗语——"东城无塔，西城五塔"。意思是说，在北京内城的范围内，以正阳门至钟鼓楼为中轴线，东城的区域内是没有佛塔的，西城的区域内却有五座佛塔。而曾经作为北京标志性建筑之一的万松老人塔就是这五塔之一。

万松老人塔位于西城区西四南大街43号。1995年公布为第五批北京市重点文物保护单位，2013年被国务院公布为国家级重点文物保护单位。

塔始建于元代，塔原为八角七级密檐式砖塔。明万历三十四年（1606）重修。清乾隆十八年（1753）重修时将原塔含砌于塔内，成为"塔中塔"。同时加高至九级，变成密檐八角九层砖塔。塔高约15.9米。密檐下不施斗拱，为叠涩封护檐，顶部为尖形筒瓦顶，最上为刹座和宝珠。该塔为北京城区内仅存的一座砖塔。1927年北洋政府交通总长叶恭绰等人组成"万松精舍"，筹资整修，并加筑了围墙和东向大门。在门上石额书"元万松老人塔"。1986年西城区政府出资重修，施工中发现了清乾隆十八年（1753）重修时裹砌其内的元塔。

此塔为金元时代高僧万松老人的葬骨塔，故名万松老人塔。万松行秀（1166—1246），俗姓蔡，河内（河南怀庆）人，号万松老人，自称万松野老，为金、元时期佛教曹洞宗的高僧。他深得佛法，又精通儒学，深受金章宗器重，并为元代名臣耶律楚材之师。他用"以儒治国，以佛治心"的思想极大地影响了耶律楚材，使他在中书令任期内大力推行此主张。81岁圆寂，后人为纪念他而修建了这座墓塔。

随着时代的变迁，一些文物建筑原有的人性空间和历史文脉在悄然丧失，人们对其产生的文化认同感也在逐渐降低，人们不再把它作为一个神圣的空间，而是作为人们普通生活的一个组成部分。万松老人塔的使用也经历这样的过程：民居、羊肉铺、照相馆……处境艰难。由于周边都是民居，老百姓为了生计的需要，私搭乱建的建筑层层包围在四周，最近的距离不过 50 厘米。这时候的万松老人塔作为文物建筑的文物价值似乎已"荡然无存"。然而，作为重要的文保单位和有着深厚历史底蕴的建筑遗产，我们有充足的理由要让它摆脱日益衰败的轨迹，让它再现历史风貌。

2006 年，地铁四号线将从万松老人塔下穿过，根据《中华人民共和国文物保护法》第二十六条第二款"对危害文物保护单位安全、破坏文物保护单位历史风貌的建筑物、构筑物，当地人民政府应当及时调查处理，必要时，对该建筑物、构筑物予以拆迁"的规定，启动了万松老人塔周边建筑的拆迁工作。拆迁范围为西四大街 39、41、43 号及砖塔胡同 2 号，搬迁面积 800 平方米，搬迁经费 3000万。通过拆迁，确保了地铁施工期间文物建筑的安全和周边居民的安全，为进行全面勘察、组织实施文物修缮排险工程创造了必要的条件；同时院内非文物建筑的乱搭乱建的房子被拆除后，净化了文物建筑环境肌理，使万松老人塔不再被簇拥在凌乱的、不见天日的房屋中间，为恢复万松老人塔周边的历史风貌创造了必要的条件。

二、探索万松老人塔的使用方式

在文物建筑再现历史风貌、获得生命的同时，我们还应关注文物建筑生命的延续与发展，完成历史赋予它展现时间、空间特点的文化使命，重新确立它作为文物建筑在新的社会需求方面的价值和意义。因此，腾退以后的万松老人塔如何使用，一直是区委区政府关注的内容。

1. 仅仅作为墓塔，或成为一个完全开放的空间

显然，如今的万松老人塔不仅仅是万松行秀的墓塔，更多的是作为地标建筑。尽管我们希望文物古建沿袭原有的使用用途,但是随着时空的变化,在如此一片闹市区与原有墓塔所需要的周边宁静的环境极为不协调。

也有人提出拆除塔院围墙,建设成完全开发的城市文化景观的设想,这不仅要破坏一部分文物建筑(围墙),也不利于墓塔的管理。

2. 作为纯粹的办公场所

作为万松老人塔的主管单位,西城文委在如何保护好这座古塔上还进行了深入研究。建国后万松老人塔一直由西城区修理公司综合加工厂木箱厂使用。经协商西城区修理公司综合加工厂于1983年3月15日将万松老人塔移交给西城区文物管理所。到2006年前,由于周边紧紧包围着民居、药店,文物管理单位仅在十多平方米的面积内死看死守着这座砖塔,不让其坍塌。随着万松老人塔周边建筑拆迁腾退后,文委也让其下属事业单位西城区文物管理处进驻其中办公,在办公的同时做好保护工作。但办公毕竟不是开放的场所,在"文化遗产人人保护,文化成果人人共享"的今天,这也不应该是一种最好的利用方式。

3. 仅仅作为博物馆

按照《中华人民共和国文物保护法》的规定,我们也想到建立博物馆。对于万松老人塔建立博物馆是它"合理使用"最好的方式吗?首先,作为一个博物馆需要成立一个机构,增加人力、物力等更多的运营成本。其次,这个博物馆所展陈的内容能满足现代人的需求吗?笔者认为,在仅有几百平方米的地方建一座博物馆不是非常现实的,展厅、库房、观众参观休息的场所怎么划分?总的来说,不是所有的文物建筑腾退以后都适合作为博物馆。

仅仅作为博物馆,势必只是实现了需求的单一性。同时,这种不加区分的采用被动式保护,让一些文物建筑基本上处于被动的"冷冻式"保护状态,它割裂了文物建筑与社会综合功能需求发展的必然联系,它忽略了文物建筑的适应性再生和再利用,否定了建筑利用的有机更新的必然性,使历史建筑提供的社会功能中处于一种亚健康或病态的状态,收效甚微。

三、文物利用的理论与实践探索

《巴拉宪章》在提出"对某些社会物质功能明显不能适应当代社会需求的历史性建筑进行功能充实与调整"的同时，还希望"为建筑遗产找到恰当的用途，符合社会经济、文化整体发展的目标，合理地利用这笔宝贵的财富"。而保护文物建筑的最高国际准则《威尼斯宪章》也提到："为社会公益而使用文物建筑，有利于它的保护。"罗马文物保护与研究中心前主任费尔顿也曾说过："维持文物建筑的一个最好方法是恰当地使用它们。"

回首香港政府推出的"活化历史建筑伙伴计划"，他们已经取得了良好的社会效果。香港的成功经验是：通过设立专门机构及完整的制度、创建"伙伴"关系、加大公众参与力度等措施，推动内地历史建筑的保护与更新，保证文物建筑的健康生存与发展。该模式的优点在于，在政府及专业人士的监督之下，将历史建筑交予社会机构运营，既能减轻政府负担，又能有效地保证在运营过程中历史建筑的历史文化价值不被破坏，同时还能提高公众对于历史建筑保护与更新的关注度，是一种多赢的历史建筑保护模式。

我们也积极寻求一种历史建筑保护、利用新模式，实现多赢。

四、文化传承的新要求

党的十八大报告指出："全面建设小康社会，实现中华民族伟大复兴，必须发挥文化引领风尚、教育人民、服务社会、推动发展的作用，并强调建设优秀传统文化传承体系，弘扬中华优秀传统文化。"这里所指的优秀传统文化是指中华传统文化中历经沧桑而积淀传承下来的精华部分，是中华民族五千年文明智慧的基本元素和珍贵结晶。万松老人塔就是优秀传统文化之一。

为了全面深化改革，推动文化体制机制创新，落实中宣部、北京市提出引入竞争机制，吸引社会力量共同参与公共文化建设，促进公共文化服务社会化。为此，为了更好的创新、利用已有的文物建筑空间，积极落实西城区委区政府建设"书香西城、文化家园"的工作任务，区文委决定利用现有的万松老人塔将其打造为公共阅读空间，使之成为博物馆、图书馆、档案馆、京味书房"三馆合一加书房"的模式。

五、万松老人塔保护和利用的新探索

根据万松老人塔文物建筑的外部形态、空间特点及所承载的历史文化，西城区政府决定将其定位为文化产业类建筑，使更新后的万松老人塔已不仅仅是基于保护和再利用的层面，更是担负着延续历史文脉，复兴北京旧城中心区，带动周边文化产业发展的重任。

而文物建筑的保护与更新规划难以落实的一个重要原因是其运营模式、制度保障、资金保证及公众参与等问题。为此，我们试点由第三方（正阳书局）运营管理，由区文委、北京出版集团、区文物管理科处、区第一第二图书馆、长安街街道、义达里社区、正阳书局共同组建成立管委会，探索公共文化设施运营主体的多元化，实施"管办分离"，由政府出标准，抓方向，严考核，由企业和社会主体负责运营。运作过程以对北京文化的保护与发掘为线索，准确立意，独特创意，打造公益文化的营盘，适当进行商业运作，让文化生态保持个性的同时且形成良性循环，探索出一套充分发挥历史文化遗产精神价值、文化价值和实用价值的方法。借此提升我区居民的精神文化生活质量，继而成为丰富城市生活的重要组成部分，打造京城阅读新地标。在发展过程中积极调整，进一步激发社会力量投入公共文化服务体系建设的积极性。

项目管理委员会组织架构：

管委会成员	职责
西城区文化委员会	协调管委会各成员开展各项工作，对整体保护利用方案监督管理。
西城区文物管理处	负责项目初期基础设施建设。

续表

管委会成员	职责
西城区第一、第二图书馆	划拨阅览室所需文献,定期进行更新,参与组织、策划读书会活动。
西城区西长安街街道办事处	提供项目所需部分硬件资源,属地支持协调周边环境。
义达里社区	组织策划属地居民、企事业单位参加读书会活动。
正阳书局	负责项目整体运营,搭建资金渠道,组织策划公益文化活动,阅览室的书目资源规划,日常安保工作及人员开支。
北京出版集团	针对项目需求提供出版物发行平台。

六、万松老人塔的空间分割

万松老人塔的几个房间经过精心布置后,被划分为"三馆合一加书房",即博物馆、图书馆、档案馆、京味书房几个区域,我们统称"砖读空间"。房间不大,但很精巧。

作为博物馆的屋子里,不仅有砖塔几十年变迁的老照片、砖塔胡同来历的说明、生活在砖塔胡同的名人的介绍,还有经营者收藏的近4万件的老旧资料、老物件等,比如有出土于灯市口地区的元代白色琉璃瓦;康熙年间朱彝尊的《日下旧闻考》……摆满的金石拓片、旧单据、老照片、老地图、文房四宝等,见证了老北京的沧桑岁月。室外的万松老人塔图书馆里摆满了"北京人写的、写北京人的、在北京写的书"。有10个大书架有关北京的新古旧书、舆图,还有鲁迅先生的《鲁迅全集》,京味作家老舍、汪曾祺、王朔、刘绍棠等人的作品集……您可以从这个窗口认识北京、了解北京。这个图书馆有别于一般意义上的图书馆,您可以在这里尽情地品味。如果您还不能尽兴,您还可以办一个借书证,将图书带回家细细品读。如还爱不释手,您还可以把它买回家。

小型档案馆不仅以图文的形式介绍了万松老人塔的前世今生，而且店主收集的许多资料性质已经发生了变化，成为了文献。如日伪时期"北京都市计划要图"可以看出，日本人已经对即将占领的北京做了全面的规划；一本20世纪80年代的《西城区情》里面的很多数据、图表等都变成了档案，作为我们研究西城区情的依据……

京味书房里，可以三五好友一起聊历史、聊北京，或者开办一个小型讲座、评书、沙龙、读书会、画展等文化活动。如这里开展的《北京画话北京》意在通过不同的语言艺术诠释北京的历史文化。

2014年4月23日是世界读书日，位于西城区的全国重点文物保护单位万松老人塔，历经多年修缮后开门迎客，同时迎接客人的，还有古塔脚下的首个非营利性公共阅读空间——"砖读空间"（正阳书局）。从此，市民来这里不仅可以免费参观文物，还能免费借阅书籍。

总之，我们这里所说的"砖读空间"就是这样一个公共阅读空间，它免费对观众开放。这里不仅能观景，还能买书；不仅能买书，还能借书；不仅能借书，还能聊书；不仅能感受历史，还能感受文化……踏进大门，您感受到的是浓浓的老北京四合院的大情趣，"天棚鱼缸石榴树，老爷肥狗胖丫头"。塔的四周种满了花草，浴缸里鱼儿快乐地嬉戏，随意拿起一本书，您可以在日光棚坐下，度过一段惬意、休闲的阅读时光。通过这种"三馆合一加书房"的模式，不仅保护了万松老人塔的安全，实现了文化资源人人共享，还节约了管理成本，产生了良好的社会效益。

七、运营以来所产生的社会效益

如今的"砖读空间"已经成为西城地域的文化品牌。据介绍，每天到"砖读空间"的读者、游客络绎不绝，接待量在400—500人（除下雨等天气因素外）。人们来到这里，或多或少都得到了收获。

这里也成为媒体宣传的重点：《人民日报》将其评为"北京最美阅读空间"之一；首都文明网也将其称为"古塔脚下闻书香"；北京

电视台宣传"万松老人塔免费向公众开放,变身公共阅读空间"……而亲身感受后的游客也记录下了他们的感受:北京阿龙:西四砖塔胡同的砖塔小院焕然一新,里面古香古色,正阳书局入住其中也算是完美结合,砖塔守望北京城元明清三朝,正阳书局专营老北京文献,进入其中即便不买书,拿起一本在窗下阅读也有文字与景色和谐之美。桃宝:今天不是很热,下午去了正阳书局坐坐,小院没有几个人,安静悠闲,与院外嘈杂喧闹的西四相比简直置身于仙境一般,倍感安逸。樱桃:周末巧遇万松老人塔,竟然对外开放了,从小路过都只是扒着门缝往里瞧,这回可以正大光明地进去品鉴一番。原来正阳书局入住这儿小二合院,闲来品茶看书赏塔,又一乐哉去处也……

这里还接受社会、个人书籍捐赠,已捐赠的图书上千册(套)。

结语

小型文物建筑的保护、利用,不应是简单的功能置换和重新开发,不应只是博物馆单一模式,相反,由于其内容的多样性,而应建立一种整合的方法,让社会力量和政府共同参与,使其成为既包含历史特质,又符合时代要求的新的空间环境,实现文物建筑保护和可持续性开发再利用等多种要素的共生。

本文对旧城区文物建筑的改造再利用仅停留在探讨和建议基础上,但我们却迫切希望政府和相关部门对北京文保单位存在的隐患引起足够的重视,并拿出切实有效的行动,并出台旧城区文物建筑保护再利用的相关法规,允许民间资本介入以提供充足的资金保障,使其再现原有的历史风貌和文脉传承,将闲置资产转变为优质资产,发掘其历史价值和文化价值,探索文化产业模式,并产生相应的社会经济效益,使旧城区文物建筑再现辉煌,延续城市的历史文脉,并探寻一条保护历史文化与现实城市发展的新道路。

万松老人塔老照片

修缮前的万松老人塔

修缮后的万松老人塔1

如今的万松老人塔1

如今的万松老人塔2

如今的万松老人塔3

博物馆是传播中国传统文化的使者
——以北京石刻艺术博物馆文化走出去项目为例

石奕[*]

博物馆作为公共文化服务机构,在展示人类文明、促进文化交流、提高人民群众思想道德和科学文化素质等方面发挥着十分重要的作用。

博物馆的主要职能是对文化资源进行发掘、保存、研究、再现并传承。每一家博物馆都具有自身的藏品特色以及其所蕴含的文化内涵,这正是博物馆文化所具有的独特性和专有性。博物馆要深度发掘自身资源,通过推出特色品牌活动、以馆藏精品为基础的专题展览、文化讲座沙龙、互动项目等交流活动,采用多种媒体宣传途径,引发观众特别是青少年观众的兴趣与关注,进而促进博物馆更好地传播中国传统文化。

一、北京地区的石刻文化荟萃之地——北京石刻艺术博物馆

北京石刻艺术博物馆是一座以收藏、研究、展示和保护北京地

---

[*] 石奕,馆长助理,长期从事博物馆社会教育工作,参与组织策划"五色五香"五塔寺端午文化嘉年华、"正气歌 歌正气"青少年书法行动、"五塔登高庆重阳"等文化创意品牌活动,具有一定的理论与实践经验。

区石刻文物为主的专题性博物馆。博物馆建在明代皇家藏传佛教寺院真觉寺旧址中，馆内有原真觉寺仅存之石塔——金刚宝座塔，塔建成于明成化九年（1473），1961年被国务院公布为第一批全国重点文物保护单位。目前馆藏石刻文物5600余件，分为石刻、石雕两大类别，包括祠墓碑刻、会馆碑刻、墓志、法帖碑刻、寺庙碑刻、耶稣会士碑刻、陵墓石雕、建筑石雕等。其中有珍贵的汉阙及阙的残构件、东汉石人、北齐造像、宋代针灸穴位碑，也有艺术水平极高的金、元石雕，雕镂精湛的清代石享堂，还有大量的北京地区的各时代碑刻、墓志实物及《诒晋斋》、《敬和堂》等法帖和名家书法刻石，堪称北京的碑林。多年来博物馆致力于对藏品的来源、知识内涵、藏品价值、文化进行深入研究，为更好地开展和传播中国传统文化奠定了坚实基础。

二、根据博物馆的藏品特色及所表现的文化内涵策划推出特点鲜明、形式多样的主题巡展与互动项目，为更好地交流传播中国传统文化打下基础

（一）石刻博物馆依据自身藏品特色，策划了多个主题巡展项目，意在使更多的人们特别是青少年了解北京地区石刻文化精粹

1. "赏石刻认草书"——草书要领书法帖石拓片展

展览以馆藏清代《草书要领》刻石拓片为主题。《草书要领》刻石共计二十九方，正反刻，刻石以楷书、草书、篆书三种风格不同的书法对照镌刻，全篇气韵生动，一气呵成，堪称学习草书之良范，观众可以更深刻地体会三种书体的书写章法和作品风格，欣赏中国传统书法艺术的美。

2. "云路鹏程"——乾隆御笔诗碑拓片及诗文篆刻展

展览以馆藏四通乾隆九年御制诗碑拓片、篆刻印谱印章为主题。馆藏乾隆御制诗碑是乾隆九年，乾隆皇帝在翰林院一次宴会上即席创

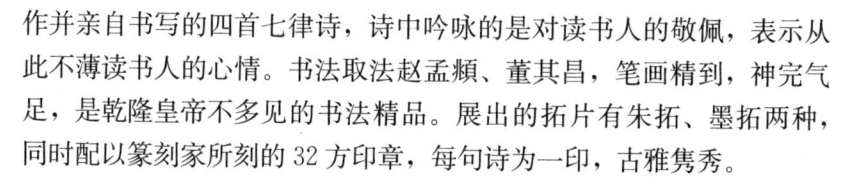

作并亲自书写的四首七律诗，诗中吟咏的是对读书人的敬佩，表示从此不薄读书人的心情。书法取法赵孟頫、董其昌，笔画精到，神完气足，是乾隆皇帝不多见的书法精品。展出的拓片有朱拓、墨拓两种，同时配以篆刻家所刻的 32 方印章，每句诗为一印，古雅隽秀。

3. "馆阁气象"——明清皇家书法刻石拓片展

展览以馆藏朱元璋、康熙、雍正、乾隆以及皇亲国戚等的书法刻石拓片为主题，通过展出不同载体上的明清两代皇家书法精品，全面展现这一书法类目前在书法史中的重要地位，反映清廷皇族的书法造诣和贡献。

4. "软硬张弛"——草楷法书帖石拓片展

展览以馆藏楷书、草书两种风格不同的书法帖石为主题，通过清代《草书要领》、《间架结构九十二法》等的拓片 100 余幅，观众可以更深刻地体会两种书体的书写章法和作品风格的不同，欣赏中国传统书法艺术的美。

5. "明四家"——馆藏书法帖石展

展览以馆藏明代四大书法家祝允明、文征明、董其昌、王铎书法帖石拓片为主题。祝允明、文征明、董其昌、王铎是明代中晚期著名的书法大家，均是明代书法发展进程中极具代表性的人物，被世人誉为明代书法四家。馆藏明四家帖石拓片，是传世的四家书作中极为难得的内容，意在与喜爱我国书法艺术的观众共享。

6. 北京地区墓志拓片精选展

展览以馆藏四十八件墓志拓片为主题，均是北京地区陆续出土的，年代自唐至民国，是馆藏的六百余件墓志拓片中的一小部分。这批历史人物安葬于北京，载有他们传记的墓志，一方面体现了墓主人的德行、学问、技艺、政绩、功业，为研究北京地区古代家族史、北京史乃至国史提供确实的史料；墓志的撰文、书丹者多是当时社会名流及书法艺术家，从文学、书法方面也表现出很深的造诣。

7. "翰墨写正气，丹心照汗青"——馆藏《正气歌》帖石拓片展

展览以馆藏文征明大字行书文天祥《正气歌》48 方石刻的拓片

为主题,《正气歌》是南宋名臣、诗人文天祥创作并被后世广为传颂的著名诗篇,被书法家一再书写。石刻馆所藏文征明行书《正气歌》就是其中的一件精品,字体硕大,笔力遒劲,堪称文征明书法的力作。

8. 在中国的法国耶稣会士墓碑拓片展览

展览以北京石刻艺术博物馆馆藏 36 通传教士墓碑拓片为主题,这些传教士包括张诚、白晋、雷孝思、蒋友仁等,他们在中国传教的同时也架起了一座中西方文化交流的桥梁。

以上巡展项目,体现了博物馆的藏品特色,蕴藏丰富的文化内涵。目前部分展览已在北京地区学校及外省市巡展,收到了较好反响,在未来,我们希望这些展览可以走入更多的城市,和更多的观众特别是青少年朋友们分享北京地区石刻文化。

(二)依据博物馆特色,策划适合观众特别是青少年参与的相关非物质文化技艺的互动交流项目

1. 拓片技法互动项目

众所周知,保存石刻文物资料的最好方法就是拓片。拓片是我国一项古老的传统技艺,是中国古代人民记录和保存文献资料的重要方式之一,已有数千年历史,入选中国国家级非物质文化遗产。石刻博物馆自身藏有 2000 余件石刻文物拓片资料,同时拥有一支国家一级资质的传拓团队,鉴于博物馆的藏品特色和资源优势,博物馆策划了"拓片技法互动项目",同时在馆内还设有"石刻坊"青少年活动教室,由专业的老师传授拓片技法,并将馆藏《诒晋斋》、《敬和堂》等法帖中有代表性的帖石仿刻专门用于教学,青少年和观众们通过亲手参与,不仅可以学习到中国传统精湛的技艺,同时拓印下的字迹可以临习,内容可供研究,使碑帖所表现的文化内涵通过拓片走入青少年的心中,走进千家万户,正向陆游诗上说的"何方可化身千亿,一树梅花一放翁"。

2. 篆刻互动项目

石刻博物馆馆藏刻石中不乏帝王书法碑刻,其镌刻内容包含一

些帝王书法篆刻印章，加上石刻艺术博物馆是以石刻为主的专题性博物馆，因此我们策划开发了篆刻互动项目。篆刻是以石材为材料、以刻刀为工具、以汉字为表象的一门独特的镌刻艺术，迄今已有三千多年的历史，并入选人类非物质文化遗产代表作名录。它既强调中国书法的笔法结构，又突出镌刻中自由酣畅的艺术表达，于方寸之间施展技艺，抒发情感，深受中国文人及普通民众的喜爱。篆刻艺术作品既可以独立欣赏，又可以在书画作品等领域广泛应用。我馆利用自身优势，请本馆的篆刻方面老师授课，以文化沙龙的形式邀请感兴趣的观众学习篆刻，在多次文化走出去项目中，石刻馆的篆刻互动项目也博得了观众的好评。

3. 扎染互动项目

石刻馆还结合传统手工艺"扎染"策划了互动项目。扎染古称夹缬、染缬、绞缬和扎缬，是中国的一种古老的扎染工艺。通过各种的折叠方式，用针线、绳子等把织物缝绞捆扎起来浸入染料，使结扎起来的部分不能着色。结合丰富的缝扎技法，染成的图案纹样多变，具有令人惊叹的艺术魅力。扎染有着悠久的历史。观众们通过自己动手缝扎小布块，煮染后的成品可带走留念。这个项目同样深受青少年特别是女性朋友们的喜爱。

以上互动项目，通过寓教于乐的传播方式，青少年及观众们可以在轻松的氛围中亲身体验、感受博大精深的传统技艺。

三、充分利用各种展示、交流、传播的平台，让博物馆的文化走出去，使更多的人们感受到北京地区石刻文化的魅力

（一）博物馆走进学校。多年来石刻博物馆与北京市几所大中小学校建立了共建关系。我们将博物馆的巡展、互动项目、讲座带进学校，传播中国传统文化

例如石刻博物馆与温泉第二中学共建 16 年，每年我们都会为学校送去两个巡展及讲座。同时我们也将拓片互动项目带进学校，这个项目作为学校的特色项目，在校的每一位学生都有机会参与体验，

我们的专业老师带着教学的碑刻，通过知识讲座、现场演示，并手把手地辅导学生拓片，并和学校共同编写了《石刻艺术》的校本教材。每年我们还会和学校共同举办拓片比赛、优秀作品展等活动。这个传统项目深受师生的喜爱，老师们也纷纷表示：学生们通过拓片，学习了传统技艺，提高了审美能力，丰富了历史知识。

另外，我们与博物馆附近的向东小学共建多年，我们也是将博物馆的巡展带入学校。其中我们有一个展览叫"翰墨写正气，丹心照汗青"馆藏《正气歌》帖石拓片展，结合这个展览内容，博物馆和学校老师共同辅导学生根据《正气歌》中所载的十二个历史典故，自编自演历史舞台剧，其中《一身正气——在齐太史简》在汇报演出中赢得了各方好评。学生们通过自编自演，不仅提高了语言组织能力、表达能力、自信心，与此同时也更加深刻地认识了这段历史。

为了使中国传统文化更好地传承下去，对青少年的培养和教育尤为重要，通过正确的引导、启发、认知，使更多的传统文化走近青少年。

（二）参加具有普及性的科技周及有影响力的博览会，提升博物馆特色项目的公众认知度

自2010年以来，北京石刻艺术博物馆每年参加"中国北京国际文化创意产业博览会"等展会，现场由资深的拓片专业老师演示拓片技法，邀请观众参与互动，展示创意开发的多种馆藏精品拓片，及墨、砚、刻石等产品。随着不断的宣传，很多观众开始关注、了解石刻博物馆，并希望有机会走近博物馆。每年的文博展会上，北京石刻艺术博物馆的展台前总是聚满了热情的观众。展览展示不仅吸引了大量的新朋友，还能看到很多老朋友来到我们的展台，专程来关注博物馆的互动项目和展览展示。

石刻博物馆每年还参加北京科技周展示活动，在每次的活动中，向观众们展示石刻拓片及互动体验。观众们对传统的石刻传拓技术和博物馆文化很感兴趣。

（三）带着北京地区石刻文化走出国门，让世界更多的人们了解认知中国传统文化

1. 2012年10月，受德国和法国科技促进会的邀请，北京石刻艺术博物馆参加在德国佛莱堡举行的科学日活动。石刻馆在现场展示的传拓技艺，是德国科学日活动唯一的具有浓厚中国元素的非物质文化遗产项目。欧洲观众特别是小观众对现场的拓片互动和作品展示也表示出很浓厚的兴趣。

2. 2013年5月为了进一步推进中国文化的对外输出，受美国纽约世界科学节邀请，北京石刻艺术博物馆组团赴美国纽约世界科学节参展并进行文化交流。

此次交流展示，为了取得更好的效果，便于观众参与，我们专门制作了互动展具，项目包括拓片、木版印刷、钱币拓印。每天开展后不久，展台前就围过来许多小朋友和家长，第一次有中国传统文化互动项目参与科学节，他们觉得很新奇，表示出浓厚的兴趣，驻足观看询问，特别是外国小朋友，非常喜欢好奇，为了能够参与拓片、木版印刷、钱币拓印的互动体验，都自觉排起了长长的队伍，非常认真地看老师示范的每一个步骤，一些家长了解程序内容后，耐心地给孩子讲解，孩子们在老师的辅导下亲自体验，完成作品后露出开心满足的笑容。

一些成年的外国友人对非物质文化遗产拓片技艺也很好奇，问了很多问题，比如："为什么拓出来的字和碑刻上的字都是正的？用的工具叫什么名字？是什么材质的？碑刻的字是什么意思？"等等，我们耐心细致地一一解答，他们豁然开朗，纷纷竖起大拇指赞叹中国传统文化的精深，并争相体验拓片，表示要将自己的作品收藏。

通过展示传播中国传统文化技艺，我们深深地感受到有很多美国朋友们非常喜欢也渴望了解真正的中国文化。

3. 2015年1月，为进一步加强中阿两国文化交流与合作，受阿曼苏丹国马斯喀特艺术节组委会的邀请，北京石刻艺术博物馆组团赴阿曼苏丹国参加第十五届马斯喀特艺术节中国主宾国活动。期间，团组主要在马斯喀特艺术节中国馆展区内进行篆刻、拓片、木版年

画和扎染等传统技艺展示，辅导观众参与互动体验，同时还参加了中国驻阿曼大使馆新春联谊会、"中国日"、每日小课堂等丰富多彩的活动。

为了契合"璀璨中华——欢乐春节行"的活动主题，我馆特地定制了富有吉祥寓意的"莲年有余"木版年画和康熙御笔之宝——瘦"福"字碑刻，还制作出围巾、书皮、餐垫、书签等扎染布艺作品用于现场展示。博物馆的篆刻老师专门为此次活动刻出"璀璨中华"大印。

现场展示活动中使用康熙皇帝御笔之宝——瘦"福"字，寓意"寿福"，红色的福字既有中国春节的喜庆和祝福，又充分展示了精湛的拓片技艺；为此次活动定制的木版年画刻着伴有莲花的胖娃娃怀抱大鱼的图案，寓意"莲年有余"。我们希望通过喜气洋洋的年画把吉祥的祝福带到阿曼人的家里。我们的老师一会儿拿起刷子来刷木版，一会儿又换成扑子做拓片，很多好奇的观众会围过来一看究竟。老师常常会邀请孩子们来体验，耐心地教他们动手制作。孩子们揭起自己印制的年画时，非常开心。

在扎染项目中，我们带去了展示和互动的双色菱形格、四瓣花萝等流行于唐代的扎染纹饰，不仅展示出这些古代扎染图案的制作方法和布艺衍生品，而且在展位上还可以现场体验扎染，让感兴趣的观众自己动手缝扎小布块，煮染后的成品可带走留念。我们把扎染课开到了阿曼，让阿曼的小朋友和大朋友也体验到了扎染的乐趣。

在篆刻项目中，老师动手向观众展示篆刻技艺，现场一枚枚精美细腻的印章呈现在人们眼前，观众们都很新奇，并主动要求尝试，有些观众还希望帮助篆刻属于自己的私人定制的印章。

近年来，"石刻文化走出去"项目不仅有代表性地展示了博物馆所蕴含的中国传统文化科研和实践成果，而且为博物馆拓展了对外展示形式，把传统文化互动体验活动带到国外，与世界分享中国传统文化，展示北京地区博物馆的风采。

四、石刻博物馆"文化走出去项目"取得的几点经验与体会

1. 对于中小型专题类博物馆,应该注重深度发掘博物馆自身的藏品特色,结合具有代表性的馆藏精品,分类整合,创意策划出不同主题、便于携带展示的系列巡展,形成博物馆独特的风格。这样观众在参观博物馆的展览后,可以更深刻地感受到博物馆的文化特点。

2. 博物馆依据自身特点,创意出便于观众参与、形式多样、寓教于乐的互动项目,对观众特别是对青少年观众学习历史文化知识、传统文化技艺,以及培养观众对中国传统文化的热爱起到了积极的推动作用。

3. 博物馆不仅要重视馆内的各方面建设,除了为观众提供好的展览、好的环境、好的服务以外,也应该注重充分利用优秀的文化交流平台,让博物馆的特色"文化走出去"。同时结合不同的展示交流项目,应该有针对性地对固有的展览、展品、互动展具等进行相应的调整,从而收获到更好的宣传交流的效果,使更多的人们有机会了解认识博物馆的文化资源。

今后我们将继续努力在中国传统文化中找根基,开发一些原创的、有中国特色的特别是适合青少年的互动项目以及展览,不断加强与各地相关机构以及优秀活动项目的交流,走出去,引进来,更为广泛地展示中国的传统文化和技艺,宣传中国悠久的历史和灿烂的文明。

北京石刻艺术博物馆

在晋江举办"馆阁气象——明清皇家书法刻石拓片展"

参加德国科学日

参观纽约科学家

参加阿曼苏丹国马斯喀特艺术节

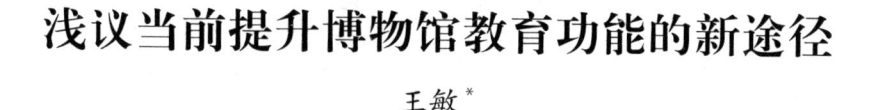

浅议当前提升博物馆教育功能的新途径

王敏[*]

随着中国城市化建设的发展，中国博物馆建设也处于新一轮的高潮中。截止 2013 年，我国已有博物馆 4165 家，而在 1978 年仅为 349 家。可见改革开放以来，我国博物馆事业取得了长足的发展，极大地丰富了人民群众的精神文化生活。但处于转型期的新时期下，博物馆事业的发展也遇到了一些问题，致使其社会教育功能的发挥存在一些不足，需要进一步改革与发展。本文从文献资料及数据入手，梳理了我国博物馆教育的发展历程、现状及一些中外博物馆实现教育功能的成功案例，探讨了可供借鉴的几点启示，希望可以促进我国博物馆教育功能的整体性发展。

一、新时期下博物馆社会教育与服务呈现的特点

博物馆的职能大致可以分为三类，一是收藏文物资料，二是专业性研究，三是提供社会教育。其中又以提供社会教育作为现代博物馆最主要的功能。

博物馆以实物标本为基础，通过陈列展览等形式进行形象直观的教育，在潜移默化中让参观者理解掌握相关知识，而非运用书本

---

[*] 王敏，女，1985 年 11 月生，北京人，毕业于厦门大学历史系考古专业，2013 年进入北京市大兴区文物管理所，从事文物管理工作。

进行强行的"灌输",是发展素质教育的良好途径。同时,博物馆以其公益性、便宜性、大众性,可以帮助广大群众进行多层次、多形式、全方位的回归教育,在终身教育观念深入人心的新时期,博物馆有效地弥补了成人离开学校后的再教育需求,是终身教育的最好去处。

但是,博物馆的社会教育作为"大教育系统"的一个子系统,与单纯的学校教育有所不同,它的教育对象具有广泛性、相对不固定、教育形式多样且有一定随意性,相对来说缺乏约束性,凭借自己兴趣选择学习内容。这就决定了博物馆的社会教育功能,呈现出复杂多样的状态,尤其是在经济、文化快速发展的新时期,笔者认为博物馆社会教育呈现出以下特征:

(一)传统性与科技性结合展示

当前,是多媒体、信息化的时代。随着智能终端、多媒体等高科技产品的普及应用,信息的展示与获取都变得更加容易轻松。毋庸置疑,这为博物馆展览提供了更加广阔的发展前景。但是过分依赖高科技,也会造成喧宾夺主。博物馆离不开"物"。陈列作业赖以活动的基础是实物,陈列就是对选定的实物进行研究、排列组合与艺术加工的科学作业。[①] 因此,一个令人印象深刻的展览,需要丰富的展品、清晰的主题和严谨的结构。但是有些博物馆过分崇尚高科技的应用,忽视了博物馆的传统本质。笔者曾参观过一些博物馆,发现其中某些展区全部以播放幻灯片的方式进行展示,如同进入电影院一样,这无疑失去了博物馆特有的教育方式,显得枯燥无味。

(二)综合性与专业性均衡分配

博物馆的受教育对象涉及面相对广泛,既要满足一般群众的通识性教育,又要满足特定人群的专业需求。作为文化教育机构,博物馆承担着对从儿童、青年、中年到老年人,从一般民众到特殊人群,特别是残疾人等特殊人群的社会教育职责。因此,在资源分配

---

① 宋伯胤:《对博物馆陈列工作的再认识》,《文博》1987年第6期。

上要处理好两者的关系。广大观众对博物馆展览的理解往往是在观看展览实物的基础上，通过文字说明展示和博物馆讲解员以馆内陈列为依托，针对不同年龄、职业、文化程度的观众，通过篇幅繁简不一、语言风格不同的言语讲解，获得对展览实物本身和特定历史文化的全面了解。不同领域的专业人士也可以通过专题陈列与展览获得相关专业知识。

（三）博物馆教育"项目化"初见雏形

当前，国内博物馆在博物馆教育实践上取得了较大的进步。首先大多数博物馆都成立了专门的博物馆教育部门进行博物馆教育活动；博物馆教育活动越来越多样化，除了策划以教育为目的的展览并进行导览和讲解以外，多种依靠本馆优势、围绕展览的教育项目和教育活动也纷纷展开；博物馆志愿者的数量和类型都有所增加。[①]

综合中国博物馆协会发布的 2008—2011 年度《国家一级博物馆运行评估报告》的数据表明，在文物行政部门的积极推动和各博物馆的共同努力下，一批精品教育项目正在逐渐涌现，我国博物馆教育"项目化"发展已初见雏形。包括日趋成熟的专题论坛和专题讲座，作为学校教育第二课堂，针对中小学开展的具有知识性、教育性、互动性的数量众多的中小学教育项目，以家庭为单位，针对家庭观众特别是家庭中的儿童观众设计的相关知识导入、作品欣赏、自助创作等凸显家庭温情的教育项目，逐步开展的教师教育项目以及社区教育项目等。随着博物馆教育功能的拓展，这些不同类型的教育项目正在成为博物馆教育的重要增长点。同时，针对成年人、大学生群体、特殊群体的社会教育项目也在不断创新发展。

二、制约博物馆社会教育与服务发展的原因

当前我国博物馆发展水平呈现地区参差不齐的现状，国家级的博物馆在教育与服务方面取得了一定的成绩，但是我们也应当看到，

---

① 陆芳芳：《美国博物馆教育研究》，浙江大学 2013 年硕士学位论文。

国内博物馆教育整体还处于起步的阶段，相对缺乏博物馆教育理念的研究，重建设轻管理、重硬件轻软件、重建筑轻功能、重物轻人等现象还比较普遍。与同时代的发达国家博物馆教育相比，在教育意识、教育内容、教育形式和手段方面还存在较大的差距，在理念和方法上还比较落后。多数博物馆特别是中小型博物馆教育与服务仅限于接待集体参观，没有常规化、制度化的社会服务与教育项目。展览多年不变，活动内容单一陈旧，服务设施简陋，远远不能满足不同观众参观、学习的需求。这些问题的主要原因笔者总结如下：

（一）管理体制陈旧，管理运行不畅

博物馆是一个非营利性、为社会和社会发展服务的公开和永久性的机构，如果片面追求利润或资金运转不畅都会影响到博物馆教育功能的发挥。只有设计出一套成熟的管理体制，才能保证博物馆教育功能的良好实现。目前的博物馆管理体制主要受到两方面制约：

1. 隶属关系比较复杂，许多管理机构不够专业。我市文物管理部门对本市的博物馆情况一方面缺乏全面了解，难以统筹制订合理的教育计划，另一方面许多文物系统外的博物馆缺乏专业人士的指导，不能有效发挥其教育功能。

2. 行政主导色彩强烈，博物馆自身发展缺乏有力支撑。博物馆具有非营利性，其运转资金的主要来源是政府财政投入。但并不意味着博物馆的建设运营必须由政府部门主导，政府应该通过政策扶持、资金帮助等形式鼓励社会多种力量兴办博物馆，发挥博物馆的教育功能。截至2008年，北京地区共有博物馆144家，而私人博物馆只有13家。① 这个数字远远落后于西方发达国家。大量行政机关主导的博物馆缺乏竞争性，由此制约了博物馆教育功能的良好发挥。

（二）教育理念陈旧，缺乏新的管理思路

虽然目前我市博物馆建设发展迅速，各类博物馆如雨后春笋般兴起，但是有很多博物馆只注重建筑本身、展览设施等硬件条件，

---

① 数据来源北京市文物局网站。

往往忽略了博物馆的内在核心功能,主要表现在以下方面:

1. 缺乏教育与服务理念。教育是博物馆的重要职能,是博物馆存在的重要原因。通过对国内外的博物馆研究发现,多数观众到博物馆是为了参观展品,真正参与教育活动的比例很少。[1] 因此,博物馆必须具有吸引观众主动受教的条件,要致力于教育与娱乐间的结合,这就需要我们改变传统的思维方式,更新博物馆教育与服务的理念。

2. 对博物馆教育功能的认识不足。长期以来,对于博物馆功能的定位在学界是有争议的。一种观点认为,教育是博物馆活动的整个目的。这一观点是78年前美国约翰·科顿·唐纳提出的。我们已故的第一任中国自然科学博物馆协会理事长裴文中教授也提出了类似的观点。另一种观点认为,博物馆应集中精力致力于科学研究。只有科学研究做出成果,才能提高博物馆的地位。持这一观点的学者在博物馆界占更多比例。[2] 笔者认为,第一种观点对推动博物馆事业发展具有重要指导意义。博物馆主要办馆宗旨就是通过基本陈列、展览以及其他各种教育活动,向社会传播科学文化知识,提高人民群众的精神文化水平,促进物质文明建设。进行科学研究的最终目的也是为了更好地进行社会教育。另外,目前对一个博物馆的综合评价指标也是看它对观众的吸引力程度高低,以及它能否发挥出应有的社会教育效果。因此,只有从思想上重视博物馆的社会教育功能,并把其放在博物馆各项工作的首位,才能从根本上促进和推动博物馆事业的发展。[3] 这也恰恰契合了上文提到的2007年国际博物馆协会将博物馆"教育"功能调整到博物馆业务目的首位的理念。

(三)展览形式陈旧,创意理念支撑不足

在我国,博物馆学作为一门科学理论的研究发展真正肇兴于20

---

[1] 肖瑞棠:《博物馆环境——另一种学习理念的初探》,《博物馆教育季刊》2004年第18期,第65页。

[2] 华惠伦、林迪明:《试论博物馆教育的两种观点》,《文博》1989年第6期,第36页。

[3] 唐承兰:《浅谈博物馆社会教育功能的拓展》,盐城市盐阜中学教研空间,2012年12月3日。

世纪 80 年代，相比西方发达国家起步较晚，管理、陈列方式相对落后，创意理念不足，相对制约了博物馆教育功能的发挥。

1. 展览、陈列形式类型趋同，长久不变，让公众对博物馆提不起兴趣；有些博物馆的展览陈列做工简单粗糙，这也大大削弱了观众对博物馆的参观兴趣。
2. 开放程度低，博物馆与观众互动较少。
3. 讲解员的讲解水平与博物馆提供的讲解服务参差不齐。
4. 博物馆工作及服务缺少专业人员。

三、提升博物馆教育与服务功能的建议及设想

时代的发展带动了博物馆教育观念的更新和教育活动的创新。过去一些陈旧的管理体制、管理理念和管理手段已经无法满足参观者的需求。因此，博物馆，尤其是中小型博物馆必须加大改革力度，应当跳出博物馆的围墙和展厅，扩大博物馆社会教育的视野。笔者认为，提升博物馆教育与服务功能，可以从以下几方面进行一些改革尝试：

（一）创新博物馆管理体制，鼓励多渠道筹集资金

市场经济"有竞争才有进步"的基本法则同样适用于博物馆的发展。2015 年 1 月新颁布的《博物馆条例》第四条第二款中规定："国家鼓励企业、事业单位、社会团体和公民等社会力量依法设立博物馆。"非国有博物馆的兴起，可以极大地丰富博物馆的种类，有效地弥补国有博物馆在相关领域的空白，最大限度地满足不同观众的参观与学习需求。但是保持博物馆公益性，运营资本就成为博物馆发展的重要瓶颈。众所周知，美国大都会艺术博物馆、盖提艺术中心、费城艺术博物馆等都是规模堪比公立博物馆的私立博物馆。美国博物馆的资金来源渠道相当广泛。除了博物馆门票收入以外，还包括政府拨款、与博物馆相关的各类纪念品的销售、博物馆会员费、个人和社会团体的捐赠、专项基金运作收益、授权和特许销售费以及借展费等，其中有些措施值得我们学习借鉴。

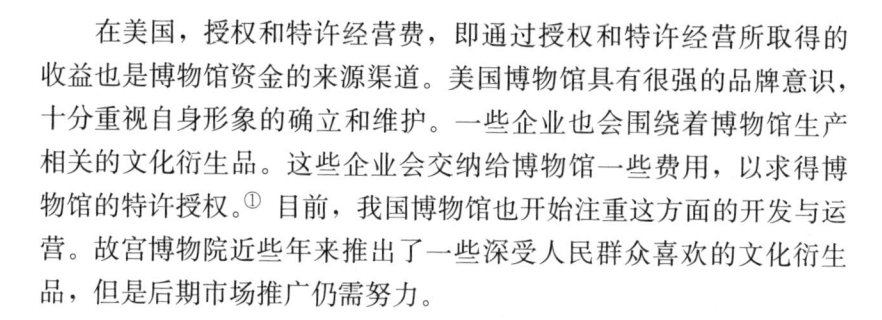

在美国，授权和特许经营费，即通过授权和特许经营所取得的收益也是博物馆资金的来源渠道。美国博物馆具有很强的品牌意识，十分重视自身形象的确立和维护。一些企业也会围绕着博物馆生产相关的文化衍生品。这些企业会交纳给博物馆一些费用，以求得博物馆的特许授权。① 目前，我国博物馆也开始注重这方面的开发与运营。故宫博物院近些年来推出了一些深受人民群众喜欢的文化衍生品，但是后期市场推广仍需努力。

（二）创新博物馆的管理思路，转变教育理念

博物馆所倡导的教育方式是一种自我启发、自我探索的学习方式，博物馆在其中的作用不在于"教"，而在于"协助"参观者学习。但如果博物馆仅仅采用陈列展览的单一模式，教育效果势必受到影响，应该主动引导参观者自觉、自愿地参与到学习过程中去。

当前，我国博物馆发展面临严峻的挑战，但是有挑战就会有机遇。博物馆可以通过多种形式、创新管理与发展思路，通过进社区、进学校、进单位等活动，扩大博物馆的影响，吸引更多的人受益于博物馆教育，享受终身学习的机会。

四、加强博物馆自身的建设，增加教育活动的多样性

个性和新意是博物馆教育能够吸引观众参与、取得良好效果的关键。从文献资料中看到，我国博物馆的教育服务方式很多，但在实施过程中却与发达国家相差甚远。优质的教育服务需要硬件条件的支撑和多样化的活动方式，需要独特的表现形式。目前很多博物馆仍然停留在单纯的依靠陈列展览的方式上，缺少对参观者达到的教育效果的后期评估、考核与反馈。相当数量的博物馆都在举办小小讲解员、流动展览和专题讲座，模式的相互模仿现象严重，能够体现博物馆自身藏品和陈列特色、博物馆地区特色和地方文化特点

---

① 许佳凝、宋亮：《国外私立博物馆〈政府支持＋基金扶植＋民间赞助〉》，中国文化产权交易网整理。

的教育活动比较匮乏。因此,为了更好地发挥博物馆的教育功能,还需博物馆在自身建设和创意活动方面下功夫。

结语

　　博物馆自成立之日起就肩负着教育的职能。在二百多年的博物馆发展进程中,它的教育功能也在不断地发展变化。与西方发达国家相比,我国博物馆的教育职能还远远没有得到充分的发挥。"中国近年来建造并向民众免费开放了很多大型的博物馆,但是我不知道这些博物馆里面将放些什么,这些博物馆是否能彰显其教育价值。"①在新时代下,这是我们面临的挑战,也是完善博物馆建设、发挥其教育功能的新机遇。单一的学校教育已经不适应激烈竞争的知识经济时代,终身教育已成为当今社会生存的一个重要手段。博物馆拥有大量的教育资源,是广大民众接受非正规教育、终身教育的理想场所。我们相信,随着博物馆自身转变观念,加强建设,以观众为核心的教育方法必将取代以藏品为核心的传统的传播手段。博物馆的教育边界将会不断扩大,并为建设全民学习、终身学习的学习型社会,提高全民受教育程度和创新人才的培养作出自己独特的贡献。如何发挥博物馆教育的巨大潜能,还需要政府、博物馆界、学校等其他教育机构的通力合作。

---

　　① 郑勤砚:《美术馆与公共教育的反思与未来》,中央美术学院艺术咨询网,2013年4月。

论治水工程建设与水文化旅游创意设计

涂师平[*]

随着当今工业化对水资源污染日益严重，以及城市扩张过快造成排水不畅、内涝常发等原因，治水工作成为事关国计民生的重中之重，迫在眉睫。而高质量的治水工程建设，必须要有高品位的文化含金量，才能收到生态、文化、经济一体化效益。新时代的治水工程建设要求，必然要考问水文化创意设计的方略问题：具体是哪些事物是看得见、摸得着的水文化？水文化项目创意设计有哪些形式？怎样在治水工程建设中选择最有价值、最有特色的水文化遗产进行保护、传承、利用？

这些问题都需要我们从现实的角度，做出有科学依据的回答。

一、背景、机遇和挑战

1. 背景：全国治水工程建设投入空前巨大

2011年中央一号文件《中共中央、国务院关于加快水利改革发展的决定》指出："水是生命之源、生产之要、生态之基。"最近，在党的十八大报告提出建设生态文明、建设美丽中国的号召下，我国迎来了一轮治水工程建设热潮，其特点是：政府各部门齐抓共管。

---

[*] 涂师平，中国水利博物馆。

2. 机遇：治水工程建设呼唤水文化建设

有意思的是，新时期治水理念比以前出现了明显的提升和创新，许多政府官员和专家学者倡导全社会要从传统的"就水论水"的单一治理模式，转变为"山水林田湖是一个生命共同体"的综合治理理念，同时，要将治水工程建设上升到文化建设，提高工程文化品位和综合效益。

河海大学教授崔广柏最近给浙江省水利厅直属单位中层干部作了题为《新时代治水理念的创新》的学术讲座，阐述了治水工程建设目标指向五个递进的概念：水环境—水生态—水景观—水文化—水旅游，他经过受多地地方政府邀请参加治水工程建设规划，深切了解到各地都希望将治水工程建设成为水环境干净、水生态和谐、水景观漂亮、水文化深厚、水旅游兴旺的生态、文化、经济"综合体"。

可以说，目前，水文化建设伴随治水工程大建设，迎来了天时地利人和的大发展、大繁荣机遇。

3. 挑战：水文化创意设计面临诸多问题

一是"水文化"认识模糊问题。"水文化"是一种太宽泛甚至虚无缥缈的东西。正因为"水文化"概念至今尚无权威机构定论，许多专家学者在谈到"水文化"时，都不得不做一番自我认识上的解释。但解释者一般都是谈概念的多，谈实物的少，这难免给水文化创意设计工作带来无处下手、无处落脚的困惑：在治水工程建设中，到底以什么东西、什么形式来表现当地的水文化好呢？

二是水利、文化两个部门跨界合作问题。目前，似乎只有水利部门在研究水文化，而文化部门却并没有将水文化作为一个门类概念去研究、保护，由于水利部门专家不熟悉国际、国家对文化遗产的分类、分级标准，往往对水文化遗产的范畴、分类不合文化遗产分类的体系，同时也很难把握文化遗产价值分级，很难选择有价值、有代表的遗产、文物和文化元素来表现水文化。同样，文化部门的专家也不熟悉水文化的历史、艺术、科学价值，往往不能主动自觉为水文化创意提供跨界合作。

三是目前大部分治水工程建设项目中，都只有水景观设计，而没有水文化设计，有待去挖掘、提升和创意，使之由一般的公共休闲场所，变为人文旅游线路景点。

二、水文化遗产的分类和分级

如果要问：具体什么是水文化、什么不是水文化？水文化包含哪些种类？如何判断一种水文化的价值大小？确实，这些都不是容易弄清的问题。

但如果我们将"水文化"加上"遗产"的话，就比较容易找到"水文化"概念的落脚点——遗产。同时我们也就可以比较容易认识"水文化"范畴的类别，"水文化"价值高低的级别，因为，在国际上、在国家层面上，对"遗产"的分类、分级管理是有标准的，也是有申报程序、公布结果的。这样，我们就不必要陷入对"水文化"分类、分级上的混乱了。其实，我们只要对照通行的"文化遗产"分类、分级标准，同时又根据"文化遗产"与水的关联度，就可以比较准确地了解我国有哪些水文化遗产种类，又有哪些世界级、国家级、省级、市级、县级的水文化遗产。

1. 水文化遗产的分类

水文化遗产我们可以理解为有关水的"文化遗产"，而"文化遗产"作为一个法律词汇，不管在国外还是国内，都只是最近几十年出现的概念。

1972年，联合国教科文组织在《保护世界文化和自然遗产公约》法律文件中正式采用了"文化遗产"一词，"文化遗产"被国际公约正式确定为保护对象。

在我国的法律文件中，"文化遗产"一词的出现也没有多久，之前，我国法律文件中使用的一直是"文物"概念。2005年12月，国务院发布了《关于加强文化遗产保护的通知》，正式确定了文化遗产包含内容的分类："文化遗产包括物质文化遗产和非物质文化遗产。物质文化遗产是具有历史、艺术和科学价值的文物，包括古遗址、古墓葬、古建筑、石窟寺、石刻、壁画、近代现代重要史迹及代表性建筑等不可移动文物，历史上各时代的重要实物、艺术品、文献、手稿、图书资料等可移动文物，以及在建筑式样、分布均匀或与环境景色结合方面具有突出普遍价值的历史文化名城（街区、村镇）。非物质文化遗产是指各种以非物质形态存在的与群众生活密切相关的、世代相承的传统文化表现形式，包括口头传统、传统表演艺术、民俗活动和礼仪与节庆、有关自然界和宇宙的民间传统知识和实践、传统手工艺技能等以及与上述传统文化表现形式相关的文化空间。"这是目前我国具有法律意义文件中对"文化遗产"概念的最权威、最明确的分类解释。

有了文化遗产分类的法律依据，我们对有关水的水文化遗产分类，只要联系并侧重于水利、水文化就可以了。水利部门近年在水文化遗产分类方面开始了有益的探索。2012年，中国水利博物馆主编的《全国水文化遗产分类图录》一书中解释："简单地讲，水文化遗产就是有关水的或是反映人与水关系的遗产"，并把水文化遗产分为不可移动水文化遗产、可移动水文化遗产、非物质水文化遗产、水文化记忆遗产、水文化线路、水文化景观六大类。既对照了文化遗产的分类，又考虑了水文化的特点。水利部海委漳卫南局副局长、中国水利文协水文化研究会会长、研究员靳怀堾也撰文认为：以水利文化遗产为主体的水文化遗产，包括物质与非物质两大类。他列举了许多具体的物事，包括堤防、河道、渡口、堰坝、水闸码头、水车、辘轳、水磨、水碓、河道总督署、漕运总督署、钞关、驿站、官仓、龙王庙、禹王宫等物质类遗产，也包括龙舟节、都江堰的开水节、通州的开漕节、傣族泼水节、运河号子、海宁车水号、妈祖信仰、铁牛镇水等非物质类遗产。可以说，越来越多的水利部门水文化研究工作者，已经将视野投向具体的水文化遗产跨界研究，将有助于为水文化创意设计提供发现素材的路径。

2. 水文化遗产分级

这方面的工作还在萌芽状态，目前，中国水利博物馆正在开展水文化遗产分级标准的制定研究。其实，文化遗产的分级，是一种根据遗产价值的重要性程度，由国家政府部门实行分级保护的措施。笔者考证，关于遗产保护方面有以下几种分级概念：

（1）联合国教科文组织《世界遗产名录》

"世界遗产"是遗产保护的最高等级，联合国教科文组织自1972年在巴黎通过了《保护世界文化和自然遗产公约》后，开始"世界遗产"的申报和名录公布工作。至今，联合国教科文组织共有3个致力于保护文化遗产的世界级项目：保护具有杰出普遍价值的建筑物和自然遗址的"世界遗产名录"、关注口述传统和文化传承的"人类口头和非物质遗产代表作"以及关注世界文献遗产的"世界记忆名录"。其中"世界遗产名录"又分为：自然遗产、文化遗产、自然遗产与文化遗产混合体（双重遗产）、文化景观四种名录。

目前我国已经列入世界遗产中属于水文化遗产范畴的有：世界文化遗产：都江堰——青城山，世界文化景观遗产：红河哈尼梯田、杭州西湖文化景观，人类口头和非物质遗产代表：端午节、妈祖信俗等。同时，我国还有两大水文化线性遗产也正在申遗：中国大运河、中国海上丝绸之路。

（2）我国文物保护单位的分级

在我国，将不可移动文物作为一个"文物保护单位"来进行分级保护。文物保护单位级别分为：文物保护点、区级文物保护单位、县级文物保护单位、市级文物保护单位、省级文物保护单位、全国重点文物保护单位6个级别层次。已经公布的各级文物保护单位中，有许许多多是属于水文化遗产范畴的，比如全国重点文物保护单位中就有安济桥、古莲花池、金门闸、水神堂、黄河栈道遗址、龙江船厂遗址、大运河常州段、高邮明清运河故道、西湖十景、钱塘江大桥、泗洲造纸作坊遗址、河姆渡遗址、浙东沿海灯塔、它山堰、安丰塘、镇海堤、木兰陂、蓬莱水城及蓬莱阁等等，举不胜举。

（3）非物质文化遗产名录分级

这是保护非物质文化遗产的一种方式，我国非物质文化遗产名录制定了国家级、省级、市级、县级4级保护体系。其中属于水文化遗产范畴的国家级非物质文化遗产名录有：川江号子、澧水船工号子、蓝田普化水会音乐、傣族泼水节、大禹祭典、水密隔舱福船制造技艺、伞制作技艺、木拱桥传统营造技艺、渔民开洋、谢洋节、赛龙舟等等。

225

（4）可移动文物分级

对于可移动文物，我国文物行政部门将文物分为珍贵文物和一般文物两种。而珍贵文物分为一、二、三级。具有特别重要历史、艺术、科学价值的代表性文物为一级文物；具有重要历史、艺术、科学价值的为二级文物；具有比较重要历史、艺术、科学价值的为三级文物；具有一定历史、艺术、科学价值的为一般文物。国家一级文物中，属于水文化遗产范畴的有：禹鼎、吴王夫差鉴、羽人竞渡纹铜钺、《清明上河图》、宋拓兰亭序、汝窑三足洗、白釉莲花托注壶、龙泉窑舟形砚滴等等。

（5）历史文化名城名镇名村保护分级

2008年7月1日，国务院《历史文化名城名镇名村保护条例》正式实施。这是我国针对较大范围的文化遗产丰富的地域，实行保护的一种方式。历史文化名城、名镇、名村保护的命名分为国家历史文化名城、名镇、名村和省级历史文化名城、名镇、名村两个层级。其中，属于水文化范畴的国家历史文化名城有桂林、丽江、蓬莱等，国家历史文化名镇名村有江苏省昆山市周庄镇、浙江省嘉善县西塘镇、安徽省黟县西递镇西递村等等。

通过对照以上文化遗产各种分类、分级的情况分析，我们可以发现：水文化遗产是一种渗透性、跨界性、包容性非常强的文化遗产，它往往依托、藏身于其他文化遗产，有时候集多种文化内容于一身，有时候又包容万事万物于一河（大运河）或一湖（西湖），而我们要善于从已经公布的各种、各级文化遗产名录中，去寻找与水有关的文化遗产并认知它们的价值级别。

三、水文化创意设计的形式

在治水工程建设中，必须"努力丰富和提升水利工程的文化内涵和文化品位"。这一理念已经成为当今时代的共识，水利部于2011年11月18日颁布的《水文化建设规划纲要（2011—2020年）》对此也提出了要求。然而，在治水工程中提升文化内涵和文化品位的方法有哪些？换句话说，水文化创意设计的形式有哪几种？结合当今文化遗产保护和开发的主要模式，我们可以采取以下几种水文化创意设计的形式：

1. 建水文化类的博物馆

这是水文化创意设计的最好形式，这种建博物馆的形式有许多成功案例，方兴未艾。比如，水利部直属的中国水利博物馆，就是在浙江省杭州市钱塘江南岸的围垦治水工程项目里，建起了我国第一座国家级的水利行业博物馆，该馆综合了收藏、研究、展览、科普、教育等功能，采用场景复原、文物陈列、图文展示等方法，生动地展现了中华民族水利历史和文化，让观众认识水的哲理，了解水的历史，重视水的保护。中国水利博物馆建成后，国内外观众络绎不绝，使昔日一片荒芜的盐碱围垦地，变成了一处人水和谐的水博园旅游景区。同样成功的案例还有中国湿地博物馆、都江堰博物馆、黄河博物馆、白鹤梁水下博物馆等。

2. 将古代水文化遗产保护并开发成人文景观

我们在治水工程建设中，要有敏锐的水文化发现眼光。既要发现现在还保存在地面的古代水文化遗产，如古桥、古庙、古堰等，更要善于搜寻那些已经荒废埋没在地下、水中、草丛的水文化遗址，比如古井、古纤道、古码头等。而对于那些已经散落各地的水文化文物，如古代水利工程构件、镇水兽、水利碑刻、水力机具等，则要从民间访问寻找回来。以上水文化遗产、遗址、文物一旦发现找到，都要如获至宝，与文物部门合作，竖立说明牌标志，划定保护范围，维修复原旧貌，使之成为一处处水文化人文景观。如浙江省宁波市发现了古代水则碑，分别为南宋的水则碑亭亭基和明代重修的"平"字碑，便由文物部门重修重现水则碑（亭）旧貌，还恢复了古代的平桥河，与月湖水系相通，还原了历史上真实水文化的环境氛围。

3. 创作水文化雕塑雕刻艺术品

雕塑雕刻艺术品非常适合永久展示，而且，当这类艺术品具有一定年代后，也会成为日后的文化遗产。因此，最好要请艺术名家来创作，才有较高的艺术传承、审美价值。

立体的雕塑，适合创作表现水文化的人物精神、故事场景；平面的雕刻，则适合创作表现水文化的书画。

采用雕塑雕刻艺术品来表现水文化的方式，自古就有很多，并流传至今，成为游客欣赏的美品。比如清代乾隆年间，曾经创作了《大禹治水图》玉山子，作品高 224 厘米，重 5350 千克。创作时乾隆皇帝钦定用内务府藏宋人《大禹治水图》画轴为稿本，由清宫造办处画出纸样，扬州玉师用 6 年时间雕刻而成。玉师以剔地起突的雕琢法，巧妙地表现出凿山导水的劳动大军、瀑布急涌的水势。名贵巨大的和田玉、名画故事，使这件玉雕称得上是水文化无与伦比的国之瑰宝。

如今，在很多景区，我们经常可以发现许多富有地方特色、令人印象深刻的雕塑雕刻作品。比如，广东汕尾凤山妈祖雕像，高 16.83 米，由 468 块花岗岩雕造而成，冰心题写"天后圣母"四字；湖南长沙的"白沙古井"碑廊长 30 多米，置"百水图"，汇集了几十个书法名家、文人名士所题的"水"字；天津北运河畔采用水利史组雕，展现我国历史上著名的治水人物群体，还设计了 72 块小型节水内容的石刻，象征着天津七十二沽。

4. 设计具有地域传统特色的水文化体验活动和纪念品

现代旅游方式在由看客式转向游学式。游学的本质是文化的融合，在游玩体验当中学习。这便要求在水文化创意设计中，同时要考虑结合水文化人文景观，创意设计具有地域传统特色的水文化体验活动项目和纪念品。这种活动和纪念品，在设计时必须考虑两大实用价值：在文化效益上，要达到传承传统水文化的目的；在经济效益上，要达到发展水文化产业的目的。这也属于非物质文化遗产生产性保护方式。比如游船、药浴、温泉等体验活动一直广受游客欢迎。

四、水文化创意设计的价值选择

在水文化创意设计中，最难的还是对水文化要素的价值判断和选择，也就是说，水文化遗产的价值标准具体有哪些？

我们可以参照世界上有关文化遗产和我国有关文物藏品所描述的价值内容去分析、把握。

《世界遗产公约实施指南》解释了文化遗产包括三方面的价值：情感价值（惊叹称奇、趋同性、延续性、精神的和象征的崇拜），文化价值（文献的、历史的、考古的、古老和珍稀的、古人类学和文化人类学的、美学的、建筑艺术的、城市景观的、风景的和生态学的、科学的），使用价值（功能的、经济的，包括旅游、教育的，包括展现社会的、政治的）。

我国文化部令第 19 号《文物藏品定级标准》，则是根据文物的历史、艺术、科学价值的重要程度，对文物进行分级。特别重要的代表性文物为一级文物，重要的为二级文物，比较重要的为三级文物。具有一定历史、艺术、科学价值的为一般文物。

我们可以看出，文化遗产最核心的是历史、艺术、科学三方面价值，其他诸如情感价值、文化价值、经济价值、社会价值、使用价值、生态价值及环境价值，都可以归入以上三个核心价值的派生。

关键问题是，面对一个文化遗产，我们从什么角度去区分其历史、艺术、科学价值的"重要"性呢？

这其中有一定的技巧。

1. 历史价值判断技巧：a. 年代历史长短程度，遗产品相完好程度；b. 是否与历史上著名的人物相关；c. 是否和历史上重大的事件有关。

比如，安徽省泾县陈村镇有一处桃花潭景观，它与唐代"诗仙"李白《赠汪伦》名诗有关："李白乘舟将欲行，忽闻岸上踏歌声；桃花潭水深千尺，不及汪伦送我情。"无疑具有极高的水文化历史价值，非常适合在桃花潭岸边采用雕塑艺术来表现此诗历史情景。

2. 艺术价值判断技巧：a. 是否是罕见的、唯一的类型；b. 是否是一种特殊材料、特殊方式的结构物；c. 构图、工艺是否代表当时最高艺术水平。

比如，故宫博物院收藏的南宋杰出画家马远创作的《水图》，绢本设色，共描绘了黄河、长江等十二幅水图，除个别画有极少岩岸之外，没有任何别的景物。作者完全通过水波来描写不同条件下江河湖海的运动神韵，艺术形式可谓独一无二，具有独特的水文化价值，除了具有很高的博物馆展览审美价值外，还非常适合作为水文化艺术品、纪念品复制开发。

3. 科学价值判断技巧：a. 在结构、用材和施工等方面的科学成就；b. 形式反映出来的历史上的科技成果和科技水平；c. 是否是某一事物、某一领域科技水平的代表。

比如，第一批全国重点文物保护单位赵州桥，是世界上最古老的大跨度单孔敞肩坦弧石拱桥，代表了世界古代桥梁建筑水平，集科技、美观于一体，欧洲出现这样的敞肩拱桥，比我国晚1200多年。这是水文化遗产代表作之一，既适合开展水文化游学活动创意设计，也适合开发成科研、教学用水文化模型。

通过以上价值判断，我们在水文化创意设计时，应该尽量选择反映当地重要人物、重大事件，具有较久历史年代、较高艺术水平、较高科技含量的水文化遗产，以恰当、适用的形式，进行创意设计，展示利用。

参考文献

[1] 夏宝龙：《以"五水共治"的实际成效取信于民》，《人民日报》2014年1月22日15版。

[2] 王云霞：《文化遗产的概念与分类探析》，《理论月刊（武汉）》2010年第11期。

[3] 联合国教科文组织世界遗产中心、国际古迹遗址理事会、国际文物保护与修复研究中心、中国国家文物局：《国际文化遗产保护文件选编》，文物出版社，2007年。

[4] 张志荣：《全国水文化遗产分类图录》，西泠印社出版社，2012年。

[5] 靳怀堾：《试论水文化遗产的保护与利用》，《2013年中国水利学会水利史研究会学术年会暨中国大运河水利遗产保护与利用战略论坛论文集》，2013年。

[6] 陈雷：《弘扬和发展先进水文化，促进传统水利向现代水利转变》，《中国水利》2009年第22期。

[7] 傅才武、陈庚：《当代中国文化遗产的保护与开发模式》，《湖北大学学报》（哲学社会科学版），2010年4月。

[8] 宋俊华：《文化遗产与非物质文化遗产生产性保护》，《文化遗产》2012年第1期。

[9] 陈志华：《介绍几份关于文物建筑和历史性城市保护的国际性文件》，《世界建筑》1989年第4期。

北京地区行业博物馆研究

赵梅*

行业文化是自人类历史出现社会分工以来，经过长期积淀而形成的一种独特的文化现象，它反映了行业自身经历的技术革新、历史文化流变，同时也折射出不同历史时期的社会风貌、市井民情，与我们的日常生活关系极为密切。本文在研究行业博物馆陈列展览主题特点的基础上，对北京地区行业博物馆的发展现状进行有针对性的分析，提出了对策性的意见和建议。

截至2009年，全国行业博物馆共499家（各地备案的非文物行政部门所属的行业性国有博物馆）。占备案登记博物馆总数的16.5%。预计到2020年，全国将形成具有相当规模的行业博物馆群体，使博物馆的地域分布更加广泛，形成一个多层次收集、保留并展示历史积淀和文化魅力的全国博物馆网络。

---

* 赵梅，从事文博工作多年，曾参加《中国博物馆志》、《北京博物馆年鉴》、《北京博物馆指南》、《回顾与展望——中国博物馆发展百年》的编写工作，参与组织策划中国博物馆百年庆典、协会成立70周年纪念会和申办2010年世界博物馆代表大会等活动。近年来先后在北京文博、中国博物馆等期刊发表《浅析行业博物馆陈列展览的特点》、《博物馆策展人制度研究》等论文及文章，2012年参与北京社科联的研究课题：北京区县博物馆调查并撰写课题论文，2014年发表论文《博物馆的最后一个展厅》，策划"乾隆皇帝与白塔寺的书法艺术"讲座。

一、行业博物馆的内涵

何为行业博物馆？陆建松在《行业文化与行业博物馆》中曾提出如下定义：行业博物馆是指专门从事某一行业相关文物标本的收藏、保护、研究和展示的机构。它利用特殊的行业文物，以其特有的展示手段，阐述该行业的历史发展和文化内涵，达到传播文化科学知识，为社会发展服务的目的。行业博物馆的特殊性正在于"行业"二字，这是其所有工作的出发点，也是它和其他类型博物馆最大的区别所在。

我国的博物馆可划分为社会历史类、自然科学类、文化艺术类和综合类四大类。行业博物馆应属于自然科学类博物馆，行业博物馆与社会历史类、文化艺术类和综合类博物馆有着明显的不同。行业博物馆具有多样性，几乎涉及我国现有的各行各业。从办馆主体看，行业博物馆有别于文化文物系统的传统博物馆，既有隶属于国家各部委的，如教育系统、军事系统、民政系统、工业等公立博物馆，也有隶属于企业的。与传统博物馆相比，行业博物馆资金来源广泛，有利于吸收社会力量创办博物馆，改善原有办馆主体单一、类型单一以及资金来源单一的博物馆管理模式。这正是近年行业博物馆成为博物馆建设热点的根本原因。

我国现在比较普遍的行业博物馆的核心界定的依据是主办"行业"，以经费来源又可细分为两种形式，一种指由行业兴建的同本行行业文化密切相关的博物馆，另一种形式指由政府直接拨款创办的关于某行业的专题博物馆。行业博物馆与专题博物馆不同。行业性博物馆中除了行业博物馆外，还包括了大量的专题博物馆。行业博物馆是以行业为主体，反映行业的历史变革、重大事件和人物，形象地展示一个行业的发展历程。专题博物馆是以某事某物为主要内容的博物馆。因此，行业博物馆和专题博物馆不同，行业博物馆与企业博物馆也不同。企业博物馆首先是要为企业形象和经营发展服务，而行业性博物馆是面向社会、服务大众的公益性机构，不是为某个特定企业而建，没有义务为某个特定企业服务，更不必去宣传某一特定的品牌和产品。

行业博物馆反映的是各行各业的历史文化,较传统意义的博物馆更具强烈的社会性和现实性。行业性博物馆担负着弘扬行业文化、宣传行业科技发展史、展示当今行业发展新成就的重任。行业博物馆的建立对各行各业的文物标本资料进行收集、整理、研究和展示,保存和保护了本行业重要的物质和非物质文化遗产,揭示和反映了各行各业生产历史发展过程和文化内涵,普及了科学文化知识,丰富了人民的文化生活。特别是行业博物馆在收集保管好近现代见证物方面,可以发挥重要的作用。

二、行业博物馆的特性

(一) 专业性

三百六十行,行行都有自己的专业特色。行业博物馆只有抓住自己的行业特色,才能不会迷失自己,才能把专业优势淋漓尽致地发挥出来,彰显个性。行业博物馆应当强化行业特色:

(1) 注重专业特色。行业博物馆由国家或地方行政主管机关、行业协会、国家事业单位、大型国有企业等兴办,其收藏、研究和陈列往往是同专业(专题)博物馆的最高水准,其展出的展品、宣传的内容和发布的信息具有权威性。

(2) 凸现人文内涵。每个行业总有智者,发明技术,书写历史。通过展示行业中的人物故事,以人说史,以小见大,揭示千古绵延的中国血脉薪传,揭示人民群众创造历史的真谛,使历史鲜活和丰满起来,使陈列超越相对狭小的行业内部受众面,产生亲和力,收获更广泛的社会共鸣。

(3) 彰显独特个性。各行各业各有所长,行业文化也各有不同,赋予了行业博物馆"行业独特性",能满足不同层次、不同阶层的观众的不同需要,观众也各得其所,各得其乐,使行业博物馆的内涵得以在社会上延伸,拥有了向社会开放的"全天候"的特殊窗口。

(二）史实性

行业博物馆的"灵魂"就是"史"，史实性是行业博物馆区别于科技馆、单纯科普机构的特性。行业博物馆应当彰显史实。

（1）馆址多为旧址。行业博物馆的馆址往往是在行业发生、发展过程中具有标志性的旧址，这些旧址往往还保留着原有的建筑、厂房、设备，呈现出行业特有的历史风貌，具有十分珍贵的历史价值。这是行业博物馆所保存、保护的最大、最主要和最具特色的"藏品"，是其最主要的陈列展示对象。

（2）突出历史价值。行业文物资料作为人类活动的一种重要的信息载体，不仅反映了行业本身的历史流变和兴衰，也折射出与行业相关的社会行为和社会活动。陈列展出不是单纯地逐一介绍文物展品的固有价值，而是把一件件展品放在行业发展的大背景之中，说明行业的技术创新、文化繁荣，反映了行业的发展进步。

（3）强调发展历程。每个行业的发展都有其渊源，尤其是传统行业。行业博物馆的展示即要把璀璨的"珍珠"（文物）按照某种顺序串成精彩纷呈的"项链"（陈列展线），通过展示行业的"史"，来诠释人类文明的发展史，来表现人文精神和多元文化，使观众通过这些具有"史实性"的实物，了解这个行业所走过艰辛的历程和进步的阶梯，从中透视行业的发展轨迹，从时空的纵向里获得经验性和指导性的启示。

(三）现代性

行业博物馆的灵魂是"史"。它的展示成果又具有一定的时代气息，更具有强烈的社会性和现实性。行业博物馆的现代性表现在以下三个方面：

（1）展示现状，介绍资源。行业博物馆要介绍行业发展现状和行业资源的状况，以满足观众的好奇之心。

（2）反映热点，关注焦点。行业博物馆应发挥行业优势，把传统与现实结合、行业与社会结合、科普与传媒结合，抓住焦点问题办好展览，做好宣传，给人警醒，促人励志，起到正本清源、传递信息、抑恶扬善的作用。

（3）再现两史，细说国情。与传统博物馆"厚古薄今"的观念和"有古无今"的现象相反，新兴的行业博物馆更重视"古今并举"。行业博物馆的陈列纵向贯穿行业发展历史这条主线，连接历史、现实与未来。不仅仅关注过去的历史变迁，而是更关注现实生活，乃至未来的发展趋势。这将赢得更多观众的关注。

（四）科学性

行业博物馆建立的一个目的就是让观众感受到科技在行业内转化为生产力的魅力，加深对科学本质的认识和理解。

（1）详解技术变迁，普及行业知识。行业博物馆所展出文物的历史价值，是建立在技术进步的基础上的，在科学技术上发掘得越深，其历史价值就越大。离开了科学性，其历史价值就会失去了依托，显得苍白。

（2）展示新成果，启迪新思维。由于行业博物馆的主管单位或主办单位多为行业的管理部门、行业协会、国家事业单位或行业的领导企业，在收集最新科技展品和展示行业发展成就方面，行业博物馆是近水楼台。行业博物馆依托自身优势能够在第一时间获得最新的科研成果和相关资讯。

（五）体验性

参与是人的本能，人类接受信息除了利用视觉之外就是触觉、听觉。参与动手最大的优点就是缩短了与观众的心理距离，让观众参与到参观全过程中及博物馆的所有活动中去，努力缩短观众与博物馆及其陈列的心理距离。参与动手还加深观众对陈列内容的记忆和理解。行业博物馆的建立不仅可以普及行业知识，更可以通过设置可参与的活动，让观众享受更多的乐趣。网络时代，宅男宅女越来越多，行业博物馆的体验性是在网络上无法得到的。这是吸引宅男宅女走出家门，迈进博物馆的动力。

三、北京地区行业博物馆的发展研究

北京地区行业博物馆凭借着首都的优势，起步早，发展快，水平高，而且潜力大。因此，有必要对行业博物馆进行专题研究、专业指导、科学引导，这是推动北京地区行业博物馆发展的有效举措。

（一）北京地区行业博物馆的发展过程

北京是一个有着 3000 年建城史、800 年建都史的历史文化名城，历史文化积淀深厚，传统文化资源丰富。深厚的历史积淀，一方面为人们展示历史提供了丰富的素材，另一方面也为人们开办各行各业的博物馆奠定了良好基础。新中国成立后，北京地区的博物馆事业获得新生，行业性博物馆也正式起步；到 20 世纪 90 年代，出现了一个各行各业兴办博物馆的热潮，到 2002 年底，北京地区的行业博物馆已达 15 座，占北京地区全部 118 座博物馆的 12%。此后，经过 10 年的不断积累，尤其 2008 年北京奥运会后，至 2014 年底，北京地区已有 26 座行业博物馆，占全市注册登记的 15.3%。

（二）北京地区行业博物馆的现状

北京地区行业博物馆的数量和水平在全国首屈一指。本人从北京市文物局网站上公布的 151 座博物馆中，除去综合、艺术、遗址、军事、人物纪念、高校、自然科技类博物馆，统计出 59 座行业和专题类博物馆，占总数的 39.3%，其中专题博物馆 33 座，行业博物馆 26 座。在这 26 座行业博物馆中，有 20 座国家级、全国性和中央属行业博物馆，而上海只有 3 座国字头行业博物馆（中国航海博物馆、中国烟草博物馆、中国乳业博物馆）。这是因为北京作为全国的政治、文化中心，中央国家各部委机关绝大多数设在北京，因此众多中央级、国家级行业博物馆选择在北京建馆。这是北京的优势所在。另一方面北京仅有北京汽车博物馆、北京通信电信博物馆、北京自来水博物馆、北京警察博物馆四座地方性行业博物馆，与共有 13 家地方性行业博物馆（邮政、电信、银行、造船、铁路、纺织、汽车、电线电缆、自来水、农垦、公安、消防、法院)的上海市相比,还有较大的差距。因此,仅从地方性行业博物馆建设的角度来看,北京市的行业博物馆还存在着较大的发展空间。

北京地区行业博物馆一览表

名称	隶属单位	名称	隶属单位
1. 中国体育博物馆	国家体育总局	14. 中国电信博物馆	中国电信总公司
2. 民族文化宫博物馆	国家民委	15. 中国印钞造币博物馆	印钞造币总公司
3. 中国地质博物馆	国土资源部	16. 中国铁道博物馆	铁道部
4. 中国农业博物馆	农业部	17. 中国电影博物馆	广电部
5. 中国航天博物馆	中国火箭技术研究院	18. 中国邮政邮票博物馆	国家邮政总局
6. 中国航空博物馆	空军装备部	19. 中国消防博物馆	公安部
7. 中国现代文学馆	中国作家协会	20. 中国法院博物馆	最高人民法院
8. 中国印刷博物馆	国家新闻出版总署	21. 中国民航博物馆	国家民航总局
9. 中国钱币博物馆	中国人民银行	22. 中国化工博物馆	中国化工集团公司
10. 中国医史博物馆	中国中医科学院	23. 中国妇女儿童博物馆	中国妇联
11. 北京警察博物馆	北京市公安局	24. 北京汽车博物馆	丰台区人民政府
12. 北京通信电信博物馆	中国联通北京市分公司	25. 北京自来水博物馆	北京市自来水集团
13. 中国园林博物馆	北京市园林局	26. 中国海关博物馆	中国海关总署

不论在数量上还是在质量上,北京地区的行业博物馆都是全国水平最高的。尤其是20座国家级行业博物馆,基本都是全国同类专业博物馆的龙头,往往是各地同一行业博物馆模仿的对象。但是,

如果以本文所归纳的五个特性来衡量，就不难找出北京地区各行业博物馆的不足，各馆或多或少存在着需要亟待解决的问题。可以说，行业博物馆的专业性、史实性、现代性、科学性、体验性没能得到充分体现，是有些行业博物馆没有办出自身特色、不能取得预期成效的主要原因。

（三）促进北京地区行业博物馆发展的具体建议

行业博物馆是北京地区博物馆事业发展新的增长点。搞好北京地区行业博物馆，不仅有利于提高本市博物馆整体水平，对于全国行业博物馆的发展也将起到示范和带动作用。为了促进北京地区行业博物馆的发展，可先开展以下三项活动：

1. 开展针对行业博物馆的调查研究

如何建好行业博物馆，办好行业博物馆陈列展览，适应时代变迁，满足观众的需求，是博物馆人应当进行认真研究的课题。然而，在全国的范围内，鲜见行业博物馆方面的研究性论著。在行业博物馆数量最多、水平最高的北京地区，也几乎没有人发表过专门的论文著作或调查报告。因此，建议博物馆联盟或博物馆学会牵头开展行业博物馆专题调查研究或发布行业博物馆研究的课题项目，引导鼓励专家学者们进行这方面的专题研究。

2. 对行业博物馆进行专业指导

由于隶属关系的问题，有的行业博物馆的主办者并不十分了解博物馆行业和行业博物馆的规律及特点，在博物馆的筹建过程中又较少与行业主管部门沟通，没有得到博物馆专业人员的指导，博物馆的场馆建设方案、展示内容和陈列形式也缺乏专业的论证，往往造成博物馆的"先天不足"。因此，有必要专门针对北京地区行业博物馆，定期开展分对象、分专题系列培训活动。同时，可要求行业博物馆的新建和改扩建及其展陈改造方案进行专家论证，并报上级和文物博物馆主管部门备案，必要时，文物博物馆主管部门也可组织专家组前去指导。另外，有必要在博物馆联盟的框架下建立行业博物馆间沟通研讨和合作交流的平台。

3. 鼓励各区县兴建行业博物馆

北京地区的博物馆分布不平衡，有的区县博物馆稀少。应当鼓励博物馆数量少的区县建设行业性博物馆，保护文化遗产，满足这些区县人们的文化需求。从上海地方行业博物馆建设的经验来看，区县筹办市级行业博物馆不但可行而且效果好。相信北京市的各区县愿意出场地、资金和人力建设市级甚至国家级行业博物馆。因为市级和国家级可兴办行业博物馆的资源潜力巨大，北京的区县只要积极向有关行业的政府部门争取，是完全能够得到大力支持的。

参考文献

[1] 徐玲：《何谓行业博物馆》，《中国文物报》2009年12月16日。

[2] 孙琦琦：《行业博物馆的目标定位与发展思路——以中国水利博物馆为例》，《南昌工程学院学报》2011年第2期。

[3] 李银芬，沈华杰：《行业博物馆的实践探索》，《博物馆研究》2010年第2期。

[4] 马晋勇：《北京行业博物馆面临摘牌风险》，《京华时报》2007年4月15日。

[5] 于娜：《行业博物馆不能只有房子和藏品》，《中国商报》2007年3月1日。

[6] 陈燮君：《在上海市发展行业博物馆座谈会上的讲话》，《上海博物馆网》2006年7月14日。

[7] 范永林：《行业博物馆应注重史实性》，《中国文物信息网》2004年6月2日。

[8] 王畅：《试论行业博物馆的特殊性》，《中国博物馆》2003年第4期。

[9] 陶幼娟：《行业博物馆发展的几个问题》，《中国文物信息网》2003年9月5日。

[10] 崔波：《天凉好个秋——关于行业博物馆的思考》，《中国文物报》2000年第89期。

[11] 龚丹：《行业博物馆发展探析》，朱凤瀚主编：《回顾与展望：中国博物馆发展百年》论文集，紫禁城出版社，2005年。

博物馆建设新方向
——减少碳排放，做一家低碳环保的绿色博物馆

吴迪[*]

一、背景

随着人类进入21世纪，全世界都开始注意到了环境污染所带来的巨大问题。大气污染、温室效应成为了全球最热的话题，雾霾也成为了京城百姓最讨厌的问题。由于美国拒签《京都议定书》，成为了世界上最著名的环境保护公约。"碳排放"这三个字开始进入了人们的视野。到底什么是"碳排放"呢？"碳排放"是关于温室气体排放的一个总称或简称，简单来说就是二氧化碳的排放。虽然不太准确，但是大多数科学家和政府认为温室气体将会给地球和人类带来巨大的灾难，而且是全球性的、毁灭性的。所以"碳排放"这个简单的术语就这样被全球民众理解、认同，然后付出行动。

2014年11月，北京在经历了几天APEC蓝后，中美新闻发布会上，习近平主席和奥巴马总统首次达成了全球最大两个经济体之间的碳减排协议：中国承诺到2030年前停止增加二氧化碳排放，美国承诺到2025年减排26%。作为全球第一和第二大经济体，中美两

---

[*] 吴迪，男，1987年4月2日生，现在中国妇女儿童博物馆开放服务部工作。主要工作内容：物业管理、活动安排、节能管理等。

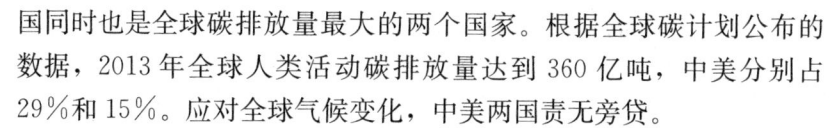

国同时也是全球碳排放量最大的两个国家。根据全球碳计划公布的数据，2013年全球人类活动碳排放量达到360亿吨，中美分别占29％和15％。应对全球气候变化，中美两国责无旁贷。

作为社会公共机构的博物馆来说，也应该在完成本身职责的同时，更多地为社会作一些贡献。

二、碳排放

下面我们先来熟悉一下碳排放。

1. 到底什么是碳排放？

碳排放是关于温室气体排放的一个总称或简称。温室气体中最主要的气体是二氧化碳，因此用碳（Carbon）一词作为代表。我们的日常生活一直都在排放二氧化碳，而如何通过有节制的生活，成为本世纪初最重要的环保话题之一。

我们的日常生活中，需要各种能源，如电能、天然气、汽油、柴油等。像天然气、汽油、柴油这类燃料本身就是有机碳氢混合物，与空气中的氧气发生燃烧化学反应变成对人体和环境基本无害的水和二氧化碳（但二氧化碳正在被认为是对全球大气环境有危害的温室气体）。因为我国70％以上的电为火力发电。需要燃烧大量的煤炭资源。而且国际上大部分国家的电力来源还是依靠火力发电，所以用电也会有碳排放。只有少数的清洁能源不会产生碳排放，不过目前技术有限，科学家还在努力研究如何能大规模应用。所以，基本上所有的生产生活包括人的呼吸都会产生碳排放。碳排放不仅仅是燃料燃烧会产生，人口的增加、经济的增长也是会使碳排放增加的原因。

2. 如何计算碳排放

碳排放和我们每天的衣食住行息息相关。至于碳排放量有多少，有关专家给出碳排放的计算公式：

家居用电的二氧化碳排放量（千克）＝耗电度数×0.785；

开车的二氧化碳排放量（千克）＝油耗公升数×0.785；

坐飞机的二氧化碳排放量（千克）：
短途旅行：200千米以内＝千米数×0.275；
中途旅行：200—1000千米＝55＋0.105×（千米数－200）；
长途旅行：1000千米以上＝千米数×0.139。
火车旅行的二氧化碳排放量＝千米数×0.04
家用天然气二氧化碳排放量（千克）＝天然气使用度数×0.19
家用自来水二氧化碳排放量（千克）＝自来水使用度数×0.91
此外，还有人发布了肉食的二氧化碳排放量——
肉食的二氧化碳排放量（千克）＝千克数×1.24。
这些计算公式是如何得出的？

据了解，碳排放计算国际上有很多通用公式，这些公式是由联合国及一些环保组织共同制作的。在这些公式的基础上使用中国本土的统计数据和转换因子，使计算更符合中国国情，也更准确地反映你的实际碳排放。

在中国，每年的能源消费总量都发布在《中华人民共和国国民经济和社会发展统计公报》中，比如，2008年"全年能源消费总量为28.5亿吨标准煤"。标准煤亦称煤当量。1吨标准煤的能量，约为0.7吨纯炭充分燃烧释放的热量。0.7吨乘以3.7得出：消耗1吨标准煤的能源，排放的二氧化碳为2.6吨。任何普通人，只要记住"2.6"这个简单数字，就能从国家公布的统计报告中，估算出中国全年的二氧化碳排放量。以2008年为例，全年能源总消耗量为28.5亿吨标准煤，其中3亿吨来自传统生物质能源（非化石燃料），2.5亿吨来自可再生能源，实际消费的化石燃料能源量为23亿吨标准煤。23亿吨乘以2.6，得出二氧化碳排放量为59.8亿吨。根据当年的统计公报，中国人口为132802万人，由此计算出，2008年中国人均二氧化碳排放量为4.5吨——这与国内外学术界认可的数字十分吻合。

3. 碳排放过多的后果

如果人类无休止地发展经济，不控制碳排放，将最终导致全球变暖。全球变暖的主要原因是人类在近一个世纪以来大量使用矿物燃料（如煤、石油等），排放出大量的CO_2等多种温室气体。由于这

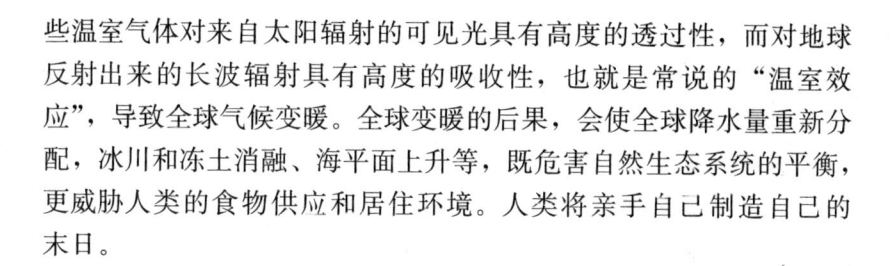

些温室气体对来自太阳辐射的可见光具有高度的透过性,而对地球反射出来的长波辐射具有高度的吸收性,也就是常说的"温室效应",导致全球气候变暖。全球变暖的后果,会使全球降水量重新分配,冰川和冻土消融、海平面上升等,既危害自然生态系统的平衡,更威胁人类的食物供应和居住环境。人类将亲手自己制造自己的末日。

三、博物馆的碳排放

博物馆的碳排放主要来源就是每天的日常开放。每个博物馆最主要的消耗就是电能。滚梯需要电,设备需要电,空调需要电,展品也需要电。观众来参观也会产生大量垃圾、用水等等,都会产生碳排放。办公需要的各种设备设施,纸张的消耗,展陈的布置,也会产生碳排放。我们的博物馆无时无刻不产生着碳排放。其实减少碳排放说的最通俗就是节约能源,减少浪费。既然现在不能大量使用清洁能源,那么就只能减少对现有能源的使用。

四、如何有效减少博物馆的碳排放

1. 建筑节能减排

建筑节能指在建筑材料生产、房屋建筑和构筑物施工及使用过程中,满足同等需要或达到相同目的的条件下,尽可能降低能耗。在保证提高建筑舒适性的条件下,合理使用能源,不断提高能源利用效率。目前我国社会的总能耗中,建筑能耗占总能耗的30%,比同等气候条件下的发达国家高出2—3倍。自哥本哈根大会以后,我国日益重视建筑节能问题,建筑节能的政策不断推出,旨在提高建筑行业使用节能建材的比例和促进节能技术的发展,降低建筑能耗,从而降低单位GDP能耗。

作为一家美丽的博物馆,我馆的建筑设计并不是很环保。拱形玻璃幕墙与钢结构形成的外立面,没有保温层,不能有效地保证建筑内部的温度。在夏季和冬季,由于室内外温差大,加之没有保温措施，热交换过程迅速，为了保证博物馆的温度便加大了制冷和供热的力度，无形中就加大了建筑能耗。

我馆馆领导也一直非常重视节能工作，为了解决这一问题，多次邀请专家现场指导，初步设计了一套解决方案。下面我就简单说明一下我馆设计方案。

夏季空调制冷系统由3台约克螺杆机组，7台冷冻水泵、3台冷却水泵和3台冷却塔组成，提供7—12℃冷水，制冷季节，室内没有新风。新风机组处于关闭状态，组合式空调机组的新风阀处于关闭状态。一层大厅与共享空间相连，受烟囱效应产生的对流影响，热气上升，加之幕墙没有遮阳措施（与设计不符），夏季阳光辐射强烈，导致上部4—6层温度偏高，三伏天6层展馆内温度超出各层很多，最高达到28—30℃，严重影响展馆使用，4、5层稍好一些，但也相对较热，1—3层较好，温度不平均现象比冬季还要严重。

冬季供暖由市政供应高温热水110—70℃，总入口处设有计量表，并设有温差控制仪表，实际运行回水温度按不大于50℃控制。经换热器换出50—40℃热水，供暖季节，为节能和防冻，室内没有新风。新风机组处于关闭状态，组合式空调机组的新风阀处于关闭状态。一层大厅与共享空间相连，受烟囱效应产生的对流影响，一层大厅热气上升，加上冷风渗透，导致一层环境温度较低，体感较冷，同时热气上升又导致上部4—6层温度偏高，因此在冬季供暖期这几层的空调机组基本不开。这是建筑设计共享空间带来的，一定会存在上热下冷温度不均现象。

由于冬夏两季室内没有新风，所以热负荷减少很多，因此总体能耗指标比较好。但不利的是会导致室内空气质量较差，展厅空气环境较差，参观时会有憋闷的感觉，也不卫生，达不到展览馆的空气设计标准。

对部分围护结构采取保温隔热措施，降低能耗节能，主要针对6层展区和共享空间玻璃幕墙（西侧弧形玻璃幕墙）。

6层展区屋顶原设计有光带自然采光，但展馆在使用时，因展品和光线设计的要求，将采光全部遮挡，因此光带反而是要处理的。由于光带隔热和光线辐射，会给展区带来很大冷负荷，所以可以将光带采取密闭保温处理,减少冷热负荷,缓解室内温度过热问题。6层自1—4轴右侧屋顶采光带部分采用燃烧性能等级为 A 级的带铝箔岩棉板,厚度不小于100mm,密度不低于140kg/m³,导热系数和蓄热系数均符合节能要求。外面覆盖不小于 12mm 的铝塑板,铝塑板与原弧形钢结构连接牢固,铝塑板分格和安装要求另详二次深化设计。

共享空间玻璃幕墙部分,阳光辐射严重,尤其是处于西侧,夕晒情况尤为严重,导致博物馆西侧的共享空间(4—6层)夏季异常炎热,建议采用贴玻璃防爆隔热膜加部分隔热封堵办法处理,或者采用外面再覆盖一层阳光板,以降低热辐射的影响。玻璃防爆隔热膜隔热系数和透光率均符合节能要求。

在顶部侧墙可增设排风风机,定期排风,缓解过热。

初步计算这样的设计可以有效减少 20%—30% 的能源消耗。根据我馆的实际能耗情况,一年大约可以减少碳排放将近 20 万千克。

其实在建筑节能这一项上还有很多方面可以改善,比如在小环境内添加碳汇植物,可以有效改善温度、湿度和二氧化碳浓度。比如使用更节能更环保的建筑材料,这些材料在生产的时候就已经按照节能标准制作,已经减少了大量的碳排放。最重要的就是要有一个合理的设计方案,我们的设计师已经开始从只注重建筑的外表慢慢发展到注重建筑的内在功能和节能上了。

2. 用电减排

节约用电其实在还没提出碳排放的时候就已经深入民心了。很小的时候我们就知道要做到人走灯灭。作为一家博物馆,我们怎么做到节约用电呢?还是以我馆为例。

首先要明确大的耗电项目都有什么。我馆有三大耗电项目:空调、电梯、照明。

空调。这里所指的并不是简单的家用空调,而是复杂的中央空调系统。首先要新建一套建筑能效管理系统,实现对冷冻机、空调机组、水泵、冷却塔的自动控制,通过对实际负荷的实时动态调整节能。当室外温度变化时,机组负荷也相应变化,根据室外温度、湿度和照度等参数,计算建筑群所需负荷,并将负荷分配模块分解下发至机组控制器。其次可以增加冰蓄冷设备，夜间使用低谷电蓄冷，最大限度降低运营成本。按冷冻机型号对照，机组属于双工况机组，如果有蓄冰池的空间，采用冰蓄冷，利用峰谷电价差来节能，效果是非常明显的。最后对水泵及各层空调机组电机进行改造，更换高效节能电机，同时实现电机调速来实现双重节能，更换下来的电机可作为备件。此项的改造初步计算，可以节能30%左右，以我馆实际使用能耗计算，可以减少二氧化碳排放将近40万千克。

电梯。现代建筑越来越高，电梯的使用也越来越多，经过调查，当今在建筑内部电梯的耗电量占到总耗电量的17%—25%，是仅次于空调用电的项目。我馆一共有10部自动扶梯，3部直梯。开馆之时我馆的10部自动扶梯并未加装任何节能设施，每天消耗大量电能。去年我们已经将10部自动扶梯全部加装变频系统。有效地减少了电梯的耗电。根据实际情况，电梯的运行时间至少减少了40%以上，尤其在周二至周五的工作日参观人员较少的时候。不仅节约了能源，还延长了电梯的使用寿命。据不完全统计，电梯变频节能一年能够减排约80000千克。

照明。照明也是一项非常消耗能源的项目。随着科技的发展，LED灯具已经越来越普及了，我馆计划根据实际情况逐步更换普通节能灯具为LED灯具。当然首先要满足博物馆照明的需求和要求，对于文物和展陈的照明需求还要以行业标准严格执行。对于普通照明用灯，在满足条件的情况下可以更换为LED等。根据计算一盏18瓦的筒灯整体更换为6瓦的LED筒灯，一年下来可以节省70%的能耗，而且LED灯的寿命在50000小时左右，是普通节能灯的50倍。按照一盏普通节能灯一年要更换1次计算，更换LED灯一年能够大约减少35千克的碳排放。全馆有上千盏灯，一年节省下来的电能和减少的碳排放将是非常可观的一个数字。

3. 日常节能减排

在日常工作中也有很多点滴之处可以做到节能减排。首先要加强宣传，让观众和工作人员都有节能环保的意识。增加提示性的标语和标示，比如节约用水、人走灯灭、节约用纸等。其实就是要从小处做起，能少用点就少用点。每天都省一张纸，一年就能省下一本纸。其实减排就从我们身边一点一滴做起。

五、国内外优秀案例

1. 美国加州博物馆

美国加州博物馆从空中鸟瞰，它的圆屋顶就像巨大的绿色冰淇淋凸出地面。这些起伏的凸起构成了 2.5 英亩的屋顶，使整个建筑和金门公园周围的绿色空间构成一个整体。除此之外，圆屋顶还节能，因为它具有隔热和通风的功能，确保下面 40 万平方英尺的博物馆清新舒适。

2. 上海自然博物馆新馆

上海自然博物馆新馆地址位于静安雕塑公园，由美国帕金斯·威尔设计师事务所（Perkins·Will）与同济大学建筑设计研究院共同参与设计。新馆的总建筑面积 45086 平方米。其中，地上三层，高 18 米；地下两层，深 15 米。建筑的整体灵感来源于鹦鹉螺的壳体形式，螺旋上升的绿色屋面"冉冉升起"，而博物馆的功能区便置身于这一绿色长带下。一座巧妙围合的椭圆形水池，成为整个建筑的参观流线的中心焦点。入夜后，"森林"被灯光照亮，也反射灯光，减少了室外灯柱的需要。

上海自然博物馆在场馆建设中集成了与场馆建筑特点相适应的建筑节能幕墙、地源热泵技术、太阳能综合利用、自然光导光技术等 12 项生态节能技术，该馆已成为绿色、生态、节能、智能建筑的典范，从而成为目前国内领先世界水平的现代化综合性自然博物馆。

结语

减少碳排放这个工作不是一个短暂的工作，而是一个长期的全球化的关乎全人类未来的工作。作为博物馆这样一个承载人类历史文明的单位，就更应该有责任有义务去带头减少碳排放。不要让我们的蓝天、白云、青草、绿水成为历史成为文物。这些东西不属于博物馆，它属于全人类。其实减少碳排放并不是说能节约多少钱，节约本身就是一种美德，更是一种责任。一种对着子孙后代负责的责任，一种功在当代利在千秋的责任。我们每天在创作着未来，也在书写着历史，不要让我们的未来没有未来，也不要让我们的历史真的成为历史。节能减排利国利民，让我们每一个博物馆人从自己做起，保护我们的环境，爱护我们的未来。希望中国能够出现越来越多的绿色博物馆，把自然还给自然，把历史留给后人。也祝我们的博物馆事业越办越好。

博物馆的网络化发展

张婧[*]

随着信息技术的飞速发展，以及信息媒体的推陈出新，在网络环境中延伸与拓展博物馆的功能，以弘扬传播中华传统文化、丰富社会大众的文化生活，以及创造新的文化形态，将是我国博物馆发展的新契机与新路径。

博物馆网络发展，一是运用网络技术拓展博物馆的藏品陈列与展示功能，吸引更多熟悉数字技术的年轻观众走近中国的传统文化，这是网络技术给博物馆的传统展览方式所带来的新形态。二是利用网络特性促进博物馆与观众的互动交流，在与观众的互动中，博物馆实现其传播与开放功能。三是网络上博物馆文化创新产品的设计与共享。利用电子商务与现代物流的便捷，在网络上对博物馆的文创产品加以推广，正是博物馆目前发展文创产业的新思路之一。

实现博物馆的信息化建设，也就是实现以博物院藏品为中心的信息化建设，逐渐地升华为数字化的博物馆，想当然的，这也是未来博物馆建设的重要的发展趋势。博物馆是用来展示文化艺术，具有公共服务性质的非营利，向社会开放的永久性机构。利用现代先进信息技术整合文物文化资源，改进博物馆的内部管理，最大限度地发挥博物馆的社会服务职能，是与时俱进精神的具体体现。

---

[*] 张婧，人大文化创意产业硕士，现在北京市古代钱币展览馆从事文化创意产业工作，助理馆员。

一、运用网络技术拓展博物馆的藏品陈列与展示功能

1. 利用博物馆网站解决博物馆文物保藏与使用之间的矛盾

展品条件和保护要求经常制约着博物馆公开展示的充分发挥。许多藏品易碎、易损、怕干燥、怕潮湿、怕光线，收藏条件极为苛刻，难以进入展厅，再加上受场地限制，不可能把藏品全部放到展厅中，因此很多珍贵的藏品无法经常展出。博物馆网站则能通过多媒体技术和数字化手段，多角度、多方位地阐释藏品，有效地缓解这一矛盾，为公众提供更多欣赏藏品的机会，使一些容易损坏、不宜长期陈列的珍贵器物，能通过互联网走向世界每一个角落。

2. 利用网站扩大博物馆影响，加强宣传

博物馆网站可以改变博物馆的展示形象，扩大博物馆在公众心目中的影响。目前有些博物馆不受群众欢迎，原因之一就是陈列形式单调，展览内容单一，宣传展示的范围不广，影响不强。博物馆网站内容更新快，形式时尚新颖，且能与公众产生互动，参与性强，是适于加强宣传影响的有利工具。

作为面向公众进行宣传教育的平台，博物馆网站不同于一般性的网站，只需进行简单的信息罗列。为了更好地实现其宣传博物馆及服务群众的功能，博物馆网站应主要体现出以下几个特点：

（1）准确性：这是博物馆网站应具备的首要特点。

（2）服务性：公众浏览博物馆网站的时候一般都带有很明确的目的。

二、利用网络特性促进博物馆与观众的互动

公众对博物馆网站的信息需求网站的形式和内容的设计是博物馆信息传递的载体，网站内容的充实有赖于传递信息的多样性。由此，如何从社会公众的角度进行考虑，实现信息的交流互动，成为博物馆网站内容构建的重要出发点。我们需要了解公众想从博物馆

网站获得什么？公众还想要反馈给博物馆什么？从而丰富博物馆网站内容，加强其信息交流功能，使网站的价值得到最大限度的体现。博物馆网站是博物馆从业人员掌握及传送信息的重要渠道。博物馆网站知识更新快，展出形式新颖，且有互动节目，参与性强，能拉近博物馆与观众的距离。我们只要登录搜索网站来检索"博物馆"这一关键词，就可以搜索到上千个博物馆的网站链接，其中我国博物馆的网站数目也已超过百数。然而，博物馆网站内容建设的依据到底是什么？博物馆网站应该从哪些方面对社会产生影响？笔者尝试对这一问题做出明确的界定和解答。

从目前国内的博物馆网站来说，大概可以分为三类：一是仅通过平面手段展示展品，辅以相关的文字资料介绍，如同大多数现实中的博物馆一样，是以向参观者灌输有关展品、展览的知识为目的的；二是在平面基础上，加入展品的三维展示，方式更为生动；第三类博物馆开始注重了"互动性"，用户可以通过虚拟场景或模拟游戏体验博物馆的各种魅力。这几类网站已经初步具备了博物馆网站的功能特征，但结合前面对博物馆网站的定位分析，无法到达的地点供人们应用。网络给予博物馆一种全新的活动方式，这种交流、探讨和可视的传播手段，成为了博物馆实物陈列的有效延伸和补充。可以这样描述网络与博物馆之间的关系：博物馆网站是以实体博物馆和博物馆中的实物为基础建立发展的，因特网只是消解了博物馆有形的墙，让更多的人有机会去了解博物馆、走近博物馆，并最后被吸引去参观博物馆。这种关系为博物馆网站提供了一个清晰准确的定位，也为博物馆网站当前阶段的建设和发展指出了明确的方向：博物馆网站要帮助博物馆最大限度地"走出去"，帮助社会公众更大范围地"走进来"。

1. 满足公众"一对一"个性化服务的需求

现代社会已经进入一个多元化的阶段，人们比以往任何一个时代都有更为强烈的自我需求。年龄、性别、职业、生活经历、爱好的不同都使公众对博物馆有不同的需求，每个人关注的内容和希望获得的信息都是不同的。网络为公众充分利用博物馆提供了良好的途径，参观者可以随心所欲地参观博物馆网站中的某一部分展品、某个特殊展览、查阅某些文献、订购某种纪念品，以满足其个性化的需求。

2. 满足公众获取更多层面的藏品信息及历史文化知识的需求

博物馆通常是以陈列展品加说明牌的模式来向参观者提供信息的。而这些陈列品的说明往往过于专业、简单，无法让参观者对藏品的功能、背景等有比较深入的了解，即使有解说员的解说，也往往只是"以物论物、一带而过"，已经不能满足参观者对陈列品信息的全面需求。据此，我们可以了解公众的需求重点，逐渐由藏品转向藏品背后所蕴含的时代与文化内涵。

3. 满足公众互动交流并参与博物馆发展成长的需求

实体博物馆中存在着信息交流的不对称性：博物馆输出的信息多，参观者反馈的信息少。在网络交流的平台下，观众要求在参观过传统博物馆或者博物馆网站后，能通过电子邮件、论坛等方式详细阐述自己的感想、意见和建议，并看到博物馆迅速做出反应，改进服务。美国旧金山艺术馆副馆长Darkin Hart曾说道：我们设计这个网站要考虑世界各地的观众需求，旧金山艺术馆吸收接纳访问者的批评和建议，并做出改进。

良好的互动可以使得网站用户的访问量大大增加，公众需要通过积极的交流与互动参与到博物馆的发展成长中来。在微信、微博被广泛应用的今天，人们已不再满足于单一提供信息资源的网络平台。为了拉近博物馆与公众之间的距离，让博物馆真正融入到人们的精神生活，博物馆在网络的使用上应该增强与公众进行互动的功能，还可以创建博物馆的微信、微博公众号，借助具有广泛用户的即时通信平台，随时传播最新信息并解答观众咨询。通过关注加入粉丝等方式，向博物馆爱好者随时提供最新的博物馆动态活动，如短期临展、科普讲座、社会公益活动等，与观众互动，随机回答观众在网上提出的各类问题，也可通过派发博物馆纪念品来促进参与，拉近彼此距离，使博物馆从各方面走入大众生活。将重要信息在主页滚动播放，点击即可获取详细信息；建立"联系我们"、"观众留言"等板块并设专人负责回复，为观众提供咨询信息、表达感想、与博物馆进行交流的平台；还可以通过共享的文物数据资源，对连接于网络中的展厅多媒体辅助展出系统在线实时地形成展示内容。

4. 利用网站弥补博物馆展览时间、空间的有限性

作为信息时代的新产物，博物馆网站功能充分发挥其"无限虚拟空间"的特性，进一步实现信息在博物馆与公众之间的广泛传播和流动。实体博物馆的不可移动，决定了不可能让世界上各个地方的人都能实地参观博物馆；博物馆展览空间的有限性，决定了参观者只能欣赏到浩大丰富的藏品中挑选出来的一小部分。博物馆网站能够最大限度地弥补这种局限。它利用互联网将信息传播到世界各地，只要拥有电脑设备和上网条件，任何人在任何地点任何时间都可一睹博物馆的绝世珍藏，时间上的自主性和随意性也吸引着越来越多的人浏览博物馆网站。

三、网络上博物馆文化创新产品的设计与共享

2014年12月，由北京市文物局、中国博物馆协会市场推广与公共关系专业委员会联合主办的博物馆与文创发展交流研讨会在首都博物院举行。研讨会聚焦"博物馆与文化产业发展"以及"打造博物馆文创产业链"等主题，会上诸多专家就相关话题展开讨论。台湾龙华大学的王永铭教授立足博物馆衍生产品，剖析了博物馆文创衍生产品的创意脉络。他说，敏锐、流畅与善于变通是博物馆发展文创产业的必要条件，并提出"留—变—择"的具体实施思路。他认为，将文物中有意思的元素抽离出来，进而研发相关的文创产品，这是一个很好的方法。最典型的例子，就是台北故宫博物院推出的"朕知道了"纸胶带。将康熙皇帝批阅奏折时的朱批真迹与人们生活中常用的文具相结合，这个小小的创意让台北故宫博物院人气大增。不少游客甚至为买纸胶带专程前往，更有人主动提供意见，希望可以继续推出"本宫乏了"、"圣旨到"、"跪安吧"等创意纸胶带。这些将博物馆馆藏珍品复制、运用，为文创产业的发展提供灵感来源，不仅体现在实物的设计之中，网络产品与博物馆藏品数字化的结合，也同样能带来让人眼前一亮的文化产品。

故宫博物院的成功案例吸引了笔者的注意，也从中深受启发。前一阵，带有故宫元素的新款朝珠式耳机便是通过网络走红备受追捧。可能在大多数公众心目中，故宫博物院的形象是古典而严肃的，其实故宫中的许多文物，都是历史上非常时尚的产品。故宫博物院运用这些有趣又可爱的文创产品，改变了人们心目中的"高大上"博物馆形象，丰富而独具特色的文化内涵，无疑具备吸引公众，又借助网络这一贴近大众的平台，迅速地推广起来。故宫文创产品还不仅限于实物开发，以《皇帝的一天》APP应用为例，从清晨5点起床更衣、请安、读书、射箭、用膳、办公、看戏……每一个小时都会安排相关的内容，同时介绍了所涉及的服饰器物和宫廷文化，寓教于乐。这并不是故宫博物院推出的第一个移动应用，此前《胤禛美人图》和《紫禁城祥瑞》两款应用，通过精致的画面和文字解说，介绍清代妆容服饰、家具装潢、图案寓意等内容，于玩乐之中便传播了故宫的历史文化。而故宫最新的APP作品，是《韩熙载夜宴图》，于2015年1月8日正式上线，当天即获得App Store编辑推荐。在故宫博物院院藏绘画中，五代时期顾闳中的《韩熙载夜宴图》（宋摹本）堪称经典中的经典。但由于珍贵书画藏品保存和展出的特殊要求，这一珍品能够呈现在观众面前的机会十分有限。正如故宫博物院院长单霁翔所说，按规定，这种极其珍贵的古书画面世一次就得"藏入深闺"三年不得见人。而《韩熙载夜宴图》APP的推出，正可弥补这一缺憾：高清的文物影像，专业的学术资料，丰富的媒体内容和创新的交互设计，让观众随时随地可以欣赏、探究这幅传世经典中的种种精妙之处。如何将博物馆文物与文化的知识性和趣味性生动地表达出来，使之更容易被年轻人接受，是当代博物馆应该努力的方向。通过建设数字化信息平台，力求将传统、枯燥的宣传方式向现代、活泼的教育方式转变，与年轻人的兴趣点紧密结合，让古老的传统文化也能够时尚起来，使博物馆真正成为引导大众审美、影响普通民众艺术品位的场所。

运用数字技术让藏在禁宫中的文物"活"起来，是故宫人一直努力的方向。从20世纪末开始，故宫博物院就开始了"数字故宫"的构想与建设。1998年，"信息化"成了故宫博物院的热词。这一年，故宫资料信息中心成立，其中心任务就是利用信息技术，突破古建环境及文物保护等方面的局限，打破在展示、收藏、保护等管理机制、工作方式上相对滞后的传统手工作业状态，使其尽快进入世界一流博物馆的行列。2000年，"数字故宫"横空出世。2001年7月16日，作为"数字故宫"建设的起点，故宫博物院网站开通。如今的故宫博物院网站，已是全世界博物馆中最强大的网站之一，平均每天的点击量在100万人次以上。但是故宫并不满足于此，据单霁翔介绍，故宫网站正在进行两个方面的提升：一是使外语的功能更加强大，让世界上不同国家的人们可以随时了解故宫文化；二是知识性和趣味性并重，增强对青少年的吸引力。为此故宫人不断将古建筑信息、文物藏品信息通过高清晰摄像进入网站，使网站常办常新。充分利用现代传播的各种新技术来进行更多层面和视角的文化展示，已成为故宫人的自觉。如今，故宫正转变过去刻板、枯燥的宣传方法，抓住时代的特点，用现代、活泼的传播方式，让古老的传统文化变得更时尚，让禁宫里的文物"活"起来。

故宫博物院的官方网站和新浪、腾讯、人民官方微博现已成为对外发布信息的主要窗口和与广大公众交流沟通的主要平台，三大微博以"接地气"的风格吸引了近450万"粉丝"。故宫博物院还推出了公众微信号"微故宫"和"掌上故宫"智能导览应用，文化信息、导览讲解等功能让观众的参观更加便捷、轻松。故宫爱好者足不出户就可以了解更多古代建筑、馆藏文物、虚拟展览等方面的信息。

随着计算机技术和网络技术的迅速发展，网络成为人们获取信息的基本途径。网络科技的飞速发展，日益改变着人们的生活方式、工作方式和学习方式，也极大地拓宽了人们的活动空间。在这个网络时代，借助互联网这一广泛平台延伸博物馆的宣传范围，是博物馆充分发挥其社会职能，满足人们日益增长的精神文化需求的重要手段。博物馆需要充分发挥现代传播网络的巨大作用，利用网络的优势，来弘扬中华民族灿烂悠久的文化底蕴。博物馆网站为博物馆与观众之间架起了桥梁，拉近了博物馆与观众的距离，是现代化博物馆的重要组成部分。通过博物馆网站，可以及时传播博物馆的最新科研成果、临展情况、社会公益活动等信息，通过网络发布文物信息、文博知识、展览资讯、历史文化，并通过网上办展的形式扩大传播的辐射范围，使博物馆能够在不同地域、不同时空发挥更大作用，不但为观众提供了有效的信息资源，也创建了博物馆品牌，为博物馆起到宣传、推广的作用，观众可以利用网上博物馆，来远距离学习接受科学知识，进行科学教育，缩小科学与大众之间的距离，提高全民族的科学意识，真正做到让博物馆走进千家万户。

图书在版编目(CIP)数据

博物馆发展论丛.2014年/博物馆发展论坛组委会编.—北京:北京联合出版公司,2015.11
　　ISBN 978-7-5502-6499-1

Ⅰ.①博…　Ⅱ.①博…　Ⅲ.①博物馆事业－中国－文集　Ⅳ.①G269.2-53

中国版本图书馆CIP数据核字(2015)第250940号

博物馆发展论丛（2014年）

责任编辑：夏　艳　章　懿
责任校对：张瑞武
装帧设计：北京麦莫瑞文化传播有限公司
出版发行：北京联合出版有限责任公司
社　　址：北京市西城区德外大街83号楼9层
邮　　编：100088
电　　话：(010) 64251786
印　　刷：北京山华苑印刷有限责任公司
开　　本：787mm×1092mm　1/16
字　　数：250千字
印　　张：17
版　　次：2015年11月第1版
印　　次：2015年11月第1次印刷
ISBN 978-7-5502-6499-1
定　　价：46.00元

文献分社出品

未经许可，不得以任何方式复制或抄袭本书部分或全部内容
版权所有，侵权必究